NU NEDERLANDS 3F DEEL B

Monique Schuh

Harald Veldman

Fros van der Maden

Anne Beth Peerdeman

Didy Pijpker

Agnes Schlebusch

Rein Tromp

Marcia van de Wiel

Noordhoff Uitgevers

Serieoverzicht *NU Nederlands* vanaf studiejaar 2017-2018

- *NU Nederlands* 3F leerwerkboek (deel A en B) + NU Nederlands online*
- *NU Nederlands* 2F leerwerkboek (deel A en B) + NU Nederlands online*
- *NU Nederlands* 1F/2F leerwerkboek (deel A en B) + NU Nederlands online*
- *NU Nederlands online** (3F, 2F en 1F/2F), licentie voor 6 maanden, 1 jaar of 2 jaar

* *NU Nederlands online* biedt de volledige inhoud van de leerwerkboeken, kijk- en luisterfragmenten, extra oefeningen, oefentoetsen, oefenexamens, extra uitleg en een monitorinstrument voor docenten.

Op de omslag van dit boek staat een student van het Alfa-college Groningen.

Ontwerp binnenwerk: Aly Pepping, Thesinge
Ontwerp omslag: Michiel Uilen, Amsterdam
Omslagfoto: Edwin Walvisch, Haarlem
Illustraties: Bert Hollander, i.o.v. Haasart

6 / 19

© 2017 Noordhoff Uitgevers bv, Groningen/Utrecht, The Netherlands

Behoudens de in of krachtens de Auteurswet van 1912 gestelde uitzonderingen mag niets uit deze uitgave worden verveelvoudigd, opgeslagen in een geautomatiseerd gegevensbestand of openbaar gemaakt, in enige vorm of op enige wijze, hetzij elektronisch, mechanisch, door fotokopieën, opnamen of enige andere manier, zonder voorafgaande schriftelijke toestemming van de uitgever. Voor zover het maken van reprografische verveelvoudigingen uit deze uitgave is toegestaan op grond van artikel 16h Auteurswet 1912 dient men de daarvoor verschuldigde vergoedingen te voldoen aan Stichting Reprorecht (Postbus 3060, 2130 KB Hoofddorp, www.reprorecht.nl). Voor het overnemen van (een) gedeelte(n) uit deze uitgave in bloemlezingen, readers en andere compilatiewerken (artikel 16 Auteurswet 1912) kan men zich wenden tot Stichting PRO (Stichting Publicatie- en Reproductierechten Organisatie, Postbus 3060, 2130 KB Hoofddorp, www.stichting-pro.nl).

All rights reserved. No part of this publication may be reproduced, stored in a retrieval system, or transmitted, in any form or by any means, electronic, mechanical, photocopying, recording or otherwise without prior written permission of the publisher.

ISBN 978-90-01-87857-3

OVERZICHT NU NEDERLANDS

NU Nederlands bestaat uit leerwerkboeken en een online omgeving. In onderstaand schema is aangegeven wat de inhoud is van de verschillende onderdelen.

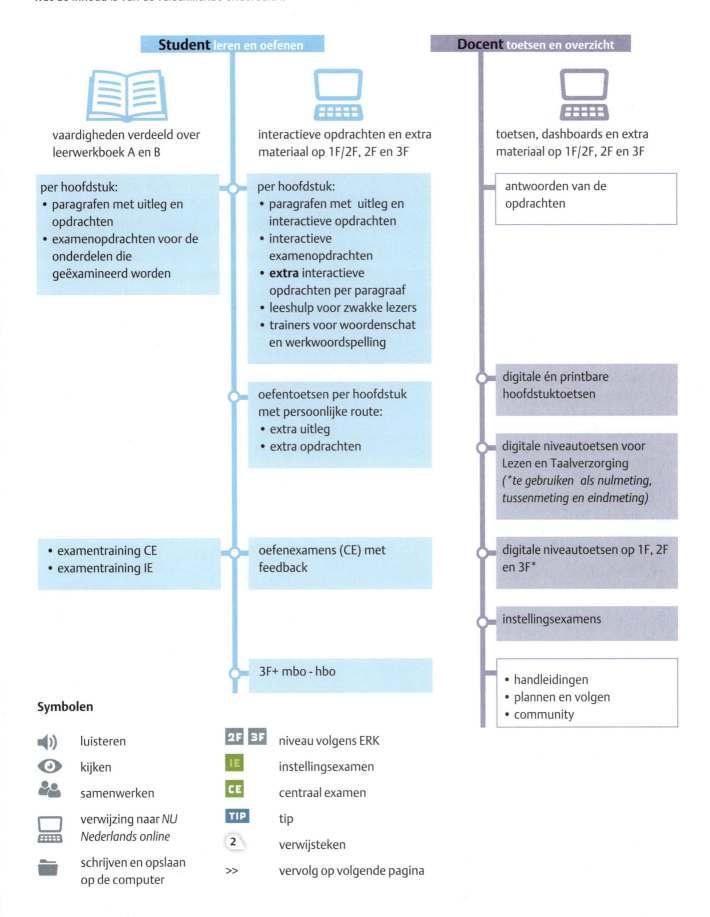

DEEL A

LEZEN

1 Leesteksten verkennen
1.1 Onderwerp en hoofdgedachte *8*
1.2 Doel en publiek *16*
1.3 Betrouwbaarheid van een tekst *23*
Oefentoets 31

2 De opbouw van een tekst
2.1 De indeling van teksten *32*
2.2 Deelonderwerpen herkennen *39*
2.3 Tekstverbanden en signaalwoorden *46*
Oefentoets 53

3 Informatieve en instructieve teksten lezen
3.1 Informatieve teksten *54*
3.2 Instructieve teksten *62*
3.3 Infographics *70*
Oefentoets 78

4 Teksten met meningen lezen
4.1 Feit, mening en argument *79*
4.2 Argumenten beoordelen *88*
4.3 Betoog *95*
4.4 Beschouwing *102*
Oefentoets 110

LUISTEREN EN KIJKEN

1 Luisteren en kijken
1.1 Gericht luisteren en kijken *114*
1.2 Functie van beeld *119*
1.3 Aantekeningen maken *124*
Oefentoets 129

2 Verschillende tekstsoorten
2.1 Informatieve teksten *130*
2.2 Instructieve teksten *135*
2.3 Betogende teksten *141*
Oefentoets 147

WOORDENSCHAT

1 Onbekende woorden begrijpen
1.1 Betekenis afleiden uit de tekst *150*
1.2 Betekenis afleiden uit het woord *155*
1.3 Figuurlijk taalgebruik *159*
Oefentoets 163

2 Het woordenboek
2.1 Zoeken in een woordenboek *164*
2.2 De juiste betekenis *167*
2.3 Schrijfwijze, uitspraak en extra's *171*
2.4 Woordenboeken online *173*
Oefentoets 175

3 Moeilijke woorden
3.1 Moeilijke woorden onthouden *176*
3.2 Studietaal *178*
3.3 Vaktaal *181*

EXAMENTRAINING (CE)

1 Het examen Nederlands *186*
2 Stappenplan examen doen *187*
3 Soorten examenvragen *189*
  3.1 Tekstdoel(en) *190*
  3.2 Hoofdgedachte *191*
  3.3 Tekstrelaties *192*
  3.4 De functie van tekstdelen *193*
  3.5 Meningen en feiten *194*
  3.6 Standpunt en argumenten *195*
  3.7 Conclusies trekken *196*
  3.8 Doel en middel *197*
  3.9 Toon en houding *198*
  3.10 Een redenering beoordelen *199*
  3.11 Betrouwbaarheid *200*
  3.12 Een tekst samenvatten *201*
4 Voorbereiding op het examen *202*
5 In de examenzaal *203*
Examentekst met vragen *204*

BIJLAGEN

1 Tekstverbanden en signaalwoorden *208*
2 Tekststructuren *209*
3 Argumenteren *210*
Register *211*

DEEL B

SPREKEN EN GESPREKKEN

1 Spreken
1.1 Aantrekkelijk spreken 8
1.2 Een duidelijke opbouw 12
1.3 Beeld gebruiken 16

2 Een presentatie geven
2.1 Verslag uitbrengen 20
2.2 Instructie geven 24
2.3 Informeren 27
2.4 Overtuigen 30

3 Gesprekken
3.1 Sociaal-communicatieve vaardigheden 35
3.2 Non-verbale communicatie 38

4 Groepsgesprekken
4.1 Werkbespreking en vergadering 41
4.2 Discussiëren en debatteren 45

5 Tweegesprekken
5.1 Zakelijk telefoongesprek 50
5.2 Adviesgesprek 54
5.3 Klantgesprek 59
5.4 Klachtgesprek 63
5.5 Sollicitatiegesprek 67
5.6 Functioneringsgesprek 72

SCHRIJVEN

1 Korte teksten schrijven
1.1 Memo 78
1.2 Advertentie, affiche en flyer 80
1.3 Instructie 84
1.4 Formulier 87
1.5 Enquête 90
1.6 Aantekeningen 92

2 Langere teksten schrijven
2.1 Schrijven in fasen 96
2.2 Bronnen gebruiken 99
2.3 Brochure 103
2.4 Verslag en notulen 106
2.5 Informatief artikel 110
2.6 Betoog 113
2.7 Beschouwing 117
2.8 Rapport 119

3 Corresponderen
3.1 Informeel en formeel taalgebruik 121
3.2 Zakelijke e-mail 124
3.3 Zakelijke brief 127
3.4 Sollicitatiebrief en cv 131
3.5 Offerte 136
3.6 Nieuwsbrief 139

4 Hulpmiddelen voor foutloze teksten
4.1 Spelling- en grammaticacontrole 142
4.2 Handige websites 144

GRAMMATICA EN SPELLING

1 Woordsoorten
1.1 Werkwoorden 150
1.2 Naamwoorden en lidwoorden 152
1.3 Voornaamwoorden 155
1.4 Voegwoord en voorzetsel 159
Oefentoets 162

2 Zinsdelen en zinnen
2.1 Persoonsvorm, gezegde en onderwerp 163
2.2 Lijdend en meewerkend voorwerp, bijwoordelijke bepaling 166
2.3 Enkelvoudige en samengestelde zinnen 170
2.4 Hoofdzinnen en bijzinnen 171
Oefentoets 174

3 Werkwoordspelling
3.1 Persoonsvorm in de tegenwoordige tijd 175
3.2 Persoonsvorm in de verleden tijd 177
3.3 Voltooid en tegenwoordig deelwoord 180
3.4 Engelse werkwoorden 184
Oefentoets 188

4 Spellingsregels
4.1 Meervoud 189
4.2 Tussenletters 191
4.3 Aan elkaar of los? 193
4.4 Einde op -e of -en? 196
Oefentoets 198

5 Hoofdletters en interpunctie
5.1 Hoofdletters 199
5.2 Leestekens 202
5.3 Tekens bij woorden 205
Oefentoets 208

FORMULEREN EN STIJL

1 Samenhang in je tekst
1.1 Verwijzen 212
1.2 Signaalwoorden 217
1.3 Opbouw van je tekst 221
Oefentoets 224

2 Fouten voorkomen
2.1 Persoonsvorm: enkelvoud of meervoud? 225
2.2 Zinsbouw 228
2.3 Dubbelop en door elkaar 234
2.4 Twijfelwoorden 239
Oefentoets 243

3 De stijl van je tekst
3.1 De juiste toon 244
3.2 Duidelijk formuleren 246
3.3 Aantrekkelijk formuleren 250

EXAMENTRAINING (IE)

1 De instellingsexamens 256
2 Het examen Spreken 257
3 Het examen Gesprekken 260
4 Het examen Schrijven 262

3F+ MBO-HBO

Oefenen met hbo-vaardigheden 265

BIJLAGEN

1 Tekstverbanden en signaalwoorden 266
2 Tekststructuren 267
3 Argumenteren 268
4 Beoordelingsformulier Spreken 269
5 Beoordelingsformulier Gesprekken 270
6 Beoordelingsformulier Schrijven 271
7 Formats voor formele correspondentie 272
Register 276

SPREKEN EN GESPREKKEN

Wanneer je mondeling informatie moet overbrengen is het belangrijk dat je dat helder en overtuigend doet. Je wilt immers je luisteraars of gesprekspartners iets duidelijk maken.

In het onderdeel *Spreken en gesprekken* leer je hoe je verbaal en non-verbaal goed communiceert. Daarnaast leer je hoe je een presentatie voorbereidt en opbouwt en oefen je de gespreksregels aan de hand van verschillende gesprekssituaties.

Spreek- en gespreksvaardigheid wordt getoetst in het instellingsexamen (IE).

1 **Spreken**
 1.1 Aantrekkelijk spreken   8
 1.2 Een duidelijke opbouw   12
 1.3 Beeld gebruiken   16

2 **Een presentatie geven**
 2.1 Verslag uitbrengen   20
 2.2 Instructie geven   24
 2.3 Informeren   27
 2.4 Overtuigen   30

3 **Gesprekken**
 3.1 Sociaal-communicatieve vaardigheden   35
 3.2 Non-verbale communicatie   38

4 **Groepsgesprekken**
 4.1 Werkbespreking en vergadering   41
 4.2 Discussiëren en debatteren   45

5 **Tweegesprekken**
 5.1 Zakelijk telefoongesprek   50
 5.2 Adviesgesprek   54
 5.3 Klantgesprek   59
 5.4 Klachtgesprek   63
 5.5 Sollicitatiegesprek   67
 5.6 Functioneringsgesprek   72

Alle opdrachten kun je ook online maken. De kijk- en luisterfragmenten vind je ook online.

1 SPREKEN

1.1 AANTREKKELIJK SPREKEN

DOEL Je geeft een aantrekkelijke presentatie aan een groep.

UITLEG

Aantrekkelijk spreken betekent dat het prettig is om naar jou te luisteren en dat je boodschap helder overkomt. Je kunt dat bereiken door je goed voor te bereiden zodat je ontspannen voor de groep staat. Tijdens je presentatie is het belangrijk dat je contact maakt met je luisteraars, je publiek.

Gebruik deze tips om aantrekkelijk te presenteren:
- Open je presentatie met een prikkelende openingszin (bijvoorbeeld een vraag of een stelling). Vertel een korte anekdote, iets bijzonders of grappigs wat je zelf hebt meegemaakt. Zo maak je het publiek nieuwsgierig.
- Sta tijdens je presentatie rechtop. Houd je handen uit je zakken.
- Kijk je publiek aan. Vind je dat eng? Kijk dan naar een punt in de verte, net over de hoofden van de achterste rij. Blijf wel rondkijken.
- Spreek duidelijk, rustig en verstaanbaar.
- Laat iets concreets zien over het onderwerp van je presentatie. Of gebruik een videofragment of een powerpoint. Kies beeld dat iets toevoegt aan je verhaal.
- Geef aan het eind een 'uitsmijter': een leuke of opvallende laatste opmerking.

Ben je zenuwachtig? Bereid je dan extra goed voor. Wees ruim op tijd aanwezig en zorg dat je spullen klaarliggen en de apparatuur startklaar staat. Maak eventueel alvast een praatje met de mensen die gaan luisteren. Haal tot slot een paar keer diep adem voordat je begint; dat helpt namelijk ontspannen. Probeer tijdens het presenteren rustig via je buik te ademen.

VOORBEELD

1. Er is oogcontact.
2. De spreker staat rechtop en maakt handgebaren.
3. De spreker laat iets concreets zien.

1.1 Aantrekkelijk spreken

OPDRACHT 1

Een korte presentatie bekijken en de spreker beoordelen.

1 Wanneer vind jij iemand een goede spreker? Noteer drie dingen.

_____

_____

Bekijk het fragment.

2 Een student houdt een presentatie over de buitenspelregel voor zijn medestudenten. Beoordeel de spreker op de onderstaande punten.

- ☐ heeft een ontspannen houding
- ☐ heeft levendige gezichtsuitdrukking
- ☐ maakt oogcontact met publiek
- ☐ heeft goede uiterlijke verzorging
- ☐ gebruikt taal die past bij het publiek
- ☐ heeft levendige intonatie
- ☐ spreekt hard genoeg
- ☐ articuleert duidelijk
- ☐ spreekt in een goed tempo
- ☐ gebruikt prikkelende openingszin
- ☐ informatie is begrijpelijk
- ☐ presentatie is interessant voor het publiek
- ☐ gebruikt powerpoint die iets toevoegt aan de informatie

3 Vind je deze student aantrekkelijk spreken? Leg je antwoord uit.

_____

_____

4 Je hebt de student uit het fragment beoordeeld. Je mag hem één advies geven. Welk advies is dat?

_____

OPDRACHT 2

Bekijk twee fragmenten van een presentatie.

1 Een student houdt een presentatie over ADHD. Hij opent zijn presentatie op twee verschillende manieren. Noteer de openingszin van beide fragmenten.

fragment 1: _____

fragment 2: _____

2 Welke opening vind jij het aantrekkelijkst? Leg je antwoord uit.

_____

3 Maakt de student oogcontact? _____

4 Omschrijf de lichaamshouding van de student.

_____

5 Wat vind jij van de manier van spreken? Kies de woorden die bij jouw mening passen.

- ☐ aarzelend
- ☐ binnensmonds
- ☐ monotoon
- ☐ saai
- ☐ vlot spreektempo
- ☐ met veel intonatie
- ☐ enthousiast
- ☐ rustig
- ☐ duidelijk gearticuleerd
- ☐ onbegrijpelijk taalgebruik
- ☐ begrijpelijk taalgebruik

6 Noteer een goede afsluiting bij de presentatie over ADHD.

_____

_____

3F Spreken en gesprekken

OPDRACHT 3

Houd een één-minuutpresentatie.

1 Hoe ben je vandaag naar de opleiding gegaan? Met de bus, de trein, de auto, de fiets of op een andere manier? Noteer jouw vervoermiddel. _____

2 Noteer in steekwoorden wat je over je vervoermiddel wilt vertellen. De eerste drie deelonderwerpen staan er al, bedenk zelf het vierde. Zet onder elk deelonderwerp de informatie die je wilt geven.
- 1 Wat zijn de voordelen van jouw vervoermiddel?
  _____
- 2 Wat zijn de nadelen van jouw vervoermiddel?
  _____
- 3 Welke vervoermiddel zou je liever gebruiken om naar je opleiding te gaan?
  _____
- 4 _____

3 Bedenk een opening voor je presentatie. Dat kan iets grappigs zijn wat je zelf hebt meegemaakt tijdens een reis van de opleiding naar huis, maar je kunt ook een nieuwsbericht of actuele gebeurtenis over jouw vervoermiddel als opening gebruiken. Schrijf je opening op.

_____
_____

4 Noteer je slotzin.

_____

5 Werk samen met twee medestudenten. Houd om de beurt je één-minuutpresentatie. Doe dat zo:
- Ga zo staan dat je groepsgenoten je kunnen zien en houd je presentatie. Let op je houding, manier van spreken en het contact met je publiek.
- De anderen kijken en luisteren goed naar jouw presentatie. Als de presentatie is afgelopen geven ze jou een compliment en een advies.

6 Noteer het mooiste compliment en het beste advies.

_____
_____
_____

1.1 Aantrekkelijk spreken

OPDRACHT 4

Bereid een korte presentatie voor over kleding.

1 In je presentatie moet je in ieder geval informatie geven over de onderstaande deelonderwerpen. Noteer in een paar steekwoorden welke informatie je geeft.
   - je kledingstijl

   _____

   - veranderingen in je kledingstijl de afgelopen zes jaar

   _____

   - de betekenis van kleding voor jou

   _____

2 Bedenk zelf nog twee andere deelonderwerpen en zet daar in steekwoorden de informatie achter.

   - _____
     _____

   - _____
     _____

3 Bij welk deelonderwerp laat je iets zien? Zet daar een sterretje voor.

4 Bedenk de openingszin(nen) en schrijf die op.

   _____
   _____

5 Noteer de 'uitsmijter'.

   _____

EXAMENOPDRACHT

Houd een korte presentatie over kleding. Werk in viertallen.

1 Lees nog een keer goed door wat je hebt opgeschreven bij opdracht 4.

2 Houd een presentatie van maximaal drie minuten voor je groepsgenoten.

3 De anderen beoordelen je presentatie met behulp van het beoordelingsformulier op bladzijde 269.
   Let bij deze opdracht vooral op het volgende:
   - Is er sprake van een prikkelende opening?
   - Wordt de presentatie afgesloten met een leuke 'uitsmijter'?

4 Bespreek het beoordelingsformulier. Noteer het advies dat je de volgende keer wilt toepassen.

   _____

5 Wissel van rol, net zolang totdat iedereen zijn presentatie heeft gehouden. Bespreek elke presentatie na.

Extra: een opdracht om meer te oefenen.

1.2 EEN DUIDELIJKE OPBOUW

DOEL Je geeft je presentatie een duidelijke opbouw met inleiding, middenstuk en slot en je gebruikt signaalwoorden.

UITLEG Zorg voor een **duidelijke opbouw** van je mondelinge presentatie. Een duidelijke opbouw zorgt voor samenhang in je presentatie waardoor je luisteraars je beter begrijpen.

inleiding	• Maak het publiek nieuwsgierig en introduceer het onderwerp. • Stel jezelf voor. • Vertel zo nodig hoe je presentatie is opgebouwd. • Maak duidelijk wanneer het publiek vragen kan stellen.
middenstuk	• Behandel de deelonderwerpen een voor een in een logische volgorde. • Zorg ervoor dat het publiek de opbouw kan volgen door te zeggen waar je bent in je presentatie.
slot	• Geef een korte samenvatting, een conclusie of refereer aan je introductie. • Gebruik een uitsmijter: een opvallende uitspraak of bijvoorbeeld een tip. • Bedank het publiek.

Met **signaalwoorden** maak je verbanden duidelijk tussen de deelonderwerpen. Gebruik bijvoorbeeld 'ten eerste', 'ten tweede' en 'ten derde' als je een opsomming geeft. Met 'tot slot' geef je aan dat je aan het eind van je presentatie bent. Zie Bijlage 1 op bladzijde 266 voor een overzicht van handige signaalwoorden.

Als voorbereiding op een presentatie kun je een **spreekschema** invullen. Hierin staat in steekwoorden of korte zinnen wat je wilt zeggen in de inleiding, het middenstuk en het slot. Zo weet je zeker dat je niets vergeet en heb je houvast tijdens je presentatie.

VOORBEELD

SPREEKSCHEMA

inleiding 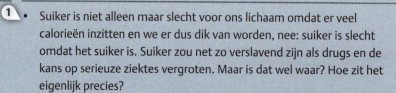 • Suiker is niet alleen maar slecht voor ons lichaam omdat er veel calorieën inzitten en we er dus dik van worden, nee: suiker is slecht omdat het suiker is. Suiker zou net zo verslavend zijn als drugs en de kans op serieuze ziektes vergroten. Maar is dat wel waar? Hoe zit het eigenlijk precies?

• voorstellen + onderwerp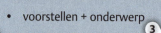

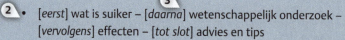 • [*eerst*] wat is suiker – [*daarna*] wetenschappelijk onderzoek – [*vervolgens*] effecten – [*tot slot*] advies en tips

• vragen stellen → pas aan eind

1. De openingszin is helemaal uitgeschreven.
2. Een opbouw in steekwoorden.
3. Signaalwoorden voor de verbanden.

1.2 Een duidelijke opbouw

OPDRACHT 1 Bepaal de opbouw van een presentatie.

Je wilt een presentatie houden over sportblessures en hebt zo veel mogelijk deelonderwerpen bedacht.

1 Kies vijf deelonderwerpen die jij in het middenstuk van je presentatie wilt bespreken.
- ☐ aantal blessures per jaar
- ☐ chronische blessures
- ☐ definitie sportblessure
- ☐ risicogroepen (mensen)
- ☐ risicosporten
- ☐ veelvoorkomende blessures
- ☐ kosten
- ☐ fysiotherapeut
- ☐ oorzaken
- ☐ behandeling
- ☐ voorkomen
- ☐ verzekering

2 Noteer de deelonderwerpen in het spreekschema in de volgorde waarin je ze wilt behandelen.

3 Schrijf op waarom je voor deze volgorde hebt gekozen.

4 Maak de inleiding voor je presentatie.
- Bedenk een openingszin waarmee je het publiek nieuwsgierig maakt en het onderwerp introduceert. Schrijf je openingszin voluit in het spreekschema.
- Noteer de andere informatie die in de inleiding moet komen in steekwoorden in het schema.

5 Werk samen met twee medestudenten. Presenteer om de beurt je inleiding. Geef elkaar adviezen om de inleiding nog beter te maken.

6 Noteer het belangrijkste advies van je groepsgenoten.

© Noordhoff Uitgevers bv

3F Spreken en gesprekken

OPDRACHT 2 **Bereid een presentatie voor aan de hand van een bron.**

1. Lees tekst 1 en noteer de deelonderwerpen (van alinea 2, 3 en 4).

   _____

2. Markeer per deelonderwerp de belangrijkste informatie. Gebruik bijvoorbeeld voor elk deelonderwerp een andere kleur.

3. Bedenk nog twee oplossingen om de plastic berg te verkleinen. _____

   _____

4. Schrijf de deelonderwerpen in een logische volgorde in je spreekschema.

5. Noteer de gevonden informatie uit tekst 1 in steekwoorden in het spreekschema.

6. Bedenk welke signaalwoorden je wilt gebruiken om verbanden tussen de deelonderwerpen duidelijk te maken. Noteer ze in je spreekschema.

7. Bedenk de inleiding.
   - Begin met een anekdote, vraag of stelling, zodat het publiek geïnteresseerd raakt.
   - Noteer de inleiding in steekwoorden in het spreekschema.

8. Bedenk het slot.
   - Begin met een samenvatting of conclusie en eindig met een opvallende uitspraak of tip.
   - Noteer het slot in steekwoorden in het spreekschema.

SPREEKSCHEMA	
inleiding	anekdote / vraag / stelling:
middenstuk	deelonderwerp 1: deelonderwerp 2: deelonderwerp 3: deelonderwerp 4:
slot	samenvatting / conclusie / opvallende uitspraak / tip:

1.2 Een duidelijke opbouw

TEKST 1

Plastic

1 Vervuiling door plastic afval is een groot probleem. Veel mensen houden zich hiermee bezig. Ze zoeken naar oplossingen om zwerfvuil tegen te gaan en de verspilling van grondstoffen te voorkomen.

2 De Nederlander Boyan Slat was in 2014 wereldnieuws. Hij bedacht enorme drijvende 'stofzuigers' met grote armen die het plastic uit de oceanen vissen. Dat plastic wordt aan land gebracht waar het gerecycled kan worden. Slat kreeg steun van verschillende experts uit binnen- en buitenland. Ook mocht hij zijn plan toelichten aan de Amerikaanse minister van Buitenlandse Zaken.

3 Een Nederlands bedrijf denkt ook een goede oplossing te hebben voor de plastic berg: maak er skateboards van! Tweehonderd plastic dopjes die mensen normaal in de prullenbak of op straat gooien, worden samengesmolten tot een skateboard. Doordat deze dopjes allemaal een andere kleur hebben, is ieder Wasteboard uniek. De bedenkers van Wasteboards maken deel uit van de stichting *Plastic Whale*, die boten bouwt van plastic uit de Amsterdamse grachten.

4 Natuurlijk is het verkleinen van de plastic berg effectiever voor het milieu. Daarom doet Europa in rap tempo de gratis lichtgewicht plastic tasjes in de ban. Consumenten moeten teruggaan van gemiddeld tweehonderd tasjes per persoon per jaar in 2015 naar maximaal veertig tasjes eind 2025. Lidstaten mogen kiezen tussen een verbod of terugdringen van het gebruik door er geld voor te vragen. De Nederlandse regering heeft ervoor gekozen om vanaf 2016 winkeliers te verbieden gratis plastic tasjes mee te geven aan hun klanten. In de Nederlandse winkels en supermarkten krijg je geen lichtgewicht tasjes meer, maar op de markt geldt dit verbod nog niet. Als de marktkoopman ontdekt dat hij geld kan besparen door deze maatregel, zal ook hij geen gratis tasjes meer meegeven.

Naar: www.rijksoverheid.nl, www.YouTech.nl en www.ad.nl

EXAMENOPDRACHT

Houd een korte presentatie over plastic. Werk in viertallen.

1 Lees nog een keer goed door wat je hebt opgeschreven bij opdracht 2.

2 Houd een presentatie van maximaal drie minuten voor je groepsgenoten.

3 De anderen beoordelen je presentatie met behulp van het beoordelingsformulier op bladzijde 269. Let bij deze opdracht vooral op het volgende:
- Heeft de presentatie een nieuwsgierig makende opening?
- Worden de deelonderwerpen in een logische volgorde behandeld?
- Heeft de presentatie een duidelijk slot met een prikkelende uitsmijter?

4 Bespreek het beoordelingsformulier. Noteer het advies dat je de volgende keer wilt toepassen.

5 Wissel van rol, net zolang totdat iedereen zijn presentatie heeft gehouden. Bespreek elke presentatie na.

Extra: twee opdrachten om meer te oefenen.

1.3 BEELD GEBRUIKEN

DOEL Je gebruikt beeld om je presentatie duidelijker en aantrekkelijker te maken.

UITLEG Met gebruik van **beeld** verduidelijk je de opbouw en inhoud van je presentatie, bijvoorbeeld PowerPoint of Prezi. Het is belangrijk dat de presentatie jouw verhaal ondersteunt en iets toevoegt aan wat je zegt.
Lees nooit voor wat er op het scherm te zien is. Dan voegt de presentatie niets toe en wordt het saai voor je publiek. Houd contact met je toehoorders, dus kijk naar hen en niet naar het scherm.

Tips voor presentatieprogramma's
Lay-out
1. Kies een rustige achtergrond. Houd overgangen tussen dia's en animaties rustig.
2. Geef elke dia een korte titel die duidelijk maakt wat het onderwerp is.
3. Zet maximaal vijf à zes regels op één dia. Gebruik voor titels ongeveer een lettergrootte van 30 punten. Gebruik voor de tekst een lettergrootte van ongeveer 24 punten.

Omvang en tijd
4. Houd de informatie kort en bondig: gebruik steekwoorden.
5. Gebruik ongeveer één dia of beeld bij twee minuten spreektijd. Voor een presentatie van vijftien minuten gebruik je dus maximaal zeven dia's.

Visualisering: beeldgebruik
6. Gebruik liever een duidelijke foto dan tekst.
7. Heb je veel cijfermateriaal? Gebruik tabellen of grafieken.

VOORBEELD

Winkeldiefstal

- definitie
- vormen
- de wet
- hoe te handelen
- hoe herken je een dief

	Wereldwijd
Diefstal door klanten	42,4%
Diefstal door personeel	35,3%
Interne fouten	16,9%
Schade door leveranciers	5,4%

① De dia heeft een rustige, neutrale achtergrond. De titel is kort en duidelijk leesbaar.
② De opbouw van de presentatie is duidelijk herkenbaar.
③ De tabel verduidelijkt de informatie.

1.3 Beeld gebruiken

OPDRACHT 1

Bekijk het fragment.

1 Noteer wat er fout gaat bij de presentatie van de student.

2 Is zijn beslissing om verder te gaan met presenteren handig? Leg je antwoord uit.

3 Wat zou een betere oplossing zijn bij zo'n probleem, volgens jou?

4 Hoe kun je voorkomen dat zo'n probleem zich voordoet?

5 Bedenk drie andere dingen die fout kunnen gaan als je beeld gebruikt bij een presentatie.

OPDRACHT 2

Bekijk en beoordeel twee dia's.

1 Noteer bij elke dia drie dingen die verkeerd zijn volgens jou.

Aardbevingen

-
-
-

Roken

-
-
-

3F Spreken en gesprekken

2 Kies een van de dia's uit. Schets een verbeterde versie in het kader hieronder.

OPDRACHT 3 — **Bereid samen met een medestudent een presentatie voor.**

Vanaf 2016 is LOB (*LoopbaanOriëntatie en-Begeleiding*) een verplicht vak in het voortgezet onderwijs. In het kader van dit vak heeft de decaan van een middelbare school jullie gevraagd een presentatie te geven over jullie huidige opleiding.

1 De decaan wil graag dat jullie in ieder geval iets vertellen over jullie redenen voor het kiezen van deze opleiding. Bedenk nog vier andere deelonderwerpen.

2 Denk na over de volgorde van de deelonderwerpen. Noteer de deelonderwerpen onder elkaar en zet de informatie die jullie willen geven in steekwoorden erachter.

1
2
3
4
5

1.3 Beeld gebruiken

3 Bedenk een inleiding.

_____

_____

_____

4 Bedenk een slot.

_____

_____

_____

5 Maak maximaal zeven dia's die passen bij jullie presentatie. Controleer je dia's met behulp van de uitleg.

EXAMENOPDRACHT 3F 1E

Houd een presentatie over je opleiding met gebruik van een presentatieprogramma.
Werk in viertallen.

1 Geef samen met een medestudent een presentatie van ongeveer tien minuten aan twee andere studenten.

2 Gebruik signaalwoorden om verbanden tussen de deelonderwerpen duidelijk te maken. Denk ook om je lichaamshouding en manier van spreken.

3 De anderen beoordelen je presentatie met behulp van het beoordelingsformulier op bladzijde 269. Let bij deze opdracht vooral op het volgende:
- Zijn de dia's rustig qua kleur, lettertype en hoeveelheid tekst?
- Is de tekst op de dia's leesbaar en foutloos?
- Passen de afbeeldingen bij de deelonderwerpen?
- Gebruiken de sprekers voldoende signaalwoorden?

4 Bespreek het beoordelingsformulier. Noteer het advies dat je de volgende keer wilt toepassen.

_____

5 Wissel van rol. Nu voert het andere tweetal de opdracht uit. Bespreek ook die presentatie na.

Extra: twee opdrachten om meer te oefenen.

2 EEN PRESENTATIE GEVEN

2.1 VERSLAG UITBRENGEN

DOEL Je doet verslag van een gebeurtenis.

UITLEG Als je **verslag** uitbrengt, geef je de luisteraars informatie over een gebeurtenis of ervaring. De volgende punten zijn daarbij belangrijk.

- Vertel **zakelijk** en **objectief**.
- Zorg dat je **volledig** bent; vertel alles wat de luisteraars moeten weten.
- Wees **duidelijk**; je verslag moet voor de luisteraars goed te begrijpen zijn. Daarom kun je de informatie vaak het best in een **chronologische volgorde** vertellen. Signaalwoorden voor tijd helpen je om die volgorde aan te geven. Bijvoorbeeld: *ten eerste – daarna – toen – vervolgens – ten slotte*.
- Presenteer **aantrekkelijk**; je wilt de aandacht van de luisteraars vasthouden. Dat kun je op verschillende manieren bereiken:
  - Begin met een anekdote of een voor iedereen herkenbare situatie.
  - Betrek het publiek bij jouw verhaal en maak ze nieuwsgierig. Bijvoorbeeld met: 'Misschien herkent u dit zelf ook wel.' Of: 'Hoe het is afgelopen? Dat vertel ik aan het eind.'
  - Sta of zit rechtop en maak rustige gebaren. Kijk je publiek aan en spreek duidelijk, rustig en verstaanbaar.

In het slot kun je je mening geven of vertellen wat je geleerd hebt. Eindig met een goede 'uitsmijter'. Het helpt als je dan terugkomt op de anekdote of het voorbeeld uit de inleiding.

VOORBEELD

① 'Gisterenmorgen heb ik voor het eerst tijdens mijn stage op PSZ Kiekeboe zonder begeleiding vijftien peuters beziggehouden. ② Dat dit niet meeviel, kunnen jullie je vast wel voorstellen.
Van half negen tot kwart over negen heb ik met alle peuters buiten gespeeld. Het was nog droog, dus dat kon prima. ③ Toen het begon te regenen gingen we binnen spelen. Dat duurde een halfuurtje. ④ Daarna was het tijd voor een verhaal. Gelukkig luisterden ze goed. Vervolgens aten we samen fruit. De rest van de morgen hebben we geknutseld. Nadat alle kinderen waren opgehaald, heb ik de boel opgeruimd.'

① zelfverzekerde houding
② betrekt publiek bij het verhaal
③ signaalwoorden voor tijd
④ gebeurtenissen in chronologische volgorde

2.1 Verslag uitbrengen

OPDRACHT 1 🔊 **Luister naar Douar Amrani die verslag uitbrengt.**
Douar ging vanuit zijn opleiding *Sociaal Juridische Dienstverlening* op bezoek bij de politierechter in de rechtbank in Haarlem.

1 Vertelt Douar de gebeurtenissen in chronologische volgorde? Leg je antwoord uit.

2 Begint Douar zijn verslag met een anekdote of een voor iedereen herkenbare situatie?

3 Vind jij de opening passen bij het verslag? Geef een argument bij je mening.

4 Is Douars verslag zakelijk en objectief? Leg je antwoord uit.

5 Wat vind jij van de afsluiting? Geef een argument bij je mening.

6 Vind jij Douars verslag goed? Leg je antwoord uit.

OPDRACHT 2 **Breng kort verslag uit over een excursie die jij deed vanuit je opleiding.**

1 Noteer over welke excursie jij verslag gaat doen.

2 Schrijf de belangrijkste gebeurtenissen op in chronologische volgorde.

3 Bedenk een inleiding. Begin je verslag met een voor iedereen herkenbare situatie.

4 Noteer het slot waarin je terugkomt op het voorbeeld uit de inleiding en je mening geeft over de excursie.

3F Spreken en gesprekken

 5 Werk samen met een medestudent. Breng om de beurt verslag uit. Let op de volgende punten en geef elkaar na afloop advies.
- Begint het verslag met een herkenbare situatie?
- Worden de gebeurtenissen in chronologische volgorde verteld?
- Komt de spreker in het slot terug op het voorbeeld uit de inleiding?
- Is het verslag zakelijk en aantrekkelijk tegelijk?

6 Noteer het belangrijkste advies van je medestudent.

___

OPDRACHT 3

Bereid een verslag voor over een recente stage-ervaring.
Het verslag is bedoeld voor je medestudenten, je stagedocent en je stagebegeleider.

1 Noteer in één woord een gebeurtenis op je stageplek die veel indruk op je maakte.

2 Noteer in steekwoorden zo veel mogelijk dingen die je te binnen schieten over de gebeurtenis (je kunt hiervoor een woordveld maken of de 5w+h-vragen gebruiken).

3 Onderstreep bij vraag 2 vijf belangrijke steekwoorden.

4 Noteer de uitgekozen steekwoorden in chronologische volgorde onder elkaar en schrijf erachter wat je daarover wilt vertellen.

-
-
-
-
-

5 Maak de inleiding.

2.1 Verslag uitbrengen

6 Bedenk met welke woorden jij je publiek bij jouw verhaal wilt betrekken en nieuwsgierig wilt maken.

7 Maak het slot. Geef daarin aan waarom de ervaring indruk op je maakte en of je er vanuit de opleiding goed op voorbereid was. Noteer ook de 'uitsmijter' waarmee je je verslag afsluit.

EXAMENOPDRACHT 3F IE

Breng verslag uit over een stage-ervaring. Werk in drietallen.

1 Lees wat je hebt opgeschreven bij opdracht 3 nog een keer goed door.

2 Breng in ongeveer vier minuten verslag uit aan je groepsgenoten. Denk om je lichaamshouding en manier van spreken.

3 De anderen beoordelen je verslag met behulp van het beoordelingsformulier op bladzijde 269. Let bij deze opdracht vooral op het volgende:
- Begint het verslag met een goede inleiding?
- Worden er signaalwoorden gebruikt om de gebeurtenissen chronologisch te vertellen?
- Is het verslag zakelijk, objectief en volledig?
- Heeft het verslag een goed evenwicht tussen zakelijkheid en aantrekkelijkheid?

4 Bespreek het beoordelingsformulier. Noteer het advies dat je de volgende keer wilt toepassen.

5 Wissel van rol, net zolang totdat iedereen verslag heeft uitgebracht. Bespreek elk verslag na.

Extra: een opdracht om meer te oefenen.

2.2 INSTRUCTIE GEVEN

DOEL Je demonstreert tijdens een instructie de belangrijkste stappen in je uitleg.

UITLEG Als je een **instructie** geeft, dan vertel je iemand hoe hij een bepaalde handeling moet uitvoeren. Bijvoorbeeld het gebruik van een apparaat. De ander weet na afloop precies hoe hij een handeling zelfstandig moet uitvoeren. Het is belangrijk dat je daarom de handelingen stap voor stap, in een logische volgorde benoemt: 'stap 1', 'stap 2', 'stap 3'. Of gebruik **signaalwoorden** zoals 'ten eerste', 'ten tweede', 'daarna', 'vervolgens', 'ten slotte'.

Gebruik deze tips voor het geven van een instructie (instrueren).
- Vertel aan het begin wat het doel is van de instructie.
- Benoem nadrukkelijk de stappen in je instructie.
- Demonstreer waar mogelijk de handelingen tijdens je instructie.
- Check tussendoor of de ander je nog steeds begrijpt.
- Controleer na afloop of de ander de handeling zelfstandig uit kan uitvoeren. (Dit kan fysiek of met vragen.)

VOORBEELD

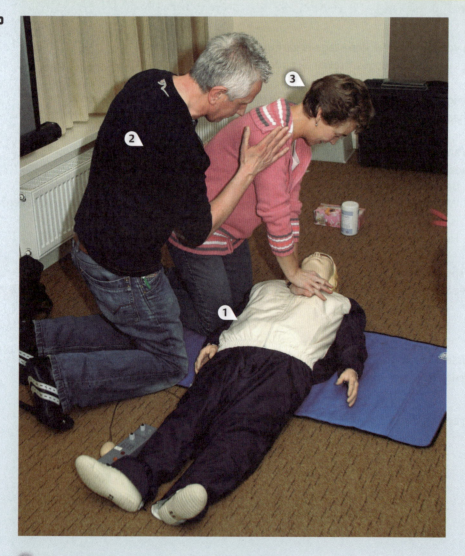

1. Voorwerpen om de instructie te verduidelijken.
2. De spreker vertelt hoe de instructie moet worden uitgevoerd.
3. De ander voert de handelingen zelfstandig uit.

2.2 Instructie geven

OPDRACHT 1   **Bekijk het filmpje met tilinstructies.**

1 Voor wie is het instructiefilmpje bedoeld? _____

2 Hoe til je goed? Noteer de vijf stappen.

1 _____

2 _____

3 Zorg dat je stabiel staat.

4 _____

5 _____

3 Vind jij dat de beelden de gesproken tekst ondersteunen? Leg je antwoord uit.

_____

4 Instrueer een medestudent hoe hij het best twee zware tassen op de tafel kan tillen zonder zijn rug te belasten. Noteer eerst in steekwoorden wat je gaat zeggen.

_____

_____

5 Werk samen met twee medestudenten en geef om de beurt instructie. Bespreek na afloop de instructies aan de hand van de volgende vragen.
- Worden de verschillende stappen benoemd?
- Ondersteunt de demonstratie de gesproken tekst?
- Kan de ander na afloop de instructie zelfstandig uitvoeren?

OPDRACHT 2 **Maak een instructie.**
Je collega's moeten af en toe een stropdas dragen. Het is belangrijk om dit netjes te doen en daarom is jou gevraagd de nieuwe collega's te instrueren hoe dat moet.
Gebruik de afbeelding hiernaast voor je instructie.

1 Noteer bij elk stap in steekwoorden wat je gaat zeggen.

1 _____

2 _____

3 _____

4 _____

5 _____

6 _____

2 Bedenk een openingszin waarin je het doel van de instructie vertelt.

_____

3F Spreken en gesprekken

OPDRACHT 3 Bereid een werkinstructie voor.

1 Noteer een beroepstaak of beroepshandeling die je zelf al enkele keren hebt uitgevoerd.

_____

2 Schrijf in maximaal zes stappen op wat er achtereenvolgens moet gebeuren om de taak of handeling uit te voeren.

1 _____

2 _____

3 _____

4 _____

5 _____

6 _____

3 Noteer achter elke stap van vraag 3 wat je laat zien of demonstreert.

4 Bedenk een openingszin en schrijf die op.

_____

5 Noteer twee vragen die je tijdens of na je instructie kunt stellen om te checken of de ander je begrijpt.

• _____

• _____

EXAMENOPDRACHT 3F IE

Geef een werkinstructie. Werk in tweetallen.

1 Lees nog een keer goed door wat je hebt opgeschreven bij opdracht 3.

2 Geef een medestudent een werkinstructie van maximaal drie minuten. Denk om je lichaamshouding en manier van spreken.

3 De ander beoordeelt je instructie met behulp van het beoordelingsformulier op bladzijde 269. Let bij deze opdracht vooral op het volgende:
  • Wordt aan het begin het doel van de instructie genoemd?
  • Gebruikt de spreker signaalwoorden om de stappen van elkaar te onderscheiden?
  • Controleert de spreker tussendoor of zijn instructie duidelijk is?
  • Wordt de instructie duidelijker door het demonstreren van bepaalde handelingen?
  • Controleert de spreker na afloop of het publiek de handeling zelfstandig kan uitvoeren?

4 Bespreek het beoordelingsformulier. Noteer het advies dat je de volgende keer wilt toepassen.

_____

5 Wissel van rol. Nu voert de ander de opdracht uit. Bespreek ook die werkinstructie na.

Extra: een opdracht om meer te oefenen.

2.3 INFORMEREN

DOEL Je geeft een informatieve presentatie.

UITLEG Het onderwerp van een **informatieve presentatie** kan van alles zijn: je werk, je stage, maar ook een hobby, sport of een onderwerp uit het nieuws.

Een goede spreker stemt zijn inhoud en taalgebruik af op het **publiek**. Stel jezelf vooraf deze vragen:
- Wat weet het publiek al over het onderwerp?
- Wat zouden ze graag willen weten?
- Welke voorbeelden spreken dit publiek aan?
- Welk taalgebruik past bij dit publiek?

Een informatieve presentatie heeft een inleiding, een middenstuk en een slot. Je ondersteunt de inhoud door beeld te gebruiken. Dat kan een presentatie met bijvoorbeeld PowerPoint of Prezi zijn, maar je kunt ook foto's, film of voorwerpen laten zien.
Bij een presentatie over klimsport neem je bijvoorbeeld touwen, zekeringen en een klimtuig mee om te laten zien waar je over praat. Maar ook foto's van een klimvakantie zijn dan interessant.

VOORBEELD

1. PowerPoint, Keynote of Prezi
2. voorwerpen en foto's

3F Spreken en gesprekken

OPDRACHT 1 🔊 **Luister naar de inleiding van Emma's presentatie.**
Emma houdt de presentatie voor haar medestudenten.

1 Vind je dat Emma's taalgebruik bij het publiek past? Leg je antwoord uit.

_____

2 Denk je dat Emma rekening houdt met de voorkennis van haar publiek? Leg je antwoord uit.

_____

_____

3 Wat vind je van de opening? Geef een argument bij je mening.

_____

4 Hieronder zie je een afbeelding van Emma. Geef twee tips zodat ze haar lichaamshouding kan verbeteren.

_____

_____

5 Emma heeft een PowerPoint bij haar presentatie gemaakt. Noteer twee voorwerpen die ze ook kan laten zien.

_____

6 Waarom is het volgens jou belangrijk taalgebruik en inhoud af te stemmen op het publiek?

_____

OPDRACHT 2 **Bereid een informatieve presentatie van ongeveer acht minuten voor.**
Het publiek bestaat uit je medestudenten en je docent Nederlands.
1 Kies een van de volgende onderwerpen:
- ☐ robots op de werkvloer
- ☐ aan de slag als zzp'er
- ☐ deeleconomie
- ☐ reclame
- ☐ een ander onderwerp, namelijk: _____

2.3 Informeren

2 Verdeel je onderwerp in drie of vier deelonderwerpen.

- _____
- _____
- _____
- _____

3 Verzamel informatie over het onderwerp. Gebruik verschillende bronnen, zoals een krant, een boek, een folder of een website. Markeer de belangrijkste informatie of maak aantekeningen.

4 Maak een spreekschema (zie bladzijde 12-14). Noteer bij het middenstuk de belangrijkste informatie in steekwoorden.

5 Maak een inleiding. Noteer de inleiding in steekwoorden in het spreekschema. Schrijf de openingszin voluit in het spreekschema.

6 Bedenk een slot en noteer het slot in steekwoorden in het spreekschema.

7 Maak een powerpointpresentatie die de inhoud ondersteunt. (zie bladzijde 16 voor tips)

8 Bedenk wat je naast je powerpointpresentatie nog wilt laten zien.

9 Oefen je presentatie.

EXAMENOPDRACHT 3F IE

Houd een informerende presentatie. Werk in viertallen.

1 Lees je spreekschema en achtergrondinformatie nog een keer goed door. Controleer of je powerpointpresentatie werkt.

2 Houd je informatieve presentatie van ongeveer vijf minuten voor je groepsgenoten. Denk om je lichaamshouding en manier van spreken.

3 De anderen beoordelen je informatieve presentatie met behulp van het beoordelingsformulier op bladzijde 269. Let bij deze opdracht vooral op het volgende:
- Houdt de spreker rekening met de voorkennis van het publiek?
- Gebruikt de spreker voorbeelden die het publiek aanspreken?
- Ondersteunt de PowerPoint, Prezi of het meegenomen materiaal de inhoud?

4 Bespreek het beoordelingsformulier. Noteer het advies dat je de volgende keer wilt toepassen.

5 Wissel van rol, net zolang totdat iedereen zijn presentatie heeft gehouden. Bespreek elke presentatie na.

Extra: twee opdrachten om meer te oefenen.

2.4 OVERTUIGEN

DOEL Je overtuigt je publiek tijdens een presentatie.

UITLEG Hoe overtuig je anderen van jouw mening of standpunt? Het belangrijkste advies bij **overtuigend presenteren** is het volgende: ontdek welk probleem het publiek ervaart met het onderwerp. Als je bij hun probleem aansluit, voelen de luisteraars zich begrepen en gehoord. Je hebt direct hun aandacht en sympathie.
Je kunt je presentatie opbouwen als een **betoog**, zoals hieronder.

Inleiding
- Schets in de inleiding het probleem. Sluit aan bij de ervaringen van het publiek.
- Formuleer je standpunt zo kort mogelijk. Hoe korter je je standpunt formuleert, hoe beter de luisteraars begrijpen wat je bedoelt. Maar het heeft nog een voordeel: je komt overtuigender over als je het zo kort en duidelijk kunt vertellen.

Middenstuk
- Noem in het middenstuk van je betoog de argumenten.
- Begin met de belangrijkste argumenten voor je standpunt.
  Is het moeilijk om argumenten te bedenken? Vertel een verhaal met jouw persoonlijke ervaringen. Het publiek kan zich dan beter in jou en in je standpunt verplaatsen.
- Gebruik signaalwoorden om de argumenten op te sommen. Het publiek herkent dan beter de argumenten die je gebruikt.
- Weerleg in ieder geval één tegenargument.

Slot
- Noem kort het probleem waarmee je je betoog bent begonnen.
- Herhaal jouw standpunt en geef je conclusie.
- Bedank je publiek voor hun aandacht.

TIP In Bijlage 3 op bladzijde 268 vind je meer informatie over argumenteren.

VOORBEELD

① Je kent het wel: je gaat met de auto op pad, maar staat al snel in ② de file. Niet alleen tijdens de spitsuren staat de weg vol met auto's, ook in de vakanties is het druk. De overheid heeft al veel proberen te doen aan dit fileprobleem, maar niets helpt. Als het openbaar vervoer beter geregeld was en gratis is voor iedereen, zouden veel meer mensen er gebruik van maken. Want de personen die nu in vijftien verschillende auto's zitten, kunnen dan allemaal samen in één bus. Dat scheelt plek op de weg, uitlaatgassen én benzine. ③ Daarom ben ik voor gratis openbaar vervoer.

① aansluiten bij ervaringen van het publiek
② probleem schetsen
③ standpunt kort geformuleerd

2.4 Overtuigen

OPDRACHT 1

Bedenk goede argumenten.
Vrijdag moet de groepsopdracht ingeleverd worden. Jij zou het werk van iedereen verzamelen, maar je hebt nog steeds niet alles binnen. Dat inleveren gaat dus niet lukken. Jij vindt dat *groepsopdrachten voor een cijfer of punten moeten worden afgeschaft*. Daarvan ga je iedereen in de studentenraad overtuigen.

1 Noteer twee argumenten voor je standpunt.

- _____
- _____

Tegenstanders zullen met de volgende argumenten komen.
- Tijdens het werken aan een groepsopdracht leer je je eigen vaardigheden ontdekken.
- Groepsopdrachten zijn een goede voorbereiding voor de latere beroepspraktijk.

2 Noteer voor elk tegenargument hoe je dat gaat weerleggen.

- _____
- _____

OPDRACHT 2

Bedenk een overtuigende presentatie van twee minuten over een stelling.

1 Lees de stellingen en kies er een uit.
- ☐ Iedereen mag jouw foto's van Instagram of Facebook gebruiken.
- ☐ Eindexamens kunnen beter worden afgeschaft.
- ☐ Er moet meer Nederlandstalige muziek op de radio worden gedraaid.
- ☐ Comadrinkers moeten zelf hun ziekenhuisopname betalen.

2 Ben je voor of tegen de stelling? Formuleer je standpunt kort en duidelijk.

_____

3 Noteer twee argumenten of voorbeelden bij je standpunt.

- _____
- _____

4 Maak een inleiding waarbij je aansluit bij de ervaringen van het publiek.

_____
_____

5 Bedenk een slot bij je presentatie.

_____

OPDRACHT 3

Bereid een betoog van minimaal vier minuten voor over 'voedselverspilling'.
Je leest in de krant het volgende bericht.

'Nederlandse consumenten gooien elk jaar zo'n 50 kilo voedsel weg. Dat is ruim € 150 per persoon. Deze verspilling van voedsel kost niet alleen geld, maar ook energie. Ook jij gooit weleens boterhammen in de vuilnisbak. De Rijksoverheid heeft zich als doel gesteld de komende jaren de voedselverspilling te verminderen.'

3F Spreken en gesprekken

1. Noteer je standpunt over voedselverspilling.

2. Lees tekst 1. Noteer voorbeelden en argumenten die je wilt gebruiken voor je betoog.

3. Zoek extra informatie over dit onderwerp. Gebruik verschillende bronnen, zoals een krant, een boek, een folder of een website. Markeer de belangrijkste informatie of maak aantekeningen.

4. Vul het spreekschema in (zie volgende pagina). Gebruik steekwoorden.

TEKST 1

Langer houdbaar

Anouk annuleerde ooit twee concerten in het Gelredome in Arnhem. Resultaat: boze fans en kilo's overgebleven voedsel. Voedsel dat nog prima te eten was, maar dat niet bewaard kon worden. Onder andere 400 bakken sushi, 240 kilo gyrosvlees en 7000 broodjes vonden hun weg naar de prullenbak. Was er dan niemand die dit eten had willen hebben en kon het niet naar de Voedselbank worden gebracht? Hèrald van de Bunt, directeur van het Gelredome, had dat graag gedaan, maar dit was 'logistiek onmogelijk'. Want hoe ga je zo veel voedsel vervoeren?

De Voedselbank zelf voorzag ook een probleem. Omdat het overgrote deel niet verpakt was, konden zij het voedsel niet aannemen, zegt Tom Hillemans, voorzitter van de Voedselbank in Arnhem. 'Dat mag niet van de Voedsel- en Warenautoriteit.' Het uitdelen van vis, vlees en zuivel dat over de datum is maar nog niet bedorven, is verboden. En dus verdween het allemaal in de container, zoals wel vaker gebeurt.

Dagelijks worden tonnen eten weggegooid dat nog prima te eten is. Na afloop van concerten en evenementen, bij cateringbedrijven en in restaurants. 'Die sluiten vaak zo rond 23.00 uur. De Voedselbank is dan al dicht, waardoor wij het niet meer kunnen innemen', zegt Pien de Ruig, woordvoerder van Voedselbank Nederland.

Consumenten zijn de grootste verspillers: 42% van al het voedsel dat in de prullenbak verdwijnt, gooien we zelf weg. Voornamelijk uit angst voor de houdbaarheidsdatum. Op de tweede plek komen de producenten, met 39%. Zij gooien veel voedsel weg voordat het in de supermarkt ligt. Het gaat hierbij vooral om partijen die niet goed genoeg zijn om te verkopen, zoals kromme komkommers of tomaten met bulten.

Hoeveel voedsel werd weggooid nadat Anouk haar Gelredome-concert in 2013 afzegde?

7000 broodjes
7000 sinaasappels
100 kilo pizzadeeg
100 kilo saté
400 bakken sushi
90 hammen
240 kilo kipgyrosvlees
95 kilo bami

©TROUW | BRON: ANP

Er is de afgelopen jaren al wel iets veranderd. Supermarkten voelen de druk om iets aan het probleem te doen, omdat het hen veel geld kost. Met betere bestelsystemen houden zij bij hoeveel voedsel de winkel verlaat, zodat dezelfde hoeveelheid ingekocht

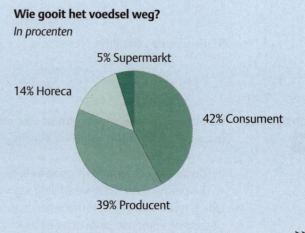

Wie gooit het voedsel weg?
In procenten

5% Supermarkt
14% Horeca
42% Consument
39% Producent

>>

2.4 Overtuigen

kan worden. Ook is onlangs een pilot gestart om nieuwe producten te maken van voedsel dat bijna over de datum is. Toch moet er meer veranderen. Er liggen nog steeds geen kromme komkommers in de schappen, terwijl de regelgeving hierover is afgeschaft. De regels rondom de houdbaarheid van voedsel zijn nog te strak. Het gebruik van THT (ten minste houdbaar tot) en TGT (te gebruiken tot) is voor consumenten verwarrend. In Engeland gebruiken ze één term: best before. Het product is voor die datum het lekkerst, maar ook daarna is het nog prima te eten.

Feit blijft dat de meeste winst valt te behalen bij de consument. Van al het eten dat we kopen, verdwijnt zo'n veertien procent in de afvalbak. Als mensen een boodschappenlijstje mee zouden nemen of van tevoren in de koelkast zouden kijken om te zien wat ze nog hebben, kan die hoeveelheid flink omlaag.

Naar: www.trouw.nl

SPREEKSCHEMA	
inleiding	openingszin: _____ introductie onderwerp: _____ standpunt: _____
midden-stuk	argument voor: _____ argument voor: _____ argument voor: _____ argument tegen + weerlegging: _____
slot	herhaal probleem: _____ herhaal standpunt: _____ conclusie: _____ slotzin: _____

3F Spreken en gesprekken

EXAMENOPDRACHT

Houd een overtuigende presentatie. Werk in viertallen.

1 Lees je spreekschema en achtergrondinformatie nog een keer goed door.

2 Houd een overtuigende presentatie van ongeveer vijf minuten. Denk om je lichaamshouding en manier van spreken.

3 De anderen beoordelen je presentatie met behulp van het beoordelingsformulier op bladzijde 269. Let bij deze opdracht vooral op het volgende:
- Heeft de spreker zijn standpunt bondig geformuleerd?
- Staan de argumenten in volgorde van belangrijkheid?
- Wordt aan het eind de mening op een iets andere manier herhaald met een afsluitend argument?
- Gebruikt de spreker een overtuigende manier van spreken?

4 Bespreek het beoordelingsformulier. Noteer het advies dat je de volgende keer wilt toepassen.

_____

_____

5 Wissel van rol, net zolang totdat iedereen zijn presentatie heeft gehouden. Bespreek elke presentatie na.

 Extra: twee opdrachten om meer te oefenen.

3 GESPREKKEN

3.1 SOCIAAL-COMMUNICATIEVE VAARDIGHEDEN

DOEL Je gebruikt sociaal-communicatieve vaardigheden in gesprekken met anderen.

UITLEG Om een goed contact op te bouwen en te onderhouden met andere mensen, is het belangrijk dat je de ander op een positieve en vriendelijke manier benadert. Denk bijvoorbeeld aan begroeten, een hand geven en **oogcontact** maken. Tijdens een gesprek houd je rekening met de mening of gevoelens van een ander. Je vraagt bijvoorbeeld hoe de ander ertegenaan kijkt, of gewoon hoe het met de ander gaat. Al deze vaardigheden samen worden **sociaal-communicatieve vaardigheden** genoemd.

Sociaal-communicatieve vaardigheden zijn belangrijk als je met veel verschillende mensen te maken hebt, bijvoorbeeld klanten, leidinggevenden of collega's. Ook als je iemand niet aardig vindt, kun je zo toch het beste resultaat bereiken en het contact goed houden.

In een persoonlijk gesprek gebruik je **informele taal**. Als je gesprek een zakelijk doel heeft, pas je de woordkeus aan en gebruik je **formele taal**. Of je in een werkomgeving formele of informele taal gebruikt, hangt af van de situatie en het gespreksonderwerp.

Met je **taalgebruik** laat je zien dat je respect toont voor je gesprekspartner.
- *vriendelijk groeten:* 'Dag' of 'Tot ziens' in plaats van 'Doei' als je iemand niet (goed) kent of als iemand ouder is dan jij
- *iemand aanspreken:* beter 'Mag ik iets vragen?' dan 'Hé hallo!'
- *u-zeggen:* tegen een leidinggevende of een onbekende volwassene zeg je 'u' in plaats van 'jij', maar je kunt na een tijdje samen afspreken om 'je' en 'jij' te zeggen

VOORBEELD

1. vriendelijk begroeten
2. de hand schudden
3. oogcontact maken

3F Spreken en gesprekken

OPDRACHT 1 — Denk na over sociaal-communicatieve vaardigheden.

1 Zet de onderstaande situaties in volgorde van formeel naar minder formeel. Noteer alleen de letters.
   A Bij een onbekende buurman klaag je over de geluidsoverlast die hij veroorzaakt.
   B Een klant praat met jou over de zorgverzekering die jouw bedrijf aanbiedt.
   C In de pauze praat je met je leidinggevende over jullie gezamenlijke hobby.
   D Je spreekt een collega aan over een verkeerd geplaatste bestelling.
   E Met een vriendin praat je over het concert van Adele.
   F Met je leidinggevende spreek je over een mogelijke herwaardering van je functie.

2 Wanneer geef jij iemand een hand? Noteer twee situaties uit de privésfeer en drie werksituaties.

privé: _____

werk: _____

OPDRACHT 2 — Bedenk hoe jij reageert in verschillende (lastige) situaties.
Lees de situaties en noteer bij elke situatie hoe jij zou reageren en wat je zou zeggen.

1 Tijdens de lunch met collega's in een eetcafé komt een vriend(in) van jou erbij zitten. Je collega's kennen die vriend(in) niet.

2 Je geeft een cursus 'digitale vaardigheden voor senioren'. Mevrouw Werkman vraagt voor de tiende keer hoe ze een bijlage per e-mail moet versturen.

3 Tijdens het wekelijkse werkoverleg wil jij graag iets zeggen, maar telkens als jij begint met praten valt een collega jou in de rede.

4 Je leidinggevende roept jou bij zich. Je krijgt te horen dat een klant heeft geklaagd over de rommel die je hebt achtergelaten na een klus. Je weet zeker dat je alles opgeruimd hebt.

5 Bespreek samen met drie medestudenten jullie antwoorden. Besteed ook aandacht aan de volgende punten.
   • In welke situaties reageren jullie totaal verschillend?
   • Welk soort situaties vind je lastig?

6 Vind jij jezelf voldoende sociaal-communicatief vaardig? Zo nee, wat zou je willen verbeteren?

3.1 Sociaal-communicatieve vaardigheden

OPDRACHT 3 **Bereid samen met een medestudent een gesprek van ongeveer vier minuten voor.**

1 Lees de situatie en verdeel de rollen.
- *Situatie*: Op vrijdag 6 november wordt op jouw stageadres een ICT-scholing georganiseerd en de bedrijfsleider benadrukt dat het belangrijk is dat iedereen die scholing volgt. Juist op die vrijdag heb je al een afspraak staan, die je eigenlijk niet kunt missen. Je wilt je afmelden voor de scholing en gaat in gesprek met de leidinggevende.
- *Rol A – stagiair(e)*
Aangezien het een belangrijke scholing is, vind je het heel vervelend dat je niet kunt. Je bent een beetje zenuwachtig, maar hebt al een mogelijke oplossing bedacht.
- *Rol B – leidinggevende*
Je weet dat de stagiair met jou wil praten over de scholing, maar hebt geen idee wat de boodschap is. Het liefst wil je dat hij wel de scholing volgt, want die is belangrijk voor alle werknemers. Bovendien mist de stagiair door zijn afwezigheid informatie die de anderen wel hebben. Je toont echter ook begrip voor de situatie van de stagiair.

2 Bereid je kort voor op je rol: stagiair(e) of leidinggevende.
- Denk na over de begroeting.
- Bedenk hoe je de ander gaat aanspreken.

3 Noteer de zin waarmee je het gesprek wilt beginnen.

_____

4 Schrijf in steekwoorden op wat je wilt zeggen. Houd daarbij ook rekening met wat de ander kan gaan zeggen.

_____
_____

EXAMENOPDRACHT 3F IE

Voer een gesprek van ongeveer vier minuten. Werk in viertallen.

1 Voer het gesprek dat jullie hebben voorbereid in opdracht 3.

2 De anderen beoordelen het gesprek met behulp van het beoordelingsformulier op bladzijde 270. Let bij deze opdracht vooral op het volgende:
- Begroeten de sprekers elkaar op een correcte manier?
- Houden beide sprekers rekening met de mening en gevoelens van de ander?
- Wordt er naar elkaar geluisterd en op elkaar gereageerd?

3 Bespreek het beoordelingsformulier. Noteer het advies dat je de volgende keer wilt toepassen.

_____

4 Wissel van rol. Nu voert het andere tweetal de opdracht uit. Bespreek ook dat gesprek na.

Extra: een opdracht om meer te oefenen.

3.2 NON-VERBALE COMMUNICATIE

DOEL Je bent je bewust van het belang van non-verbale communicatie in gesprekken.

UITLEG

Wanneer je met iemand in gesprek bent, draag je niet alleen informatie over met woorden. Ook je lichaamshouding, gebaren, gezichtsuitdrukking en intonatie geven informatie. Dat noem je **non-verbale communicatie**. Er wordt wel gezegd dat je non-verbale communicatie voor meer dan 90% bepaalt hoe je boodschap overkomt.

Let daarom bij een zakelijk gesprek altijd op het volgende.
- Zorg ervoor dat je er netjes en verzorgd uitziet.
- Geef de ander een hand bij binnenkomst.
- Kijk je gesprekspartner aan tijdens het gesprek.
- Laat zien dat je luistert door te knikken of 'hm hm' te zeggen.
- Gebruik rustige gebaren die passen bij wat je zegt.
- Praat op een vriendelijke en geïnteresseerde toon.

Heb je een belangrijke afspraak? Oefen dan van tevoren voor de spiegel.
Natuurlijk is het belangrijk ook te letten op de non-verbale communicatie van de ander: wat zeggen zijn houding, gebaren, gezichtsuitdrukking en intonatie? En klopt dat met wat hij zegt? Trek niet te snel conclusies. Probeer met een vraag te controleren of klopt wat je denkt. Bijvoorbeeld: 'Ik zie je bedenkelijk kijken, denk je dat het gaat lukken of wil je liever dat ik het voordoe?'

VOORBEELD

① Een klant komt met een klacht bij jouw balie. Hij moppert over de slechte kwaliteit van de boormachine die hem de vorige maand is verkocht. Met een brede grijs op je gezicht zeg jij: 'Ik snap dat dit heel vervelend is.'

- waarneming: ② De klant ziet een verkoper met een brede grijs op zijn gezicht vertellen dat hij iets vervelend vindt.
- effect: Klant denkt door die grijns dat hij niet serieus wordt genomen en wordt boos.
- gewenst gedrag: Door ernstiger te kijken denkt de klant dat je hem serieus neemt.

① Non-verbale boodschap past niet bij de verbale boodschap.
② Non-verbale communicatie bepaalt hoe de boodschap overkomt.

3.2 Non-verbale communicatie

OPDRACHT 1 Bekijk de foto's en let op de non-verbale communicatie.

1 Brian (rechts) heeft een tussentijds evaluatiegesprek met zijn stagebegeleider.

waarneming – Wat ziet de stagebegeleider?

effect – Welk effect heeft de houding van Brian?

gewenst gedrag Brian:

2 Rob (links) is boos over het feit dat hij tien minuten moest wachten voor hij geholpen werd.

waarneming – Wat ziet de verkoopster?

effect – Welk effect heeft de houding van Rob?

gewenst gedrag Rob:

3 Roos luistert naar haar docent die uitlegt hoe de bloeddrukmeter werkt.

waarneming – Wat ziet de docent?

effect – Welk effect heeft de houding van Roos?

gewenst gedrag Roos

OPDRACHT 2 Voer een gesprek van ongeveer vijf minuten. Werk samen met drie medestudenten.

1 Lees de situatie en verdeel de rollen.
Als het wekelijks werkoverleg is afgelopen, wil jullie leidinggevende nog even overleggen over het afscheidsfeestje voor een collega die met pensioen gaat.
rol A – Je bent ongeïnteresseerd, want je kent de collega niet zo goed en je hebt eigenlijk andere bezigheden vanmiddag.
rol B – Je bent heel enthousiast en hebt allerlei leuke ideeën. In je enthousiasme let je niet zo goed op wat een ander zegt.
rol C – Je bent verlegen. Je probeert wel mee te doen, maar durft niet zo goed.
rol D – Je bent leidinggevende en wilt graag dat iedereen aan het woord komt en iets regelt voor het feestje.

3F Spreken en gesprekken

2 Bereid je kort voor op je rol. Hoe ziet jouw rol er non-verbaal uit?

houding: _____

gebaren: _____

gezichtsuitdrukking: _____

intonatie: _____

3 Voer het gesprek. Stel elkaar vragen en ga in op elkaars antwoorden. Iedereen moet aan het woord komen.

4 Bespreek na afloop het volgende.
- Is het de leidinggevende gelukt iets te regelen voor het feestje?
- Welk effect had de non-verbale communicatie op het gesprek?

positief – negatief – zowel positief als negatief
Bespreek concrete voorbeelden.

OPDRACHT 3

Bereid samen met een medestudent een gesprek van ongeveer vier minuten voor.

1 Lees de situatie en verdeel de rollen.

Je werkt samen met een medestudent als trainer bij een voetbalclub. Het hoort bij jullie werk om na de training de gebruikte voetballen op te pompen en de cornervlaggen, pionnen en netten op de vaste plek in het materiaalhok te leggen. De laatste paar weken gaat het mis. Jij ('rol A') houdt je aan de werkafspraken, maar als de trainingen beginnen, staan de spullen niet op de afgesproken plaats en zijn de voetballen niet opgepompt. Je besluit dit met hem ('rol B') te bespreken.

2 Verdeel de rollen (A of B) en bereid je kort voor. Denk na hoe je het probleem gaat benoemen / hoe je op de klacht van je collega gaat reageren.

_____

_____

3 Bedenk welke lichaamshouding, gebaren, gezichtsuitdrukking en intonatie je wilt gebruiken. Het moet passen bij je boodschap.

EXAMENOPDRACHT 3F 1E

Voer een gesprek van ongeveer vier minuten. Werk in viertallen.

1 Voer het gesprek dat jullie hebben voorbereid in opdracht 3.

2 De anderen beoordelen het gesprek met behulp van het beoordelingsformulier op bladzijde 270. Let bij deze opdracht vooral op het volgende:
- Wordt er naar elkaar geluisterd en op elkaar gereageerd?
- Blijft de toon vriendelijk?
- Komen de sprekers tot een oplossing van het probleem waar beiden zich in kunnen vinden?

3 Bespreek het beoordelingsformulier. Noteer het advies dat je de volgende keer wilt toepassen.

_____

4 Wissel van rol. Nu voert het andere tweetal de opdracht uit. Bespreek ook dat gesprek na.

Extra: twee opdrachten om meer te oefenen.

4 GROEPSGESPREKKEN

4.1 WERKBESPREKING EN VERGADERING

DOEL Je neemt actief deel aan een werkbespreking en een vergadering.

UITLEG

Een **werkbespreking** is een korte vergadering met vaak een informeel (= wat losser) karakter. Het doel van elk overleg is zorgen dat het werk goed blijft gaan. In de werkbespreking bespreek je met je collega's wat er moet gebeuren. Zo'n bespreking kan dagelijks of wekelijks plaatsvinden. Vaak is er geen agenda. Na afloop wordt er een korte actie- of besluitenlijst gemaakt. Deze lijst wordt bij de volgende werkbespreking doorgenomen.

Een **vergadering** is een formeel (= gebonden aan vaste regels) overleg aan de hand van een agenda. Het doel van een vergadering is het uitwisselen van informatie of het nemen van besluiten. Bij een vergadering zijn de taken van de voorzitter en notulist belangrijk.
- Een **voorzitter** opent en leidt de vergadering. Aan het begin vertelt hij wat het doel van de vergadering is en hoe die zal verlopen. Tijdens de vergadering zorgt de voorzitter ervoor dat iedereen evenveel spreektijd krijgt en de vergadering niet te lang duurt. Aan het eind vat hij samen, maakt vervolgafspraken en bedankt de aanwezigen voor hun bijdrage.
- Een **notulist** maakt een verslag van de vergadering: de notulen. Tijdens de vergadering maakt de notulist aantekeningen.

Als voorbereiding op de vergadering lees je de notulen van de vorige vergadering en bekijk je de agenda. Je bereidt voor wat je over bepaalde agendapunten wilt gaan zeggen.

VOORBEELD

① Marlies, waardoor worden volgens jóú de inlogproblemen bij de nieuwe website veroorzaakt?

② 5 nwe website klaarvoorelkaar.nl
- Pim: ca. 15 klachten p.d.
- Marlies ...

① De voorzitter leidt de vergadering. Hij zorgt er ook voor dat iedereen aan bod komt.
② De notulist maakt aantekeningen. Deze werkt hij later uit.

3F Spreken en gesprekken

OPDRACHT 1 🔊 Beluister fragment 1.

1 Hoe opent de voorzitster Yvonne de studentenraadvergadering en wat vind jij van deze opening?

_____

2 De deelnemers kunnen in twee rondes reageren op de notulen van de vorige vergadering.
Wat voor soort opmerkingen kunnen in de verschillende rondes gemaakt worden?

_____

3 Op welke manier rondt de voorzitster agendapunt 4 af?

_____

4 Wat is het doel van agendapunt 4 *Informatievoorziening aan studenten over roosters en roosterwijzigingen*?
☐ A De deelnemers moeten een besluit nemen.
☐ B De deelnemers moeten een probleem oplossen.
☐ C De deelnemers moeten zich een mening vormen.

5 Hoe zorgt de voorzitster ervoor dat alle deelnemers meedenken en meepraten?

_____

6 Heb je in dit fragment te maken met een goede voorzitster? Maak je antwoord duidelijk met twee concrete voorbeelden.

_____

OPDRACHT 2 👥 Werk in viertallen. Je doet mee aan een werkbespreking.
Je werkt twee dagen in de week als vrijwilliger in een dierenasiel. Iedere maandag is er een korte werkbespreking.
1 Verdeel de rollen.
- rol A: een collega
Tijdens de vorige werkbespreking was afgesproken dat jij een opzetje zou maken voor een actie om geld in te zamelen. Met dat geld kan een caviaopvang in het asiel worden gerealiseerd. Jij hebt een opzetje gemaakt en legt dat voor aan je collega's.

4.1 Werkbespreking en vergadering

- *rol B: een collega*

Vorige week is er een nieuwe hond gekomen. Het dier moet op een eenduidige manier worden aangepakt. Jij vertelt je collega's iets over de hond en vraagt wie hem de eerste week wil verzorgen en observeren.

- *rol C: een collega*

De kosten voor het voer rijzen de pan uit. Je vraagt je af of de inkoop misschien goedkoper kan bij een andere groothandel. Jij wilt weten of je actie kunt ondernemen. Misschien kennen je collega's ook wel bedrijven waar je eens kunt informeren.

- *rol D: leidinggevende*

Vanuit een vmbo-school in de omgeving is de vraag gekomen of twee leerlingen een week snuffelstage mogen lopen in het asiel. Jij wilt weten of de collega's dat zien zitten en wie de begeleiding op zich wil nemen.

2 Bereid je kort voor op je rol. Schrijf in steekwoorden op wat je wilt zeggen. Houd daarbij ook rekening met wat de ander kan gaan zeggen.

3 Houd de werkbespreking. Zorg dat de bespreking kort en zakelijk is.

4 Bespreek na afloop hoe het ging. Besteed ook aandacht aan de volgende punten.
- Misten jullie een voorzitter tijdens de werkbespreking?
- Was de bespreking zakelijk?
- Zijn alle punten voldoende besproken?
- Zijn er duidelijke afspraken gemaakt?
- Is afgesproken een besluitenlijst te maken?
- Deed iedereen actief mee met de werkbespreking?

OPDRACHT 3

Lees de agenda voor de personeelsvergadering van 27 maart en bereid je voor.

AGENDA
Personeelsvergadering
datum: 27 maart
plaats: kamer B206
tijd: 14.00 uur

1 Opening en vaststelling agenda
2 Mededelingen
3 Notulen vorige vergadering
4 Nascholing en nascholingswensen (BHV-cursus)
5 Verbeteringen interne communicatie
6 Personeelsactiviteit
7 Rondvraag

1 Bij punt 4 gaat het om nascholing en nascholingswensen. Noteer wat jij over dit onderwerp wilt zeggen en welke nascholingswens je hebt.

3F Spreken en gesprekken

2 Noteer twee dingen die je wilt voorstellen om de interne communicatie te verbeteren.

3 Jij hebt een leuk idee voor de personeelsactiviteit. Wat is je idee en hoe breng je dat naar voren? Formuleer een goede zin.

4 Bij de rondvraag wil jij het graag hebben over het vakantierooster. Noteer wat je daarover wilt zeggen.

5 Schrijf een zin op die je kunt gebruiken als je het woord wilt nemen.

6 Schrijf een zin op die je kunt gebruiken als iemand je in de rede wil vallen.

EXAMENOPDRACHT 3F IE

Houd de personeelsvergadering van ongeveer tien minuten. Werk in vijftallen.

1 Houd samen met vier medestudenten de vergadering die je hebt voorbereid in opdracht 3.

2 Spreek af wie de voorzitter is. Houd de vergadering (punt 2 en 3 van de agenda mag je overslaan).

3 Na afloop beoordelen jullie samen de vergadering met behulp van het beoordelingsformulier op bladzijde 270. Let bij deze opdracht vooral op het volgende:
- Opent, leidt en sluit de voorzitter de vergadering op een correcte manier?
- Doen alle deelnemers actief mee met de vergadering?
- Wordt er goed naar elkaar geluisterd en op elkaar gereageerd?
- Zijn er vervolgafspraken gemaakt?

4 Bespreek het beoordelingsformulier. Noteer het advies dat je de volgende keer wilt toepassen.

Extra: twee opdrachten om meer te oefenen.

4.2 DISCUSSIËREN EN DEBATTEREN

DOEL Je neemt deel aan een discussie en een debat.

UITLEG Het gaat in een **discussie** niet om gelijk krijgen. Een discussie gaat over een probleem, de oorzaken en de oplossingen. Een discussie is erop gericht dat je begrip krijgt voor elkaars standpunt en samen tot overeenstemming komt. Zo'n discussie kent vier fasen.
- beeldvorming: Vaststellen wat precies de vraag of het probleem is.
- inventariseren: Alle meningen en ideeën over de oplossing bespreken.
- reageren: Elkaar doorvragen over mening, oplossingen en argumenten.
- besluiten: Afsluiten met een conclusie of oplossing.

Een **debat** is een woordenstrijd tussen twee partijen over een stelling. Bijvoorbeeld: *de leerplicht moet naar 15 jaar*. De ene partij heeft een positief standpunt ingenomen en is het dus eens met de stelling. De andere partij is het oneens met de stelling en neemt dus een negatief standpunt in.
Deelnemers aan een debat bereiden zich voor door zich te documenteren over het onderwerp. Ook zetten ze argumenten voor en tegen op een rij. Een jury of het publiek bepaalt wie het debat gewonnen heeft.

Om te kunnen debatteren moet je:
- je eigen standpunt kunnen presenteren en verdedigen
- het standpunt van de tegenpartij kunnen aanvallen
- kritisch kunnen luisteren en kunnen oordelen
- snel kunnen reageren op wat de tegenpartij naar voren brengt

In Bijlage 3 op bladzijde 268 vind je meer informatie over argumenteren.

VOORBEELD

1. Discussie in een kring.
2. Een deelnemer spreekt en de anderen luisteren.
3. Deelnemers maken oogcontact.

3F Spreken en gesprekken

OPDRACHT 1 **Nadenken over debat en discussie.**

Stel, het is al een paar dagen erg warm weer en de komende week worden tropische temperaturen verwacht. Op jouw werkplek, het administratiekantoor van een evenementenbedrijf, is geen airco. Je krijgt een mail van je leidinggevende waarin staat dat ook tijdens deze warme dagen representatieve kleding bij werknemers wordt verwacht en het kledingvoorschrift gewoon gehandhaafd blijft: jasje met stropdas of sjaaltje. Een aantal van jullie vindt dat overdreven en wil daarover in gesprek met collega's en leidinggevende.

1 Is het bespreken van dit onderwerp geschikt voor een debat of een discussie? Leg je antwoord uit.

2 Wat is jouw mening over dit onderwerp?

3 Noteer twee argumenten bij jouw mening over dit onderwerp.

4 Stel, jouw leidinggevende belegt een bijeenkomst naar aanleiding van de klachten over de te warme kleding. Nadat drie van de twintig aanwezigen hun mening hebben gegeven zegt hij: 'We gaan nu stemmen. Iedereen die voor handhaven van het kledingvoorschrift is, steekt zijn hand op.'
Is dit een goede manier om de bespreking te beëindigen? Leg je antwoord uit.

5 Wat vind jij van de volgende uitspraak? *Zodra het in een discussie om winnen gaat, is hij afgelopen.*

OPDRACHT 2 **Bereid samen met drie medestudenten een debat over een stelling voor.**

1 Lees de stellingen.
 a Docenten kunnen gevoelige onderwerpen zoals geloof beter vermijden in de les.
 b Iedere Nederlander is bij overlijden automatisch orgaandonor.
 c Iedereen moet een basisinkomen krijgen.
 d De belasting op suiker en producten met suiker moet verdubbeld worden.

2 Kies als groep een van de bovenstaande stellingen of bedenk samen een andere stelling. Spreek ook af wie de twee voorstanders en wie de twee tegenstanders zijn.

• stelling

Vanaf nu bereidt iedereen zich apart voor.

3 Noteer in één zin je standpunt over de stelling.

4 Verzamel informatie over het onderwerp. Markeer de informatie die je wilt gebruiken in het debat.

4.2 Discussiëren en debatteren

5 Formuleer drie argumenten om je standpunt te onderbouwen. Geef bij elk argument een voorbeeld of toelichting.

argument 1: _____

toelichting: _____

argument 2: _____

toelichting: _____

argument 3: _____

toelichting: _____

6 Bereid je voor op de argumenten van je tegenstanders. Noteer een argument dat zij zouden kunnen inbrengen. Bedenk hoe je dat tegenargument kunt weerleggen.

_____

_____

OPDRACHT 3

Werk samen met een ander viertal. Houd het debat van opdracht 2.

1 Houd het debat zo:
- Een viertal houdt het debat, het andere viertal is de jury.
- Het debatterende viertal gaat in tweetallen tegenover elkaar zitten.
- De jury let op presentatie en de argumenten van de debaters.

2 Bespreek na afloop hoe het ging. Besteed ook aandacht aan de volgende punten.
- Hebben de debaters hun standpunt gepresenteerd en verdedigd?
- Luisterden de debaters kritisch naar de argumenten van de tegenstanders?
- Werd er snel gereageerd op het standpunt en de argumenten van de tegenstanders?
- Is er een debatwinnaar aan te wijzen?

3 Geef de debaters een compliment en een advies.

4 Noteer het advies dat je de volgende keer wilt toepassen.

_____

5 Wissel van rol. Nu houdt het andere viertal hun voorbereide debat. Bespreek ook dat debat na.

OPDRACHT 4

Bereid een discussie voor over het onderwerp *Waar moet een ideale stageplaats voor jouw opleiding aan voldoen?*

1 Verzamel informatie over het onderwerp. Gebruik ten minste twee verschillende bronnen, zoals een krant, een boek, een folder of een website. Noteer de informatie die je wilt gebruiken.

2 Bedenk aan welke voorwaarden jij vindt dat een ideale stageplaats moet voldoen. Noteer vijf voorwaarden in volgorde van belangrijkheid.

1 _____

2 _____

3F Spreken en gesprekken

    3 _____

    4 _____

    5 _____

3 Bedenk ten minste drie argumenten die je mening ondersteunen.

    1 _____

    2 _____

    3 _____

4 Noteer een stage-ervaring die je wilt gebruiken om (een van) de bedachte voorwaarden toe te lichten.

_____

_____

EXAMENOPDRACHT

Houd een discussie van ongeveer tien minuten. Werk in zestallen.

1 Houd samen met vijf medestudenten de discussie die je hebt voorbereid in opdracht 4.
Aan het eind van de discussie moet er een lijst met vijf voorwaarden zijn samengesteld.
Alle gespreksdeelnemers moeten akkoord zijn met die lijst.

2 Spreek af wie de voorzitter is. Houd de discussie volgens de vier fasen: beeldvorming, inventariseren, reageren, besluiten.

3 Na afloop beoordelen jullie samen de discussie met behulp van het beoordelingsformulier op bladzijde 270. Let bij deze opdracht vooral op het volgende:
- Doen alle deelnemers actief mee met de discussie?
- Zijn de vier fasen van discussie allemaal doorlopen?
- Formuleren de sprekers begrijpelijk?

4 Bespreek het beoordelingsformulier. Noteer het advies dat je de volgende keer wilt toepassen.

_____

Extra: twee opdrachten om meer te oefenen.

4.2 Discussiëren en debatteren

MBO Debattoernooi

Het MBO Debattoernooi wordt sinds 2007 georganiseerd door de Stichting Nederlands Debat Instituut en is een landelijk evenement waaraan jaarlijks zo'n 30 mbo-klassen deelnemen. Dit toernooi telt drie debatrondes en één slotdebat tussen de twee beste scholen.

Beste stellingen van het MBO Debattoernooi
- Onderdak geven aan illegalen moet strafbaar worden.
- Voetbalclubs moeten voortaan de politie-inzet rondom wedstrijden geheel zelf betalen.
- De komst van Oost-Europese arbeiders is goed voor Nederland.
- Het huwelijk is achterhaald.
- Het overdragen van een soa moet strafbaar worden.

Belangrijkste punten debatvorm
- De debatten worden gevoerd tussen twee teams: voorstanders (regering) en tegenstanders (oppositie).
- Beide teams bestaan uit vijf sprekers (aangeduid als 1e voorstander, 1e tegenstander, 2e voorstander, enzovoort), waarvan er een de aanvoerder is.
- De aanvoerders van elk team krijgen 2 minuten om de stelling te verdedigen of aan te vallen (opzetfase).
- Dan volgt een periode van 8 minuten waarin alle debaters van beide teams argumenten aandragen en op elkaar reageren (reactiefase).
- De debatleider (juryvoorzitter) geeft deelnemers in de reactiefase het woord en zorgt ervoor dat beide teams evenveel aan het woord komen.
- Het debat wordt afgesloten door een samenvattend betoog van één persoon van 2 minuten (conclusiefase). Dit kan de aanvoerder zijn maar dat hoeft niet. De tegenstanders beginnen. Vervolgens sluiten de voorstanders het debat af.

Meer informatie en voorbeelden vind je op www.schooldebatteren.nl/mbodebattoernooi/.

Naar: www.schooldebatteren.nl/mbodebattoernooi

5 TWEEGESPREKKEN

5.1 ZAKELIJK TELEFOONGESPREK

DOEL Je voert een formeel, zakelijk telefoongesprek.

UITLEG Een **formeel telefoongesprek** is een zakelijk gesprek met klanten, leidinggevenden of collega's. Ook privé voer je af en toe formele telefoongesprekken, bijvoorbeeld met iemand van de gemeente of energiemaatschappij. Het zakelijke telefoongesprek kent een **vast verloop** en het taalgebruik is formeel. Luister extra goed in een telefoongesprek, omdat je het zonder non-verbale communicatie moet doen.

Een formeel telefoongesprek open je met zinnen als:
– 'Goedemorgen/Goedemiddag, u spreekt met ...'
– 'Komt het gelegen dat ik u even bel?'
– 'Ik hoop dat u mij meer kunt vertellen over ...'
Bij de afsluiting van het gesprek gebruik je bijvoorbeeld de volgende zinnen:
– 'Hartelijk dank voor het gesprek.'
– 'Bedankt voor de informatie.'
– 'Nog een prettige dag verder.'

Andere standaardzinnen in een telefoongesprek zijn bijvoorbeeld:
– 'Hebt u een ogenblik?'
– 'Ik zal het even navragen.'
– 'Hebt u verder nog vragen? Kan ik verder nog iets voor u doen?'

Een telefoongesprek moet je voorbereiden. Zorg voor pen en papier zodat je aantekeningen kunt maken. Leg alle informatie klaar die gevraagd kan worden, zoals een e-mail, een ordernummer of bestelgegevens.

VOORBEELD

Anna: ① Goedemiddag, u spreekt met Anna Borman van aannemersbedrijf *Van der Poel*. Wat kan ik voor u doen?
Rob: Dag mevrouw, u spreekt met Rob Cruijsberg. Ik zou graag meneer Veldman even ② spreken in verband met de offerte die hij gemaakt heeft.
Anna: Ik kan u helaas niet doorverbinden met meneer Veldman, want hij is deze week afwezig. Ik kan wel een notitie maken, zodat hij u terugbelt als hij weer op kantoor is.
Rob: Dat zou ik erg fijn vinden.
Anna: Wil ik nog graag een paar dingen van u weten: het offertenummer, het tijdstip waarop u het liefst teruggebeld wilt worden en het telefoonnummer waarop u het best bereikbaar bent.
Rob: Oké, die gegevens zijn: offertenummer VDP 00980228, terugbellen graag na vier uur en op telefoonnummer 06-5947247.
Anna: ③ Ik heb de gegevens genoteerd en meneer Veldman belt u zo spoedig mogelijk terug.
Rob: Fijn, dank u wel. Dag mevrouw.
Anna: Graag gedaan, meneer Cruijsberg en een prettige dag nog.

① begroeting en voorstellen
② formeel taalgebruik
③ aantekeningen maken

5.1 Zakelijk telefoongesprek

OPDRACHT 1 Noteer wat je zegt of doet in de volgende situaties.

1 Je wordt gebeld en hebt de naam niet goed verstaan.

2 Je belt met de busmaatschappij om te vragen of ze je mobiel hebben gevonden. Je wordt voortdurend doorverbonden.

3 Je krijgt een boze klant aan de lijn die je uitscheldt omdat er een verkeerde pizza is bezorgd.

4 De klant die je aan de lijn hebt, vraagt om informatie die je moet opzoeken.

5 Een klant wil doorverbonden worden met een collega. Wat doe je? Kies uit:
☐ A direct doorverbinden
☐ B de klant in de wachtstand zetten en je collega vragen of je de klant kunt doorverbinden

6 Je manager heeft gezegd dat hij vandaag niet gestoord wil worden tenzij het om een belangrijk telefoontje gaat. Wat zeg je tegen een klant die de manager wil spreken?

7 Namens jouw stagebedrijf bel je met meneer Zwiers van groothandel Texa om te zeggen dat mevrouw Faroek morgen niet bij het overleg aanwezig kan zijn. Je belt op, maar er wordt niet opgenomen. Wat spreek je in op de voicemail?

OPDRACHT 2 Bekijk het telefoongesprek van Souhaila met een klant.

1 Wat is het probleem van de beller?

2 Wat doet Souhaila als de mevrouw het referentienummer noemt en wat doet Souhaila als het nummer genoemd is?

3 Welke afspraak wordt er gemaakt?

4 Wat vind jij van de opening en afsluiting van het telefoongesprek? Leg je antwoord uit.

3F Spreken en gesprekken

5 Omschrijf in één zin Souhaila's manier van reageren.

___

OPDRACHT 3

Bereid een telefoongesprek van ongeveer twee minuten voor.

Jouw vriend heeft een aantal jaren geleden dezelfde opleiding gedaan als jij nu volgt. Hij had toen een geweldig leuke stageplek bij jou in de buurt. Bij dat bedrijf of die instelling zou jij ook graag stage willen lopen. Je vriend weet nog de naam en het telefoonnummer van zijn stagebegeleider: Freek Oldenburger. Jij belt hem op om te informeren of er een stageplek is en zo ja om welke stageplek het gaat.

1 Noteer een goede openingszin waarmee je jezelf voorstelt.

___

2 Formuleer een vraag om te controleren of het uitkomt dat je nu belt.

___

3 Noteer een zin waarin je duidelijk maakt hoe je aan het telefoonnummer bent gekomen.

___

4 Noteer een zin waarin je duidelijk maakt met welk doel je belt.

___

5 Noteer een vraag die je wilt stellen over de stageplek.

___

6 Formuleer een zin waarin je uitlegt waarom je zo graag bij dit bedrijf of deze instelling wilt werken.

___

7 Wat zal Freek Oldenburger van jou willen weten? Noteer twee vragen.

___

___

8 Noteer een goede afsluiting, waarin je bedankt en een vervolgafspraak maakt.

___

5.1 Zakelijk telefoongesprek

EXAMENOPDRACHT

Voer een telefoongesprek van ongeveer twee minuten. Werk in viertallen.

1 Voer samen met een medestudent het gesprek dat in opdracht 3 is voorbereid. Spreek van tevoren af wie Freek Oldenburger is. Ga met de ruggen tegen elkaar zitten.

2 De anderen beoordelen het gesprek met behulp van het beoordelingsformulier op bladzijde 270. Let bij deze opdracht vooral op het volgende:
   - Wordt het telefoongesprek op een juiste manier geopend?
   - Formuleert de beller duidelijk het gespreksdoel?
   - Is de afsluiting van het gesprek correct?
   - Zijn er (vervolg)afspraken gemaakt?
   - Is het taalgebruik formeel?

3 Bespreek het beoordelingsformulier. Noteer het advies dat je de volgende keer wilt toepassen.

4 Wissel van rol. Nu voert het andere tweetal de opdracht uit. Bespreek ook dat gesprek na.

 Extra: een opdracht om meer te oefenen.

5.2 ADVIESGESPREK

DOEL Je voert een adviesgesprek met heldere vragen.

UITLEG

In een **adviesgesprek** vraagt iemand advies aan een deskundige of een professionele adviseur. Er is in een adviesgesprek altijd een adviesvrager, iemand met een probleem of vraag, én een adviseur.

Als **adviseur** luister je goed naar de vraag of het probleem van de adviesvrager. Als de vraag of het probleem niet helemaal duidelijk is, moet je **doorvragen**. Pas dan bespreek je samen de verschillende mogelijkheden. Alle voors en tegens worden besproken. Betrek de adviesvrager bij het gesprek met vragen als:
– 'Zijn we nog iets vergeten?'
– 'Is dit wat u ongeveer bedoelde/wilde/verwachtte?'
– 'Vindt u ook niet? Past deze oplossing bij u?'
Geef aan het eind van het gesprek een samenvatting van het advies.

Als **adviesvrager** formuleer je een heldere vraag. Schrijf deze vraag van tevoren op.
• onduidelijke adviesvraag: 'Mijn energienota is te hoog. Hoe krijg ik die naar beneden?'
• duidelijke adviesvraag: 'Wat kan ik doen om mijn energieverbruik te verminderen?'
Andere adviesvragen zijn bijvoorbeeld:
– 'Wat kunt u mij adviseren?'
– 'Wat zou u doen in mijn situatie?'
Luister goed naar de adviezen en vraag om verheldering als je iets niet begrijpt. Vaak is het verstandig om bedenktijd te vragen en pas later een beslissing te nemen.

VOORBEELD

student: ①Dag, ik haal dit studiejaar alleen maar slechte cijfers op mijn tentamens. Het wil helemaal niet meer. Misschien moet ik maar stoppen met de opleiding. Wat denkt u?

SLB'er: Wat vervelend dat je slechte cijfers haalt. Hoe komt het dat je cijfers nu zo tegenvallen. ②Is er dit studiejaar iets veranderd vergeleken met vorig jaar?

student: Niet echt, maar het lijkt net of ik niets meer weet tijdens een tentamen.

SLB'er: Heb je dat altijd gehad, die black-outs tijdens tentamens?

student: Nee, eigenlijk heb ik dat pas sinds dit studiejaar.

SLB'er: ③Misschien moeten we proberen te ontdekken waar die black-outs vandaan komen. ④Denk je ook niet?

student: Dat is wel een goed idee.

① adviesvraag
② doorvraag van de studieloopbaanbegeleider
③ advies
④ adviesvrager erbij betrekken

5.2 Adviesgesprek

OPDRACHT 1 🔊 **Beluister het adviesgesprek dat Dario heeft met een klant.**

1 Dario zegt: 'Ja, en verkeerd tillen leidt vaak tot rugklachten.'
- Waarom is deze reactie niet goed?

_____

- Wat had Dario beter kunnen vragen?

_____

2 Dario zegt: 'Ik vermoed dan ook dat u meer pijn in de onderrug heeft dan tussen de schouders.'
- Waarom is deze reactie niet goed?

_____

- Hoe had Dario beter kunnen reageren?

_____

3 Op basis van welke gegevens geeft Dario de klant advies en wat is dat advies?

_____
_____

4 Kun jij op basis van die gegevens de klant advies geven? Leg je antwoord uit.

_____

OPDRACHT 2 **Doorvragen bij onduidelijke antwoorden.**

Dunja is voetbaltrainster. Speler Maxim komt naar haar toe en zegt: 'Ik wil van voetbal af, want het gaat niet zo goed. Ik denk dat ik beter op een individuele sport kan. Denk je ook niet?' Dat verbaast Dunja. De laatste tijd was Maxim wel wat sloom en te laat aanwezig op de training, maar daarvoor was hij altijd enthousiast. Dunja moet erachter zien te komen wat er aan de hand is, voor ze hem kan adviseren.

1 Dunja vraagt: 'Wat gaat er niet zo goed met voetballen?'
Maxim antwoordt: 'Nou eigenlijk alles'

doorvraag: _____

2 Dunja vraagt: 'Je was de vorige training ook laat aanwezig en sloom. Hoe komt dat?' Maxim antwoordt: 'Ik ga te laat van huis of heb geen zin.'

doorvraag: _____

3 Dunja vraagt: 'Zou je het leuk vinden om op een andere positie te spelen?'
Maxim antwoordt: 'Misschien.'

doorvraag: _____

4 Dunja vraagt: 'Vind je het elftal waarin je speelt wel leuk?'
Maxim antwoordt: 'Toen Bas nog niet meespeelde, was het elftal wel leuk.'

doorvraag: _____

3F Spreken en gesprekken

OPDRACHT 3

Bereid een adviesgesprek voor. Werk in tweetallen.

Toen je als 14-jarige vmbo-leerling luisterde naar de verhalen van je zus over haar mbo-stage op Curaçao, besloot je dat jij later ook in het buitenland wilde stagelopen. Maar nu het kiezen van een stageplek dichterbij komt, heb je twijfels. Wat zou een leuke en geschikte stageplek voor je zijn en hoe weet je dat zeker? Is een buitenlandstage wel zo'n goed idee? Je komt er niet uit en besluit advies te vragen aan je stagebegeleider.

Spreek af wie de adviesvrager (student) en wie de adviseur (stagebegeleider) is.

Voorbereiding adviesvrager

1 Noteer een openingszin waarmee je je vraag duidelijk maakt.

2 Lees tekst 1 en 2. Je hebt twijfels over de stage. Maar waarover twijfel je precies? Bedenk ten minste drie dingen waarover je twijfelt.

3 Noteer ook waarom je die twijfels hebt.

4 Wat wil je aan het eind van het adviesgesprek bereikt hebben?

Voorbereiding adviseur

1 Noteer drie doorvragen die je wilt stellen om duidelijk te krijgen wat precies de vraag is van de student.

2 Lees tekst 1 en 2. Noteer in steekwoorden de informatie die je wilt gebruiken bij het adviseren.

3 Formuleer een advies dat jij de student in elk geval wilt geven.

4 Noteer een zin die je wilt gebruiken om de student te betrekken bij je advies.

5 Wat wil je aan het eind van het adviesgesprek bereikt hebben?

5.2 Adviesgesprek

TEKST 1

Tijdelijke studie of stage in het buitenland

Je krijgt studiefinanciering als je voor een tijdelijke studie of stage naar het buitenland gaat. Die studie of stage moet dan wel onderdeel zijn van je Nederlandse opleiding. Ga je tijdelijk voor je studie naar het buitenland, dan kun je een maandelijkse ov-vergoeding krijgen van € 99,66. Je kunt namelijk geen gebruik maken van je studentenreisproduct. Je kunt ook een hogere basisbeurs krijgen: de uitwonendenbeurs. Log in op Mijn DUO om de ov-vergoeding en de uitwonendenbeurs aan te vragen. Als je geen ov-vergoeding wilt, moet je je uitwonendenbeurs op een andere manier aanvragen. Als je studeert in het buitenland en jonger dan 30 jaar bent, dan blijft je Nederlandse zorgverzekering geldig. Dit kan anders zijn als je een (betaalde) stage in het buitenland volgt. Voor meer informatie over de zorgverzekering in het buitenland, kijk op de site van Rijksoverheid.

Naar: www.duo.nl

TEKST 2

Stage in het buitenland

Met een stage in het buitenland doe je niet alleen werkervaring op. Het verbreedt ook je horizon en je leert nieuwe culturen en mensen kennen. Bovendien vinden studenten met buitenlandervaring sneller een baan. Een stage in het buitenland is heel waardevol voor je toekomst en je cv!

Je kunt het zoeken naar een geschikte stageplaats in het buitenland op verschillende manieren aanpakken. Je kunt het proberen te regelen via je eigen roc, hogeschool of universiteit, maar je kunt natuurlijk ook zelf aan de slag via je eigen persoonlijke netwerk of via een stagebemiddelingsbureau. Een stagebemiddelingsbureau kan je helpen bij het regelen van je buitenlandse stage. Veel bureaus bieden meer dan alleen een stageplaats. Ze helpen je ook bij het vertalen van je sollicitatiebrief en geven voorlichtingsbijeenkomsten. Sommige bureaus zorgen ook voor begeleiding ter plaatse. Elk stagebemiddelingsbureau werkt op zijn eigen manier en heeft zijn eigen bemiddelingspakket. De prijzen kunnen daarom erg van elkaar verschillen. De ene organisatie brengt hoge kosten in rekening, terwijl het andere stagebureau buitenland zijn diensten gratis aanbiedt. Zoek van tevoren uit welk stagebemiddelingsbureau past bij wat je zoekt.

Sluit voor je vertrek naar het buitenland een stageovereenkomst af die bij voorkeur wordt ondertekend door de stageverlenende instantie, je onderwijsinstelling en jezelf. Zo kom je niet voor onaangename verrassingen te staan.

Een buitenlandse stage regelen kost misschien wat meer tijd dan een stageplaats vinden in Nederland. Het is belangrijk om op tijd te beginnen met het regelen van diverse zaken. Als je een jaar voor vertrek begint, heb je daarvoor ruim de tijd. Een jaar lijkt misschien erg lang, maar zo kom je op het laatste moment niet voor vervelende verrassingen te staan. Twijfel je of je een tijdje naar het buitenland wil gaan? Vul dan de WilWegWijzer in!

Voor studenten die een stage in het buitenland willen doen, zijn er meerdere manieren om die buitenlandse stage te financieren. Onder bepaalde voorwaarden is het mogelijk om je Nederlandse studiefinanciering mee te nemen als je een stage in het buitenland wilt doen. Daarnaast kun je een vergoeding aanvragen voor je ov-kaart gedurende je periode in het buitenland.

Naar: www.wilweg.nl

3F Spreken en gesprekken

EXAMENOPDRACHT 3F 1E

Voer een adviesgesprek van ongeveer vier minuten. Werk in viertallen.

1 Voer samen met een medestudent het gesprek dat je in opdracht 3 hebt voorbereid.

2 De anderen beoordelen het gesprek met behulp van het beoordelingsformulier op bladzijde 270. Let bij deze opdracht vooral op het volgende:
   - Betrekt de stagebegeleider de student ook bij het gesprek?
   - Worden er door de stagebegeleider goede doorvragen gesteld?
   - Stelt de student een duidelijke adviesvraag?
   - Worden voors en tegens van een stage in het buitenland besproken?
   - Geeft de stagebegeleider aan het eind van het gesprek een (samenvatting van het) advies?

3 Bespreek het beoordelingsformulier. Noteer het advies dat je de volgende keer wilt toepassen.

4 Wissel van rol. Nu voert het andere tweetal de opdracht uit. Bespreek ook dat gesprek na.

 Extra: een opdracht om meer te oefenen.

5.3 KLANTGESPREK

DOEL Je voert een klantgesprek met de juiste houding en correct taalgebruik.

UITLEG In veel beroepen heb je te maken met klanten voor wie je iets moet doen. Je taalgebruik en toon is in een klantgesprek anders dan in een informeel gesprek. In een klantgesprek houd je **meer afstand** tot je gesprekspartner en ben je **beleefd**.

Een klant verwacht deskundigheid. Probeer met doorvragen erachter te komen welke wensen de klant heeft of wat het probleem is. Bijvoorbeeld:
Een klant wil een reisverzekering afsluiten voor een skivakantie en zegt: 'De basisverzekering is volgens mij prima.' Jij moet er met vragen achter zien te komen of de klant op de hoogte is van de dekking. Je vraagt bijvoorbeeld: 'U weet dat bij een skivakantie extra voorwaarden gelden?'

Gebruik deze aanwijzingen voor een klantgesprek:
- Gebruik 'u' in plaats van 'je' of 'jij', ook als het leeftijdsverschil niet zo groot is.
- Toon met je taalgebruik respect voor je gesprekspartner. Gebruik woorden als, 'neemt u me niet kwalijk', 'als u het goed vindt' of 'zal ik u voorgaan?'
- Controleer voor een gesprek in de spiegel of je haar en kleding goed zit.
- Geef een stevige hand en kijk de ander op een rustige en vriendelijke manier aan.
- Sta of zit rechtop en draai je lichaam of gezicht naar de ander toe.

VOORBEELD

klant:		Dag, ik ben van plan een abonnement op een krant te nemen, maar weet nog niet zo goed wat ik wil. Kunt u mij helpen?
verkoper:	①	Natuurlijk. Allereerst wil ik graag weten of u de krant op papier wilt lezen of liever een digitale versie ontvangt.
klant:		Oh, dat weet ik eigenlijk nog niet. Is dat een probleem?
verkoper:	②	Helemaal niet. Er is namelijk ook de mogelijkheid om beide versies te combineren: de digitale krant door de week en in het weekend de papieren editie in de bus.
klant:		Dat lijkt me wel wat, maar ik weet het nog niet helemaal zeker.
verkoper:	③	De beste manier om daar achter te komen is een proefabonnement nemen. Dan kunt u eens uitproberen wat het beste bevalt. Wij kunnen u voor € 5,00 een proefabonnement voor twee weken aanbieden. Voelt u daarvoor?

① doorvraag
② deskundigheid
③ beleefd en formeel

3F Spreken en gesprekken

OPDRACHT 1 👁

Bekijk het klantgesprek van Marlies.

1 Beoordeel Marlies op onderstaande punten:
   - [ ] spreekt op een vriendelijke manier
   - [ ] kijkt de klant aan
   - [ ] heeft goede uiterlijke verzorging
   - [ ] staat rechtop
   - [ ] geeft de klant een hand
   - [ ] gebruikt 'u' in plaats van 'jij'
   - [ ] articuleert duidelijk
   - [ ] spreekt hard genoeg
   - [ ] gebruikt levendige intonatie
   - [ ] gebruikt beleefde taal

2 Hoe laat Marlies merken dat ze naar de klant luistert? Noteer twee manieren waarop ze dat doet.

_____

_____

3 Reageert Marlies deskundig op de vragen van de klant? Maak je antwoord duidelijk met een concreet voorbeeld.

_____

_____

4 Welke bedoeling heeft Marlies met de vraag: 'U gaat het voor het eerst gebruiken?'

_____

5 Wat doet Marlies als ze het antwoord op een vraag niet weet?

_____

6 Stel, je mag Marlies één advies geven. Welk advies zou dat zijn?

_____

OPDRACHT 2 👥

Doorvragen in een klantgesprek.

Een klant zegt: 'Mijn laptop is kapot en ik moet iets nieuws. Mijn zoon zegt dat ik een laptop moet kopen, mijn zus zegt dat een iPad handiger is en mijn buurvrouw heeft het over een tablet. Ik weet het echt niet meer.'

1 Wat is het probleem van de klant?

_____

2 Kun jij op grond van de informatie die je nu hebt de klant goed adviseren? Leg uit.

_____

3 Welke dingen wil je nog weten om de klant beter te kunnen adviseren? Noteer drie doorvragen.

_____

_____

_____

5.3 Klantgesprek

4 Verdeel de rollen. Houd het klantgesprek.

5 Bespreek na afloop hoe het ging. Besteed ook aandacht aan de volgende punten:
- Zijn doorvragen van tevoren te bedenken?
- Hoe belangrijk is goed luisteren?
- Op welk moment in het gesprek adviseer je de klant?

OPDRACHT 3

Bereid een klantgesprek voor. Werk samen met een medestudent.

Kies samen een van de situaties uit.

situatie 1
Je werkt in partycentrum *De Bolder*. Vanmiddag komt mevrouw Liebeek langs om de mogelijkheden voor een familiefeest te bespreken. Het is jouw taak om erachter te komen wat de wensen zijn en haar op de hoogte te brengen van alle dingen die het bedrijf kan organiseren. Je hoopt dat mevrouw Liebeek jullie bedrijf uitkiest voor het familiefeest.

situatie 2
Je werkt bij reisbureau *Travellingfun*. Er komt een jongen binnen die in jouw elftal speelt. Hij wil zijn vriendin verrassen met een lang weekend weg. Jij probeert erachter te komen waar zijn vriendin van houdt en hoeveel geld het weekendje mag kosten.

situatie 3
Je werkt bij het beveiligingsbedrijf *SecurityFirst*. Er is ingebroken bij familie Badir. Computer, tablet en twee mobile telefoons gestolen. Dat willen ze nooit meer meemaken en daarom hebben ze jou uitgenodigd. Ze willen graag weten hoe ze hun huis kunnen beveiligen. Jij legt uit welke mogelijkheden jullie bedrijf biedt en geeft advies.

1 Bedenk waar je het klantgesprek wilt voeren: zittend aan een tafel of staand. Bedenk ook of je pen en papier nodig hebt.

2 Noteer met welke zin en op welke manier je het gesprek wilt beginnen.

3 Bedenk drie doorvragen die je wilt stellen om achter de wensen van de klant te komen.

4 Met welke vraag probeer je de klant te betrekken bij het gesprek?

5 Waarmee rond je het gesprek af?

3F Spreken en gesprekken

EXAMENOPDRACHT

Voer een klantgesprek van ongeveer vijf minuten. Werk in viertallen.

1 Voer het gesprek dat jullie in opdracht 3 hebben voorbereid. Spreek af wie de klant is.

2 De anderen beoordelen het gesprek met behulp van het beoordelingsformulier op bladzijde 270. Let bij deze opdracht vooral op het volgende:
 - Wordt de klant met een handdruk begroet?
 - Is de werknemer beleefd tegen de klant en houdt hij voldoende afstand?
 - Zit of staat de werknemer rechtop?

3 Bespreek het beoordelingsformulier. Noteer het advies dat je de volgende keer wilt toepassen.

4 Wissel van rol. Nu voert het andere tweetal de opdracht uit. Bespreek ook dat gesprek na.

Extra: een opdracht om meer te oefenen.

5.4 KLACHTGESPREK

DOEL Je voert een effectief klachtgesprek.

UITLEG In een **klachtgesprek** is er sprake van een conflict. Je hebt andere belangen of ideeën dan de ander. De klant is bijvoorbeeld ontevreden over een product of dienst en klaagt daarover. Doel van een klachtgesprek is om het conflict naar tevredenheid van beide partijen op te lossen.

Gebruik deze tips voor het **afhandelen van een klacht**.
- Luister naar de klacht.
- Reageer pas als de ander helemaal klaar is. Wacht eventueel enkele seconden.
- Toon begrip voor de klacht. Neem de klager en de klacht altijd serieus.
- Vraag wat de ander wil.
- Stel mogelijke oplossingen voor en kies samen de beste oplossing.
- Beloof snel te reageren als je de klacht niet meteen kunt verhelpen.
- Sluit het gesprek af en vraag de klager of hij tevreden is over het gesprek en de oplossing.

Je kunt natuurlijk ook zelf een klacht hebben. Blijf ook dan beleefd en kies neutrale woorden. Zo voorkom je dat de emoties hoog oplopen, waardoor het steeds moeilijker wordt het probleem op te lossen. Vertel rustig wat je klacht is en wat je van de ander verwacht. Als je een klachtgesprek goed voert, ben je na afloop beiden tevreden. Niemand heeft gezichtsverlies geleden en een volgende keer kun je gewoon weer zaken met elkaar doen.

VOORBEELD

klant: Goedemorgen. Hier ben ik weer met mijn laptop. Ik wil nu een echte oplossing, want zo kan het niet langer.
medewerker: ❶ Dag meneer, ik zal mijn best doen uw probleem op te lossen, maar wat is precies het probleem?
klant: Nou, mijn laptop laadt niet meer op. Ik heb hem twee keer laten repareren en die € 300,00 reparatiekosten heb ik betaald. Beide keren is de klacht verholpen, maar na een tijdje komt het probleem terug.
medewerker: ❷ Dat is vervelend.
klant: Inderdaad en daarom wil ik nu een echte oplossing: namelijk een nieuwe laptop.
medewerker: ❸ Daarover kan ik helaas niet zelf beslissen, maar ik noteer uw klacht en de door u gewenste oplossing en ga navragen of dit probleem zo opgelost kan worden. Vindt u dit goed?
klant: Als het niet anders kan, moet het maar zo.
Ik hoop wel snel iets van u te horen.
medewerker: ❹ Ik neem vandaag nog contact met u op.

❶ reageert rustig en beleefd
❷ neemt klacht serieus
❸ doet een voorstel
❹ belooft snel te reageren

3F Spreken en gesprekken

OPDRACHT 1

Formuleer een klacht en een oplossing.

Je werkt in tuincentrum *De Beukenhof*. Toen je aangenomen werd, was je een afwisselende baan beloofd. Inmiddels sta je een jaar op dezelfde afdeling en merk je weinig van die afwisseling. Je hebt al eens tegen collega's gezegd dat je van afdeling wilt ruilen, maar er verandert niets. Je wilt een gesprek met je leidinggevende om je klacht duidelijk te maken.

1 Noteer je klacht in een of twee zinnen. Benoem alleen de feiten.

2 Formuleer een zin waarin staat wat jij gedaan hebt om de situatie te veranderen.

3 Noteer een zin waarin je de leidinggevende om een oplossing vraagt.

4 Formuleer een zin waarin je zelf met een oplossing komt.

OPDRACHT 2

Bekijk het klachtgesprek tussen een toerist en de reisorganisatie.

1 Wat doet de organisator, nadat de mevrouw heeft verteld waarom ze belt?

2 Wat is het probleem van de mevrouw die belt? Noteer de klacht zo nauwkeurig mogelijk.

3 Wat heeft de mevrouw zelf gedaan om het probleem op te lossen?

4 Met welke uitspraak laat de reisorganisator merken begrip te hebben voor de klacht?

5 Welke oplossing stelt de reisorganisator voor om het probleem op te lossen?

6 Vraagt de reisorganisator aan de mevrouw wat ze van deze oplossing vindt?

5.4 Klachtgesprek

7 Je merkt dat de reisorganisator de klacht wil oplossen en de klant tevreden wil stellen. Geef twee concrete voorbeelden waaruit dat blijkt.

8 Noteer in vijf woorden wat je opmerkt aan de houding, het taalgebruik en de toon van de organisator.

OPDRACHT 3

Bereid een klachtgesprek voor.
Je werkt bij woningbouwvereniging *De Sleutel* en hebt een mail gekregen van meneer Pilet.

Van	k.pilet@numail.nl
Onderwerp	klacht afhandeling schade
Aan	info@desleutel.nl

Beste heer, mevrouw,

Deze mail stuur ik, omdat ik een klacht heb over de afhandeling van de schade in mijn huis.

Een half jaar geleden is de waterleiding bij mijn bovenburen gesprongen. Dit zorgde voor wateroverlast in hun flat, maar ook voor schade aan mijn meubels en parket. U beloofde een deel van de kosten te betalen. We zijn nu een aantal maanden verder en ik heb nog geen geld gezien.

Ik ben zeer teleurgesteld en overweeg de huurcommissie in te schakelen of mijn huur niet meer te betalen.

Met vriendelijke groeten,
K. Pilet

Je nodigt meneer Pilet uit voor een gesprek om de klacht correct af te handelen.
1 Noteer de zin waarmee je het gesprek opent.

2 Schrijf twee vragen op waarmee je belangrijke feiten boven tafel kunt krijgen.

3F Spreken en gesprekken

3 Formuleer een zin waarmee je je excuses maakt.

4 Noteer de vraag waarmee je meneer Pilet om zijn voorstel voor een oplossing vraagt.

5 Formuleer een voorstel om het probleem op te lossen.

6 Noteer de zin waarmee je het gesprek afsluit.

EXAMENOPDRACHT 3F 1E

Voer een klachtgesprek van ongeveer vijf minuten. Werk in viertallen.

1 Voer samen met een medestudent het gesprek dat je in opdracht 3 hebt voorbereid. Spreek af wie de klant is.

2 De anderen beoordelen het gesprek met behulp van het beoordelingsformulier op bladzijde 270. Let bij deze opdracht vooral op het volgende:
 - Luistert de medewerker naar de klacht en reageert hij pas nadat de klager zijn verhaal heeft gedaan?
 - Toont de medewerker begrip voor de klacht?
 - Komen de belangrijkste feiten boven tafel?
 - Doet de medewerker een voorstel voor een oplossing?

3 Bespreek het beoordelingsformulier. Noteer het advies dat je de volgende keer wilt toepassen.

4 Wissel van rol. Nu voert het andere tweetal de opdracht uit. Bespreek ook dat gesprek na.

Extra: drie opdrachten om meer te oefenen.

5.5 SOLLICITATIEGESPREK

DOEL Je bereidt een sollicitatiegesprek voor en voert dit gesprek uit.

UITLEG Het doel van een **sollicitatiegesprek** is om te kijken of jij geschikt bent voor de baan. Dat wil de werkgever weten, maar dat wil jijzelf ook graag weten.
In een sollicitatiegesprek beoordelen anderen of jij geschikt bent voor een baan of functie. Daarom krijg je vragen over de reden van je sollicitatie, je werkervaring en je belangrijkste persoonlijke eigenschappen. Een sollicitatiecommissie let niet alleen op de inhoud van jouw antwoorden, maar ook op je non-verbale communicatie en de manier waarop je spreekt. Werkgevers zien graag enthousiasme en een positieve houding.
Tijdens het gesprek zal ook de procedure worden besproken, bijvoorbeeld wanneer je te horen krijgt of je wel of niet doorgaat naar de volgende ronde.

Zorg voor een goede **voorbereiding** op een sollicitatiegesprek. Noteer op een briefje de vragen die je zelf wilt stellen. Probeer te voorspellen wat er gevraagd kan worden en noteer de antwoorden op deze vragen.

Neem het volgende mee naar het gesprek:
- de advertentie met vacature-informatie
- bedrijfsinformatie
- een kopie van je brief met cv
- je agenda

VOORBEELD

Commissie: ① Je hebt de SOMA-opleiding afgerond, maar nog geen ervaring als monteur?
Sollicitant: Nee, tijdens mijn stage heb ik wel ervaring opgedaan in het repareren van landbouwmachines, maar mijn ervaring met grondverzetmachines is niet zo groot.
Commissie: ② Wat maakt jou dan geschikt voor deze functie?
Sollicitant: U zoekt iemand die doorzettingsvermogen heeft en enthousiast is. Een van mijn eigenschappen is dat ik nooit stop met zoeken naar de oplossing van een probleem. Ik ga door tot de storing is opgelost en als het mij niet alleen lukt, vraag ik om hulp.
Commissie: Dat klinkt goed. Heb je zelf nog vragen?
Sollicitant: ③ In de advertentie staat dat er goede secundaire arbeidsvoorwaarden zijn. Om welke arbeidsvoorwaarden gaat het?

① vraag naar werkervaring
② vraag naar persoonlijke eigenschappen
③ eigen vraag
④ non-verbale communicatie

3F Spreken en gesprekken

OPDRACHT 1   **Opbellen naar aanleiding van een personeelsadvertentie.**

Vaak staat er aan het eind van een personeelsadvertentie: 'Voor meer informatie kun je telefonisch contact opnemen.' Het is een goed idee om op te bellen voor je een sollicitatiebrief stuurt, want je hebt persoonlijk contact, je toont interesse en je hebt je echt verdiept in de advertentie. Maar wat vraag je tijdens zo'n gesprek? Lees de vragen:

- ☐ Wat is mijn startsalaris en wat zijn mijn promotiekansen?
- ☐ Hoe is het team samengesteld?
- ☐ In de advertentie staat dat flexibiliteit belangrijk is. Wat verstaan jullie onder flexibiliteit?
- ☐ Wat is echt een harde eis bij deze functie?
- ☐ Krijgen werknemers een reiskostenvergoeding?
- ☐ Hoe ziet een werkdag eruit?
- ☐ Hebben werknemers de beschikking over een mobiele telefoon of laptop van de zaak?
- ☐ Wat verwachten jullie van een nieuwe collega?
- ☐ Wat zijn de werktijden?
- ☐ Welke mogelijkheden zijn er binnen het bedrijf om jezelf te ontwikkelen?

1 Kruis de vragen aan die jij geschikt vindt voor een telefoongesprek naar aanleiding van een personeelsadvertentie.

2 Leg uit waarom je deze vragen geschikt vindt.

3 Welke vraag kun je wel stellen tijdens een sollicitatiegesprek, maar niet tijdens zo'n eerste telefoongesprek? Leg je antwoord uit.

4 Hoeveel vragen stel je maximaal tijdens zo'n telefoongesprek? Leg je antwoord uit.

5 Noteer de zin(en) waarmee jij het telefoongesprek zou beginnen.

6 Met welke zin(en) sluit je het telefoongesprek af?

5.5 Sollicitatiegesprek

OPDRACHT 2 Reageren op veelgestelde sollicitatievragen.

1 Hoe reageer jij op de vraag 'Vertel iets over jezelf'?
   A Met het vertellen van dingen als je leeftijd, geboorteplaats en hobby's.
   B Met het vertellen wat je passie is, waar jij enthousiast van wordt.
   C Anders, namelijk: _____

   Leg je antwoord uit.

2 Aan Ruben wordt gevraagd waarom hij van baan wil veranderen. Hij zegt: 'Het bedrijf waar ik nu werk is waardeloos. Mijn baas kan niet tegen een geintje en is altijd chagrijnig.' Wat vind jij van deze reactie? Leg je antwoord uit.

3 Bijna altijd wordt de vraag gesteld 'Wat zijn je sterke en zwakke kanten?' Wat vind jij?

   • Je moet meer sterke dan zwakke kanten noemen.   ja / nee
   • Je moet altijd helemaal eerlijk zijn.   ja / nee
   • Je kunt het beste beginnen met je zwakke kanten. Heb je dat maar gehad. ja / nee
   • Je moet proberen geen afgezaagde antwoorden te geven.   ja / nee

4 Welk antwoord zou jij geven op de vraag 'Wat zijn je sterke en zwakke kanten?'

5 Wat is beter om te doen?
   ☐ A Zeggen dat je ervan houdt om met klanten bezig te zijn en dat je daar goed in bent.
   ☐ B Een voorbeeld geven waaruit blijkt dat je goed met klanten om kunt gaan.
   Leg je antwoord uit.

OPDRACHT 3 Bekijk het sollicitatiegesprek van Can voor een stageplaats.

1 Can moet zichzelf voorstellen. Wat vertelt hij over zichzelf?

2 Aan Can wordt gevraagd waarom hij een stageplaats met computers wil. Vind je dat Can goed uitlegt waarom hij iets met computers wil? Leg je antwoord uit.

3 Wat heeft Can als voorbereiding op het gesprek gedaan en wat vind jij daarvan?

3F Spreken en gesprekken

4 Een van de mannen stelt de vraag: 'Wat is ICT-beheer volgens jou?' Waarom vraagt hij dat?

5 Waarom heeft Can zijn stagebeoordeling en certificaat meegenomen?

6 De mannen vragen aan Can om in een halve minuut te vertellen waarom ze hem zouden moeten aannemen. Waarom noemen ze een tijd?

7 Waarom vindt Can zich geschikt voor de stageplaats in dit bedrijf?

8 Noteer drie dingen die je opvallen aan de non-verbale communicatie en het taalgebruik van Can.

9 Stel, jij bent degene die solliciteert op die stageplaats. Welke dingen zou jij anders hebben gedaan dan Cas? Leg je antwoord uit.

OPDRACHT 4

Sollicitatiegesprek voorbereiden.

1 Zoek een interessante vacature in de krant of op internet en onderstreep belangrijke informatie.

Je solliciteert op de functie en je brief en cv zijn positief ontvangen: je wordt uitgenodigd voor een gesprek. Bereid je voor op het gesprek.

2 Noteer twee sterke punten van jezelf. Zet er in steekwoorden achter met welk voorbeeld jij je antwoord toelicht.

3 Noteer een zwak punt van jezelf. Zet in steekwoorden erachter hoe je hiermee omgaat.

4 Noteer twee redenen waarom je solliciteert naar deze functie

5 Bedenk twee vragen die je kunt verwachten over jouw kennis en ervaring voor deze functie.

5.5 Sollicitatiegesprek

6   Noteer twee vragen die je zelf wilt stellen tijdens het gesprek.

_____

_____

7   Op welke dingen ga je extra letten wat betreft je non-verbale communicatie en manier van spreken?

_____

_____

EXAMENOPDRACHT 3F IE

Houd een sollicitatiegesprek van vijf minuten. Werk in viertallen.

1   Houd samen met een medestudent het gesprek dat je in opdracht 4 hebt voorbereid. Spreek af wie solliciteert en wie lid van de sollicitatiecommissie is.

2   De anderen beoordelen het gesprek met behulp van het beoordelingsformulier op bladzijde 270. Let bij deze opdracht vooral op het volgende.
    - Kan de sollicitant met een voorbeeld zijn sterke kanten verduidelijken?
    - Vraagt de sollicitant om uitleg of herhaling als hij de vraag niet begrijpt?
    - Neemt de sollicitant de beurt om de bedachte vragen te stellen?
    - Geeft de sollicitant antwoord op de gestelde vragen?
    - Komt de sollicitant enthousiast en gemotiveerd over?

3   Bespreek het beoordelingsformulier. Noteer het advies dat je de volgende keer wilt toepassen.

_____

4   Wissel van rol. Nu voert het andere tweetal het gesprek. Bespreek ook dat gesprek na.

 Extra: drie opdrachten om meer te oefenen.

5.6 FUNCTIONERINGSGESPREK

DOEL Je voert een functioneringsgesprek.

UITLEG Als werknemer word je elk jaar door je leidinggevende uitgenodigd voor een **functioneringsgesprek**. In dit gesprek praat je over je functioneren in de organisatie. Het gaat niet alleen over de uitvoering van het werk en de resultaten, maar ook over je plaats in de organisatie, de werkomstandigheden en het contact met collega's. Het gesprek is niet alleen gericht op het functioneren nu, maar ook op je functioneren in de toekomst. Wil je hetzelfde werk blijven doen, verwacht je andere taken te krijgen?

De feedback die je tijdens een functioneringsgesprek krijgt, is altijd gericht op gedrag. Deze feedback kan zowel positief (compliment) als negatief (kritiek) zijn. Ga bij negatieve feedback jezelf niet meteen verdedigen, maar laat je leidinggevende uitpraten. Vraag uitleg als je iets niet begrijpt.

Gebruik deze tips voor een effectief functioneringsgesprek:
- Noteer van tevoren over welke onderwerpen je wilt praten en welke vragen je wilt stellen.
- Kom op tijd. Denk aan je uiterlijke presentatie en non-verbale communicatie.
- Luister goed naar je leidinggevende of begeleider. Geef eerlijke en volledige antwoorden.

VOORBEELD

leidinggevende: Dag Resi, ik wil met je praten, omdat ik het gevoel heb dat je de laatste maanden niet zo lekker functioneert.
medewerker: ① Hoezo niet zo lekker functioneert? Wat bedoelt u precies?
leidinggevende: ② Ik merk dat je minder optrekt met collega's. De afgelopen week heb je niet één ③ keer samen met hen geluncht. Dat deed je daarvoor elke dag. Vind je het werk op deze afdeling nog wel leuk?
medewerker: Mijn werk vind ik leuk. Voor het niet meer samen lunchen heb ik wel een reden. Ik lunch liever niet samen als het druk is geweest, zodat ik tijdens mijn lunch even echt tot rust kan komen.
leidinggevende: ④ Vind je het te druk?

① vraag om uitleg
② contact met collega's
③ vraag naar werk
④ doorvraag

5.6 Functioneringsgesprek

OPDRACHT 1

Noteer bij elke situatie hoe jij zou reageren.

1 Je leidinggevende roept je bij zich voor een gesprek. Jij hebt geen idee wat hij wil bespreken. Als je zit, zegt hij: 'Klanten hebben geklaagd over jouw ongeïnteresseerde houding.' Noteer hoe jij reageert.

_____

_____

2 Je komt te laat op je stageadres, omdat je een lekke band had. Je begeleider gelooft je niet en zegt: 'Dit is de derde keer in korte tijd dat je te laat bent en elke keer heb je een ander excuus. Ik vraag me af of je wel gemotiveerd bent.' Noteer hoe jij reageert.

_____

_____

3 Samen met twee collega's bereid je een personeelsfeest voor. Op de eerste vergadering moet iedereen met ideeën komen. Jij hebt twee ideeën waar je heel enthousiast over bent: een solextocht en zeevissen. Je collega's reageren op je plannen met de woorden 'Wat een suffe voorstellen.' Noteer hoe jij reageert.

_____

_____

4 Jouw vriendin kreeg tijdens een gesprek met haar stagebegeleider te horen dat ze niet genoeg initiatief toonde. Ze deed alleen wat haar werd opgedragen. Je vriendin vertelt dat ze niet meer wist wat ze moest zeggen en is weggelopen. Volgens haar klopt de kritiek echt niet. Ze voelt zich vreselijk en vraagt jou om advies. Wat raad je haar aan?

_____

_____

5 Kun jij omgaan met kritiek (in een officieel gesprek)?

☐ A Ja altijd, daar heb ik geen moeite mee.

☐ B Nee, dan _____

_____

☐ C Soms wel, soms niet. Bijvoorbeeld: _____

_____

3F Spreken en gesprekken

OPDRACHT 2 🔊 Beluister een gedeelte uit het functioneringsgesprek van Sarah met het hoofd personeelszaken.

1 Hoe ervaart Sarah haar functioneren binnen het bedrijf?

2 Is de werkgever positief of negatief over Sarahs functioneren? Leg je antwoord uit.

3 Wat vind je van Sarahs reactie op het puntje van kritiek? Leg je antwoord uit.

4 Vind jij dat Sarah duidelijk haar gesprekspunt naar voren brengt? Leg je antwoord uit.

5 Geef een voorbeeld waaruit blijkt dat Sarah goed naar haar gesprekspartner luistert.

6 Vind jij dat Sarah eerlijke en volledige antwoorden geeft?

OPDRACHT 3 Nadenken over jouw functioneren in een (project)groep.

1 Noteer een concrete situatie uit je opleiding waarbij je moest samenwerken in een (project)groep.

2 Wat wilde/moest je doen?

3 Wat heb je gedaan?

4 Wat was het eindresultaat?

5 Hoe reageerden andere groepsleden op jouw functioneren?

6 Wat ging er goed en wat waren de problemen?

7 Wat zou je de volgende keer anders doen?

5.6 Functioneringsgesprek

EXAMENOPDRACHT

Houd een gesprek over je functioneren in een (project) groep. Werk in viertallen.
Stel, jij mag als afstudeeropdracht een geweldig project doen voor een bedrijf waar je later ook wilt gaan werken. Het project is te groot om alleen uit te voeren, dus zoek je een medestudent die dat samen met jou wil doen. Je wilt wel iemand waar je van op aan kunt, anders wordt het niks. In een gesprek probeer je erachter te komen wat die ander kan.

1. Houd samen met een medestudent het gesprek. Spreek af wie de student speelt die een medestudent zoekt.

    Tips:
    - Geef concrete voorbeelden die illustreren wat jij kunt en wilt waar het gaat om samenwerken (*zie opdracht 3*).
    - Probeer met doorvragen te weten te komen hoe de ander functioneert.

2. De anderen beoordelen het gesprek met behulp van het beoordelingsformulier op bladzijde 270. Let bij deze opdracht vooral op het volgende.
    - Weten ze hoe de ander functioneert in een samenwerkingsverband?
    - Is er voldoende doorgevraagd?
    - Weten beiden van elkaar wat ze willen en hoe ambitieus ze zijn?
    - Hebben beiden duidelijke antwoorden gegeven, met concrete voorbeelden?

3. Bespreek het beoordelingsformulier. Noteer het advies dat je de volgende keer wilt toepassen.

4. Wissel van rol. Nu voert het andere tweetal de opdracht uit. Bespreek ook dat gesprek na.

 Extra: twee opdrachten om meer te oefenen.

SCHRIJVEN

In je beroepspraktijk zul je allerlei teksten moeten schrijven, zoals brieven, offertes, flyers en brochures. Je teksten zijn een soort visitekaartje; alleen met een goede tekst wek je de serieuze interesse van een lezer.

Schrijven wordt getoetst in het instellingsexamen (IE).

1 Korte teksten schrijven
 1.1 Memo *78*
 1.2 Advertentie, affiche en flyer *80*
 1.3 Instructie *84*
 1.4 Formulier *87*
 1.5 Enquête *90*
 1.6 Aantekeningen *92*

2 Langere teksten schrijven
 2.1 Schrijven in fasen *96*
 2.2 Bronnen gebruiken *99*
 2.3 Brochure *103*
 2.4 Verslag en notulen *106*
 2.5 Informatief artikel *110*
 2.6 Betoog *113*
 2.7 Beschouwing *117*
 2.8 Rapport *119*

3 Corresponderen
 3.1 Informeel en formeel taalgebruik *121*
 3.2 Zakelijke e-mail *124*
 3.3 Zakelijke brief *127*
 3.4 Sollicitatiebrief en cv *131*
 3.5 Offerte *136*
 3.6 Nieuwsbrief *139*

4 Hulpmiddelen voor foutloze teksten
 4.1 Spelling- en grammaticacontrole *142*
 4.2 Handige websites *144*

Alle opdrachten kun je ook online maken.
De luisterfragmenten vind je ook online.

1 KORTE TEKSTEN SCHRIJVEN

1.1 MEMO

DOEL   Je schrijft een memo.

UITLEG

Een **memo** is een kort briefje waarmee je snel iets doorgeeft aan iemand. Memo's worden vaak geschreven op kleine papiertjes met een zelfklevende rand (post-it). Veel bedrijven hebben voorbedrukte memokaartjes die je kunt invullen.
Informatie op een memo moet feitelijk, beknopt en volledig zijn. Controleer of je niets belangrijks vergeet met de **5w+h-vragen**: *wat, wanneer, waar, wie, waarom* en *hoe*.
Schrijf duidelijk leesbaar.

VOORBEELD

① **MEMO**

Voor: *mw. Willink*

Van: *Mariska*

Datum: *14 mei*

Onderwerp: *afspraak dhr. Simons*

② *De afspraak met dhr. Simons (morgen hier om 10 uur) gaat wegens ziekte niet door. Dhr. Simons belt zo spoedig mogelijk voor een nieuwe afspraak.*

① feitelijk en beknopt
② volledig: alle 5w+h-vragen worden beantwoord

1.1 Memo

OPDRACHT 1

Lees het memo voor Bas van Erik.

1 Welke informatie mist op het memo?

_____

2 Maak het memo af. Noteer beknopt het onderwerp (maximaal drie woorden). Geef de ontbrekende informatie in een korte, duidelijke slotzin.

MEMO	
Voor	Bas
Van	Erik
Datum	3 juni
Onderwerp	
Het isolatieglas dat vanochtend is afgeleverd is van het verkeerde type. Geleverd is type 6 – 4, moet zijn 6 – 5. Graag z.s.m. juiste levering. Bel jij de leverancier even?	

OPDRACHT 2

Schrijf een memo.

Je werkt als vrijwilliger bij de voedselbank. Er wordt gebeld. Een agrarisch bedrijf in de buurt (06-122 33 21) heeft vijftig kisten met tomaten over en wil die wel aan de voedselbank schenken. Je weet niet zeker of jullie zo veel tomaten kwijt kunnen. Het bedrijf wil een snelle reactie, want de tomaten zijn bijna rijp. Schrijf een memo aan de coördinator (Gijs Postma).

DRINGENDE VRAAG / SPOEDAFHANDELING NOODZAKELIJK
Datum en tijd
Vraag aan
Van
Over
Tel.nr. voor terugbellen

Extra: een opdracht om meer te oefenen.

1.2 ADVERTENTIE, AFFICHE EN FLYER

DOEL Je maakt een advertentie, affiche of flyer.

UITLEG

Met een **advertentie** en een **affiche** maak je reclame, kondig je een evenement aan of draag je een boodschap uit. Mensen bekijken advertenties en affiches vaak snel. Je moet dus met je lay-out en je tekst direct de hoofdzaken duidelijk maken.

Flyers bestaan uit een of twee pagina's. Ze worden uitgedeeld op straat, neergelegd in winkels en bedrijven of huis-aan-huis bezorgd. Vaak kondigen ze evenementen, cursussen of opleidingen aan, maar ze worden ook wel gebruikt om reclame te maken.

In advertenties, affiches en flyers trek je de aandacht met verschillende lettertypes en -formaten, kleuren, afbeeldingen en eventueel met een opvallende uitspraak.

De informatie in advertenties, affiches en flyers moet inhoudelijk correct, beknopt en volledig zijn. Controleer dit met de 5w+h-vragen: *wat, wanneer, waar, wie, waarom* en *hoe*.

VOORBEELD

1. opvallende uitspraak
2. verschillende lettertypes
3. kleuren en afbeeldingen
4. boodschap: afval scheiden werkt!

1.2 advertentie, affiche en flyer

OPDRACHT 1

Verbeter een affiche.

Je hebt zin om op stap te gaan en je ziet het affiche hieronder.

1 Bekijk het affiche. Op welke belangrijke vragen geeft dit affiche *geen* antwoord? Gebruik de 5w+h-vragen als hulpmiddel.

2 Schrijf hieronder een goede tekst voor het affiche. Verdeel je tekst goed over het vlak, zodat de hoofdzaken als eerste opvallen. Bedenk zelf de ontbrekende informatie.

3F Schrijven

OPDRACHT 2 Maak een advertentie.

Je werkt als vrijwilliger in een kringloopwinkel. Jullie verkopen onder andere kleding, meubels, witgoed, serviesgoed en elektronica. De winkel is dagelijks van 9.00 tot 17.00u open, behalve op zondag. De coördinator vraagt jou om een advertentie voor een huis-aan-huisblad te maken.

1 Noteer hieronder de gegevens die in de advertentie moeten.

 2 Werk je advertentie uit op de computer. Maak daarna een map met de naam 'Schrijfopdrachten NU Nederlands' aan. Sla je advertentie op in deze map onder de naam *1-2-2 v1 Advertentie*.

> *1-2-2 v1 Advertentie*
> 1-2-2 laat zien bij welke opdracht je de tekst hebt geschreven:
> **1** – hoofdstuk 1
> **2** – paragraaf 2
> **2** – opdracht 2
> De aanduiding **v1** is het versienummer: versie 1.
> Tot slot noem je de tekstsoort. Zo vind je je werk gemakkelijk terug als je een tweede versie gaat maken.

1.2 advertentie, affiche en flyer

OPDRACHT 3

Maak een flyer.

1 Kies een van de onderstaande situaties:
  - ☐ A Je gaat een korte cursus geven in iets waar jij goed in bent.
  - ☐ B Je hebt een *event* georganiseerd.
  - ☐ C Je bent mede-eigenaar van een klein eethuis dat over twee weken opent.

2 Je gaat een flyer maken. Noteer hieronder om te beginnen met behulp van de 5w+h-vragen welke informatie er in de flyer moet komen te staan.

Deze informatie moet in mijn flyer komen te staan:

wat	
wanneer	
waar	
wie	
waarom	
hoe	

3 Maak op een apart papier een schets van je flyer:
  - Welke informatie komt op welke plaats?
  - Met welke opvallende uitspraak trek je de aandacht?
  - Welke afbeeldingen gebruik je?
  - Welke lettertypes en -formaten en welke kleuren gebruik je?

4 Werk je ontwerp uit op de computer. Sla je flyer op in de map 'Schrijfopdrachten NU Nederlands' onder de naam *1-2-3 v1 Flyer*.

5 Werk samen met een medestudent. Lees elkaars flyer en geef feedback. Let vooral hierop:
  - Is de informatie duidelijk en volledig?
  - Trekt de flyer de aandacht van de lezer?

6 Verbeter je flyer op basis van de feedback. Sla op als *1-2-3 v2 Flyer*.

Extra: drie opdrachten om meer te oefenen.

1.3 INSTRUCTIE

DOEL Je schrijft een instructie.

UITLEG In een **instructie** leg je uit hoe iets werkt of hoe je iets moet doen. Een instructie moet duidelijk zijn voor de lezer. Vraag je daarom steeds af wat je publiek wel of niet weet.
- Geef de uitleg in stappen en markeer die stappen met nummers, dots en/of signaalwoorden zoals *eerst, dan, daarna, vervolgens* en *ten slotte*.
- Beschrijf eventueel per stap het resultaat, zodat de lezer kan controleren of hij het goed doet.
- Verduidelijk de instructie met afbeeldingen.

VOORBEELD

① **Lenzen indoen – stap voor stap**

Maak er een gewoonte van om eerst je rechterlens in te doen. Deze gewoonte zorgt ervoor dat je automatisch de juiste lens in het juiste oog doet.

1 Kijk recht vooruit in de spiegel en houd je bovenste ooglid stevig naar boven met je linker wijsvinger.
② 2 Houd je onderste ooglid omlaag met je rechter middelvinger.
3 Kijk met je linkeroog in de spiegel en breng de lens naar je rechteroog.
4 Plaats de lens zachtjes op het gekleurde deel van je oog, zodat de hele lens je oog raakt.
5 Houd je oogleden nog 5 seconden vast en laat dan langzaam je oogleden los. De lens krijgt dan de kans om zich goed te positioneren.
③ Als je zeker weet dat jouw lens goed zit, herhaal dan deze stappen voor je linkeroog.

Naar: www.specsavers.nl

① uitleg in stappen
② zie afbeelding
③ het resultaat

1.3 Instructie

OPDRACHT 1 Schrijf instructies.

Inge heeft bij een groot meubelwarenhuis een kast gekocht. Ze is zelf niet zo handig. Haar buurjongens gaan voor haar de kast monteren. Inge bekijkt de eerste vier instructies in de gebruikershandleiding en geeft de jongens instructies. Dat kan veel korter en duidelijker. Bekijk de plaatjes en verbeter de instructies van Inge. De eerste instructie is al verbeterd.

Voorbeeld: **1** Om de kast te monteren hebben we gereedschap nodig. Een hamer en schroevendraaiers, ach, hoe noem je die verschillende schroevendraaiers ook alweer …
Leg eerst een hamer, een kruiskopschroevendraaier en een gewone schroevendraaier klaar.

2 De planken zijn behoorlijk zwaar. Je moet ze niet in je eentje tillen. Dat is niet goed voor je rug. Jullie moeten dus altijd met zijn tweeën de planken verplaatsen.

3 Als je de kast op de kale vloer legt, dan kan het hout beschadigen. Dat willen we niet hebben. Daarom moeten jullie er een kleed onder leggen.

4 Oh, en als jullie het niet snappen, dan kunnen jullie een speciaal nummer bellen en dan geven ze je uitleg.

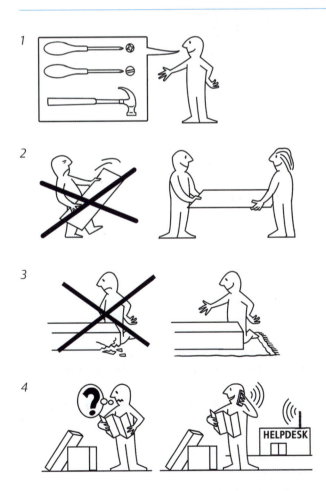

3F Schrijven

OPDRACHT 2 Schrijf instructies.

Hieronder zie je instructies voor het tillen van zware dozen: links hoe het niet moet en rechts hoe het wel moet. Schrijf de instructies uit. De eerste instructie staat er al.

1 *Houd de zware doos niet ver van je af, maar houd hem juist dicht bij je lichaam.*

2 _____

3 _____

4 _____

OPDRACHT 3 Schrijf een instructie.

1 Kies een handeling uit jouw eigen vakgebied die je weleens uitlegt aan niet-vakmensen. Bijvoorbeeld: je doet een opleiding voor fietstechnicus en je buurman vraagt hoe hij zelf zijn fietsremmen kan afstellen.

2 Schrijf op de computer je instructie. Typ de handeling (het onderwerp) bovenaan en zet daaronder de instructies. Gebruik zo mogelijk illustraties. Bewaar dit bestand onder de naam *1-3-3 v1 Instructie*.

3 Werk samen met een medestudent. Lees elkaars instructie en geef elkaar feedback.
Let vooral hierop:
- Is de instructie goed te begrijpen?
- Is de instructie onderverdeeld in stappen?
- Zijn waar nodig signaalwoorden gebruikt?
- Worden er ter controle resultaten genoemd?

4 Verbeter je instructie op basis van de feedback. Sla op als *1-3-3 v2 Instructie*.

Extra: twee opdrachten om meer te oefenen.

1.4 FORMULIER

DOEL Je vult een formulier in.

UITLEG Een **formulier** is een gedrukt of digitaal document waarop je bepaalde gegevens moet invullen. Formulieren gebruik je voor bestellingen, inschrijvingen, klachten, adreswijzigingen, verklaringen, aanvragen, sollicitaties, enzovoort. Op de meeste formulieren moet je, naast andere gegevens, ook je persoonlijke gegevens invullen. Je hoeft meestal niet alle velden in te vullen. Vaak zie je aan * welke gegevens verplicht zijn.
Als er om een toelichting wordt gevraagd, wees dan kort en duidelijk. Schrijf duidelijk leesbaar wanneer je een formulier met de hand invult.

VOORBEELD

RETOURFORMULIER	
Achternaam *	(1) van der Sluis
Voornaam *	Saskia
Straat en huisnummer *	Kamphuisstraat 44
Postcode en woonplaats *	3000 AX Rotterdam
Telefoonnummer	(2)
E-mail	svdsluis@netwerk.nl
Ordernummer *	299-456098
Reden van retour *	(3) scheur in binnenvoering tas
Datum retourzending *	30-06-2017
IBAN rekeningnummer*	NL77ABNC0003789287
(4) Velden met een * zijn verplicht.	

(1) Het handschrift is duidelijk leesbaar.
(2) Saskia wordt liever niet gebeld. Ze vult haar telefoonnummer daarom niet in.
(3) De klacht is kort en duidelijk.
(4) Alle verplichte velden (*) zijn ingevuld.

3F Schrijven

OPDRACHT 1

Vul een formulier in.

Je gaat verhuizen. Je hebt een ov-chipkaart en je wilt je nieuwe gegevens doorgeven aan ov-chipkaart.nl.

Vul het formulier hieronder in. Bedenk zelf de ontbrekende gegevens.

Wijziging persoonsgegevens
voor een persoonlijke OV-chipkaart

Met dit formulier geeft u een verhuizing of andere wijziging van uw persoonsgegevens aan ons door. Geef uw nieuwe persoonsgegevens tijdig aan ons door zodat we u zo goed mogelijk van dienst kunnen blijven.

Let op! Staan er een of meer reisproducten op uw persoonlijke OV-chipkaart? Geef uw wijzigingen dan ook door aan de betreffende OV-bedrijven. Vul alles in met blokletters en gebruik een zwart- of blauwschrijvende pen voor een goede verwerking van dit formulier.

1 Huidige gegevens op de OV-chipkaart

Kaartnummer OV-chipkaart *16 cijfers*

3 5 2 8 ▢▢▢▢ ▢▢▢▢ ▢▢▢▢

Voorletter(s)   Tussenvoegsel(s)

Achternaam

Geboortedatum   Geslacht
▢▢-▢▢-▢▢▢▢   ☐ Man ☐ Vrouw

2 Nieuwe gegevens

Ik wil de persoonsgegevens wijzigen van:
☐ kaarthouder   ☐ rekeninghouder

Ingangsdatum wijziging
▢▢-▢▢-▢▢▢▢

Voorletter(s)   Tussenvoegsel(s)

Achternaam

Huisnummer   Toevoeging

Straat

Postcode   Plaats

Telefoon privé (bij voorkeur mobiel), *niet verplicht*

Geboortedatum   Geslacht
▢▢-▢▢-▢▢▢▢   ☐ Man ☐ Vrouw

Emailadres

○ Onderteken op de achterzijde

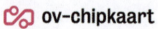
ov-chipkaart

0900-0980 (€ 0,50 per gesprek) | www.ov-chipkaart.nl   TLS 023 A 710

1.4 Formulier

OPDRACHT 2

Vul een formulier in.

Ineke Dorwinkel heeft een kopieerwinkel. Aanstaande maandag gaat ze in haar bedrijfspand in één dag een binnenmuur slopen om meer ruimte te hebben. Ze heeft al een puincontainer gehuurd. Nu vraagt ze een plaatsingsvergunning aan bij de gemeente. Vul voor Ineke het formulier hieronder in. Gebruik het visitekaartje hiernaast.

KOPIEER CENTRUM

Ineke Dorwinkel
Binnenring 4 – 1507 RJ ZAANDAM
06-777 43 12 / KvK 99054122

Aanvraagformulier vergunning plaatsen steiger / hoogwerker / container

Vergunning wordt aangevraagd door:

Naam en voornamen: _____

Naam bedrijf: _____

Adres bedrijf: _____

Postcode en woonplaats bedrijf: _____

Telefoonnummer: _____

Nr. Kamer van Koophandel: _____

De vergunning wordt aangevraagd voor: _____

☐ plaatsen van container(s)   aantal : _____

☐ plaatsen van steiger of hoogwerker   aantal : _____

Container wordt gebruikt voor: Geschatte tijdsduur:

☐ puin   ☐ 1 dag

☐ puin en ander afval   ☐ 1 week

☐ ander afval dan puin   ☐ anders, namelijk _____

Ingangsdatum: _____   Geschatte einddatum: _____

Handtekening: _____

Extra: een opdracht om meer te oefenen.

3F Schrijven

1.5 ENQUÊTE

DOEL Je maakt een enquête.

UITLEG Je gebruikt een **enquête** als je van een groep mensen informatie wilt hebben. Op internet vind je programma's om enquêtes te maken.

In een enquête laat je ondervraagden zo veel mogelijk de antwoorden aankruisen of aanklikken, zodat je de gegevens snel en goed kunt verwerken.
- Formuleer meerkeuzevragen en/of formuleer stellingen met bijvoorbeeld vierpuntsschalen (van 'helemaal mee eens' tot 'helemaal oneens').
- Zet aan het eind van je enquête eventueel enkele open vragen (het antwoord bedenkt de invuller zelf) en/of laat ruimte open voor opmerkingen.
- Zet bovenaan een duidelijke en vriendelijke inleiding, waarin je
  - het doel van je enquête uitlegt,
  - aangeeft hoeveel tijd het invullen kost
  - en een instructie geeft.
- Verwerk de resultaten door de antwoorden te turven. De aantallen reken je om naar percentages. Die zet je bijvoorbeeld in een staaf- of cirkeldiagram om de resultaten duidelijk zichtbaar te maken.

VOORBEELD

Klantentevredenheidsonderzoek Comfortexpress (*fragment*)

① Geachte reiziger,

Graag vragen we uw medewerking aan ons jaarlijkse klantentevredenheidsonderzoek. Met behulp van deze enquête willen we onze diensten nog beter afstemmen op uw wensen.
Het invullen van de enquête duurt ongeveer 10 minuten. Gelieve een kruisje te zetten in het vakje van uw keuze.

Bij voorbaat onze dank voor uw medewerking!

THEBUSCOMPANY

vragen	**②** antwoorden			
	helemaal mee eens	*mee eens*	*mee oneens*	*helemaal mee oneens*
in de bus				
③ 11 Er zijn voldoende zitplaatsen.	☐	☐	☐	☐
12 De temperatuur in de bus is aangenaam.	☐	☐	☐	☐
13 De medepassagiers gedragen zich netjes.	☐	☐	☐	☐

① duidelijke en vriendelijke instructie
② vierpuntsschaal voor de antwoorden
③ stellingen

1.5 Enquête

OPDRACHT 1

Maak een enquête.

Je runt een kleine bedrijfskantine in een bedrijvenverzamelgebouw. De laatste tijd valt je op dat veel mensen 's avonds doorwerken. Daarom denk je erover om aan het eind van de middag eenvoudige warme maaltijden te gaan serveren. Voor je hierover een besluit neemt, wil je eerst meer informatie verzamelen. Daarom maak je een kleine enquête voor de gebruikers van het gebouw. Hieronder lees je de eerste drie vragen.

Als er in de kantine warme maaltijden zouden worden aangeboden,
1 *hoe vaak* per week wil je dan warm eten?
- keuzeantwoorden: 0 x, 1 x, enkele keren, dagelijks
2 *hoe laat* wil je dan warm eten?
- keuzeantwoorden: van 16.00 tot 17.00 / van 17.00 tot 18.00 / van 17.30 tot 18.30 / van 18.00 tot 19.00
3 *wat* wil je dan eten?
- keuzeantwoorden: vlees, vis en vegetarisch / vlees en vis / vis en vegetarisch / vegetarisch

---

1 Bedenk nog twee vragen met vier keuzeantwoorden en schrijf ze hieronder op.

vraag 4: _____

- keuzeantwoorden vraag 4: _____

vraag 5: _____

- keuzeantwoorden vraag 5: _____

2 Bedenk een open vraag voor onderaan je enquête en schrijf hem op.

open vraag: _____

3 Schrijf een duidelijke en vriendelijke inleiding (bekijk het voorbeeld onder de uitleg).

_____

_____

_____

_____

4 Maak op de computer een enquête met de vijf meerkeuzevragen, plus één open vraag. Bewaar je enquête onder de naam *1-5-1 v1 Enquete*.

5 Werk samen met een medestudent. Controleer elkaars enquête met behulp van het beoordelingsformulier op bladzijde 271. Vul alle relevante onderdelen in. Let bij deze opdracht vooral hierop:
- Is de instructie duidelijk en vriendelijk?
- Zijn de vragen en de keuzeantwoorden passend en duidelijk?
- Zal de enquête voldoende informatie opleveren?

6 Bespreek het beoordelingsformulier en verbeter je enquête op basis van de feedback. Sla op als *1-5-1 v2 Enquete*.

Extra: een opdracht om meer te oefenen.

1.6 AANTEKENINGEN

DOEL Je maakt aantekeningen en werkt ze uit.

UITLEG Tijdens je opleiding of je werk krijg je veel informatie. Om belangrijke informatie te onthouden kun je **aantekeningen** maken. Door je aantekeningen vervolgens uit te werken tot een korte tekst, begrijp en onthoud je de informatie goed.

Noteer in je aantekeningen kort en overzichtelijk de hoofdzaken:
- onderwerp en deelonderwerpen
- definities en omschrijvingen
- verbanden tussen woorden: oorzaken, gevolgen, oplossingen, conclusies

Maak verbanden tussen woorden snel zichtbaar met:
- streepjes, cijfers en letters (opsommingen)
- andere tekens: = (is), > (gevolg, conclusie), < (oorzaak), ? (onduidelijk), !! (belangrijk)
- afkortingen: bv (bijvoorbeeld), def (definitie), enz (enzovoort)

Nadat je aantekeningen hebt gemaakt, werk je ze zo snel mogelijk uit tot een korte tekst.
- Beperk je tot de belangrijkste informatie.
- Schrijf korte, maar volledige zinnen.
- Zorg dat ook iemand die de oorspronkelijke tekst niet kent, jouw uitwerking begrijpt.

VOORBEELD

Aantekeningen

① *Crowdfunding*
② *(def, Engels: funding = investering door crowd = massa)*

Goed idee, geen startkapitaal (geen lening of vermogen) > vraag geïnteresseerden om relatief klein bedrag voor start-up.

Starter presenteert concept op platform (bv. Kickstarter.com), beleggers reageren.
Wat krijgen investeerders bv terug?
③ *1 (korting op) product*
2 bep. rendement
3 medezeggenschap in bedrijf

Uitwerking

Crowdfunding
④ 'Crowdfunding' (Engels) betekent letterlijk: investering door een massa mensen. Ondernemers zonder startkapitaal (die dus geen lening kunnen krijgen of niet beschikken over eigen vermogen) proberen met crowdfunding toch een bedrijf te beginnen.
Deze starters presenteren hun concept op een platform zoals Kickstarter.com en beleggers kunnen reageren. In ruil voor een kleine investering krijgen de beleggers bijvoorbeeld een korting op het product, een bepaald rendement of medezeggenschap in het bedrijf.

① onderwerp
② definitie
③ nummering
④ korte, maar volledige zinnen

1.6 Aantekeningen

OPDRACHT 1 **Verbeter de uitwerking van aantekeningen.**

Tijdens de les Burgerschap legt de docent het verschil tussen de Eerste en de Tweede Kamer uit. Nicole maakt aantekeningen. 's Avonds werkt ze haar aantekeningen uit. Haar uitwerking is niet goed: de zinnen zijn onvolledig en de uitwerking bevat ook onbelangrijke informatie, terwijl sommige belangrijke informatie juist ontbreekt. Bovendien is de uitwerking niet goed te begrijpen als je zelf de uitleg niet hebt gehoord.

1 Lees de aantekeningen. Streep in de aantekeningen de informatie door die niet thuishoort in een uitwerking.

2 Lees de uitwerking en streep door wat weg kan.

3 Maak onder Nicoles uitwerking een verbeterde uitwerking. Schrijf volledige zinnen.

De aantekeningen van Nicole

Verschil tussen Eerste en Tweede Kamer	
Eerste Kamer	**Tweede Kamer**
- keurt wetsvoorstellen goed/af	- bedenkt en verandert wetten
- controleert 2e kamer!!	- controleert regering (= ministers)
- 75 leden, zitten tegenover elkaar	- 150 leden
- groene bankjes	- blauwe stoeltjes
- geen recht van amendement (= voorstel om wet te veranderen)	- zitten in 1/2 cirkel
	- wel recht van amendement
- geen recht van initiatief	- wel recht van initiatief (= voorstel om een wet in te voeren)
- historische zaal	
- geen wekelijks vragenuurtje	- moderne zaal
- wordt indirect gekozen	- wel wekelijks vragenuurtje
- fracties zitten door elkaar	- wordt direct gekozen
- vergadert 1x p.w.	- fracties zitten bij elkaar
	- vergadert 3 dagen p.w.

Nicoles uitwerking van de aantekeningen

Verschil tussen de Eerste en de Tweede Kamer
Belangrijkste verschil: Tweede Kamer bedenkt en verandert de wetten en de Eerste Kamer keurt de wetten goed of af. Er zitten 75 in de 1e en 150 in de 2e kamer. In de 1e kamer zijn de bankjes groen. 2e kamer blauwe stoeltjes. 2e kamer is in moderne zaal, eerste kamer in historische zaal. Vergaderingen 1e kamer 1 dag p.w., 2e kamer 3x p.w.

Verbeterde uitwerking

3F Schrijven

OPDRACHT 2 🔊 **Maak aantekeningen en werk ze uit.**

Je docent Nederlands legt uit waarop je moet letten als je een mondelinge presentatie houdt.

1 Luister naar fragment 1 en maak hieronder aantekeningen.

2 Vraag je docent om de voorbeeldaantekeningen. Vergelijk je aantekeningen met het voorbeeld: heb je alle hoofdzaken?

3 Werk je aantekeningen uit tot een korte, duidelijke tekst.

Aantekeningen

> **Aandachtspunten bij mondelinge presentaties**

Uitwerking

> **Aandachtspunten bij mondelinge presentaties**

1.6 Aantekeningen

OPDRACHT 3

Maak aantekeningen en werk ze uit.
Je volgt een opleiding tot sportcoach. Je docent geeft een les over sport en voeding.
1 Luister naar fragment 2 en maak hieronder aantekeningen.

Aantekeningen

Sport en voeding

2 Werk samen met een medestudent. Vergelijk jullie aantekeningen. Bespreek deze vragen:
- Staan alle hoofdzaken erin?
- Wat is 'handig' genoteerd?
- Welke aantekening snap je niet? Waardoor komt dat?

3 Werk je aantekeningen uit tot een korte, duidelijke tekst.

2 LANGERE TEKSTEN SCHRIJVEN

2.1 SCHRIJVEN IN FASEN

DOEL Je schrijft teksten in fasen.

UITLEG Bij het schrijven van langere teksten doorloop je drie fasen.

Fase 1 Voorbereiding
1 Kies een **onderwerp** dat niet te breed, maar ook niet te beperkt is.
2 Kies de **tekstsoort** die past bij jouw doel en publiek.
3 Verzamel betrouwbare **bronnen** op internet, in de bibliotheek, via interviews en/of enquêtes en noteer *direct* de vindplaats van jouw bronnen (zie Bijlage 8 op bladzijde 275).
4 Maak een **schrijfplan** waarin de **deelonderwerpen** en de korte inhoud per alinea of hoofdstuk staan. Voorbeelden vind je op bladzijde 98 en 118.

Fase 2 Uitvoering
1 Schrijf de eerste, 'ruwe', versie van het middenstuk of de hoofdstukken.
2 Zoek de informatie op die je nog mist.
3 Verwerk nieuwe inzichten en pas zo nodig je schrijfplan aan.
4 **Herschrijf** je tekst net zolang tot je helemaal tevreden bent over de inhoud.

Fase 3 Afronding
1 Verbeter de taalfouten.
2 Voeg, afhankelijk van de tekstsoort, een **inhoudsopgave**, **bronvermelding**, **inleiding**, **conclusie/samenvatting**, **voor- en nawoord**, **titelpagina** en **omslag** toe.
3 Zorg voor een passende en duidelijke **lay-out**.
4 Controleer je tekst nog één keer en haal de laatste foutjes eruit.

VOORBEELD

① **Veiligheid op Schiphol**

② *Inhoudsopgave*

Voorwoord	3
Inleiding	5
1 Securitygebieden op Schiphol	7
2 Veiligheidsmaatregelen	9
3 Publieksvoorlichting	11
4 Personeelstrainingen	13
5 Slot	15
Nawoord	17
③ Bronvermelding	19

① De titel maakt het onderwerp duidelijk.
② In de inhoudsopgave zie je het schrijfplan terug.
③ Bepaalde onderdelen zijn in de derde fase toegevoegd.

2.1 Schrijven in fasen

OPDRACHT 1

Kies een onderwerp en een tekstsoort.

1 Bij Loopbaan en Burgerschap doen jullie een project over hedendaagse voeding. Je krijgt de opdracht om op basis van bronnen een informatieve tekst van ongeveer 500 woorden te schrijven. Kies het *meest geschikte* onderwerp voor deze opdracht.
- ☐ A Mijn lievelingseten
- ☐ B *Superfoods*: fabels en feiten
- ☐ C Voeding door de eeuwen heen

2 Schrijf twee argumenten voor jouw keuze op.

_____

_____

3 De gemeenteraad wil de sluitingstijden van cafés in jouw woonplaats in het weekend met twee uren vervroegen. Als café-eigenaar ben je het daar niet mee eens. Je schrijft een stuk voor de plaatselijke krant om jouw standpunt toe te lichten. Kies de *meest geschikte* tekstsoort.
- ☐ A advertentie
- ☐ B informatief artikel
- ☐ C ingezonden brief

4 Schrijf twee argumenten voor jouw keuze op.

_____

_____

OPDRACHT 2

Zoek betrouwbare bronnen.

Je gaat een betoog schrijven over het onderwerp 'Jongeren en partydrugs'. Voordat je een standpunt formuleert, wil je eerst meer weten over het onderwerp.

1 Zoek op internet twee bronnen over het onderwerp, waarvan je denkt dat ze betrouwbare informatie geven. Schrijf de URL's op.

URL website 1: _____

URL website 2: _____

2 Ga naar http://www.webdetective.nl/index.php/checklist. Controleer hoe betrouwbaar jouw bronnen zijn. Vul voor beide sites de checklist in. Noteer de scores.

website 1: _____

website 2: _____

3 Werk samen met een medestudent. Vergelijk elkaars bronnen en checklists. Noteer welke bronnen het betrouwbaarst zijn en waarom ze dat zijn.

_____

_____

3F Schrijven

OPDRACHT 3 Maak een schrijfplan af.

1 Bekijk hieronder het schrijfplan voor een informatief artikel over schuldhulpverlening. Een deel van het schrijfplan staat er al. Zoek aanvullende informatie op internet en beschrijf de korte inhoud van alinea 3 en 4.

Schrijfplan voor een artikel over schuldhulpverlening

onderdeel	tekst-deel	deelonderwerp + uitwerking in steekwoorden
inleiding	1	onderwerp: schuldhulpverlening = hulp van de gemeente als je zelf je schulden niet kunt oplossen.
middenstuk	2	Voorwaarden – schulden zijn niet zelf op te lossen – ingeschreven bij gemeente – ouder dan 18 jaar – met salaris of uitkering
	3	Minnelijk traject –
	4	Wettelijke schuldsanering (Wsnp) –
slot	5	*korte samenvatting*

EXAMENOPDRACHT 3F IE

Schrijf een tekst vanuit een schrijfplan.
Gebruik voor deze opdracht het schrijfplan uit opdracht 3.

1 Open een nieuw document in Word. Geef het bestand de volgende naam:
   2-1-ex v1 Artikel Schuldhulpverlening.

2 Zet bovenaan de titel, 'Schuldhulpverlening' en schrijf daaronder op basis van het schrijfplan je artikel. Zoek zo nodig nog wat extra informatie over de onderwerpen van de alinea's in het middenstuk.

3 Controleer je tekst op taal- en spelfouten. Let ook op de lay-out: zijn de verschillende alinea's duidelijk herkenbaar?

4 Werk samen met een medestudent. Controleer elkaars artikel met behulp van het beoordelingsformulier op bladzijde 271. Let bij deze opdracht vooral hierop:
   • Gaan de alinea's over de onderwerpen en inhouden in het schrijfplan?
   • Is de lay-out duidelijk (titel, alinea's)?
   • Heeft het artikel een bronvermelding?

5 Bespreek het beoordelingsformulier en verbeter je artikel op basis van de feedback. Sla op als *2-1-ex v2 Artikel Schuldhulpverlening*.

Extra: twee opdrachten om meer te oefenen.

2.2 BRONNEN GEBRUIKEN

DOEL Je gebruikt bronnen bij het schrijven van langere teksten.

UITLEG Als je genoeg betrouwbare bronnen hebt verzameld, ga je daaruit de **informatie selecteren** die je nodig hebt voor jouw tekst. Maak over elk deelonderwerp een **deelvraag** en geef elke deelvraag een kleur. Een voorbeeld bij het schrijfplan op bladzijde 98: over het deelonderwerp 'minnelijk traject' maak je deze deelvraag: 'Wat is een "minnelijk traject"?' Je geeft de deelvraag bijvoorbeeld de kleur geel.
In je bronnen markeer je alle antwoorden op deze deelvraag met de gekozen kleur. Antwoorden op andere deelvragen krijgen een andere kleur. Zo overzie je snel waar in jouw bronnen informatie over een bepaald deelonderwerp staat.

Je kunt de informatie uit je bron letterlijk overnemen, **citeren**, of in eigen woorden weergeven: **parafraseren**. Gebruik bij citaten aanhalingstekens. Is het citaat drie regels of langer, zet dan boven en onder het citaat een witregel, zodat je het verschil met de rest van de tekst duidelijk ziet. Geef, als je citeert of parafraseert, altijd duidelijk aan wat jouw bron is. Als je dat niet doet, pleeg je plagiaat en dat is strafbaar.
Voor informatie die bij iedereen bekend is, hoef je geen bron te noemen. Let op: maak het ook altijd met je woordkeuze duidelijk als je jouw *eigen* mening geeft ('Zelf vind ik dat ...', 'Volgens mij ...') en geef argumenten voor jouw mening.

Neem *eigen* bronnen, zoals een interview of enquête, op als **bijlage**.

Aan het eind van je tekst beschrijf je in de **bronvermelding** welke bronnen je hebt gebruikt. Op bladzijde 275 lees je hoe je bronnen correct in de bronvermelding noteert.

VOORBEELD

Placebo's in de gezondheidszorg

① Een placebo is een nepmedicijn. Het kan een injectie, pil, operatie of een andere behandeling zijn zonder direct medisch effect. Denk bijvoorbeeld aan een tablet die er exact zo uitziet en net zo smaakt als een echte pijnstiller, maar die geen werkzame stoffen bevat.

② De patiënt weet niet dat hij een placebo neemt in plaats van een 'echt' medicijn. Hij kan positief of negatief reageren op een placebo, ook al zitten er helemaal geen werkzame stoffen in. Klachten verdwijnen of er ontstaan juist bijwerkingen. Dat effect is het zogenaamde placebo-effect.

Hoe het placebo-effect precies werkt, is nog niet bekend. Waarschijnlijk heeft het te maken met de verwachtingen van een patiënt. Je verwacht dat een medicijn een bepaalde werking zal hebben en daardoor ervaar je dat die werking optreedt. Ook als je bijwerkingen verwacht, zoals misselijkheid of duizelig worden, zullen deze bijwerkingen vaker voorkomen. **③** Dit betekent niet dat deze patiënten zich alleen maar iets inbeelden. Onderzoeken hebben aangetoond dat er daadwerkelijk fysieke veranderingen kunnen plaatsvinden bij het gebruik van een placebo.

Naar: www.gezondheidsnet.nl

① Wat is een placebo?
② Wat is het 'placebo-effect'?
③ Kunnen placebo's echt effect hebben op het lichaam?

3F Schrijven

OPDRACHT 1 — Parafraseer en citeer.

1 De inleiding van een artikel over voedselverspilling eindigt met de drie deelvragen die in het artikel worden besproken. Lees de inleiding en onderstreep de deelvragen.

> 'Wie kent het niet? Er blijft wat over van de heerlijke maaltijd die je hebt gekookt. Je doet het restje in een plastic bakje, dat je in de koelkast zet. Drie dagen later staat het er nog en alsnog verdwijnt het kliekje in de vuilnisbak. Ander voorbeeld: je yoghurt is twee dagen over de houdbaarheidsdatum. Voor de zekerheid gooi je het pak maar weg.
> Elke dag weer worden er in Nederland enorme hoeveelheden goed eten weggegooid. Om hoeveel voedsel gaat het eigenlijk? Wat zijn de oorzaken van die verspilling? En wat kunnen we eraan doen?'

2 Voor de alinea over de eerste deelvraag staat hieronder een bron. Lees de bron en parafraseer de informatie.

> Consumenten: voor zo'n € 2,5 miljard (ruim € 150 of 50 kg per persoon) per jr.
> Producenten, tussenhandel, horeca en supermarkten: voor zo'n € 2,5 miljard per jr.
> Het vaakst weggegooid: melk en melkproducten, brood, groenten, fruit en sauzen, oliën en vetten
>
> *Cijfers voedselverspilling Nederland. Geraadpleegd 4 september 2015 via https://www.rijksoverheid.nl/onderwerpen/voeding/inhoud/voedselverspilling*

3 In een brochure van het Voedingscentrum, 'Voedselverspilling: miljarden in de vuilnisbak', lees je de resultaten van een onderzoek. Uit deze bron wil je percentages citeren in de alinea over deelvraag 3: Wat kunnen we aan verspilling doen?'
Lees de bron en schrijf de alinea over deelvraag 3.

> *Ik wil graag minder verspillen door ...*
> - producten te gebruiken voor de houdbaarheidsdatum (70%)
> - voor het boodschappen doen te checken wat er al in huis is (56%)
> - niet te veel in te kopen (54%)
> - voedsel ook nog te gebruiken na de houdbaarheidsdatum (53%)
>
> *Bron: Marketresponse en Schottelaar&Partners 2010*

2.2 Bronnen gebruiken

OPDRACHT 2

Selecteer informatie uit bronnen. Lees tekst 1 en tekst 2.
Je bereidt een artikel voor over het onderwerp 'Robotisering van de Nederlandse arbeidsmarkt'. De teksten hieronder zijn twee van je bronnen. Je hebt vijf deelvragen over het onderwerp gemaakt:

1. Wat is robotisering van de arbeidsmarkt?
2. Welke oorzaken heeft de robotisering van de arbeidsmarkt wereldwijd?
3. Welke gevolgen heeft robotisering voor de Nederlandse arbeidsmarkt?
4. Welke gevolgen heeft robotisering van de arbeidsmarkt voor mbo'ers?
5. Wat is het beleid van de Nederlandse regering?

1. Geef elke deelvraag een kleur.

2. Markeer met deze kleuren in de bronteksten per deelonderwerp de informatie die je erover leest.

 3. Werk samen met een medestudent. Vergelijk de informatie die jullie gemarkeerd hebben. Bespreek de verschillen.

TEKST 1

Wat doen robots en machines met de arbeidsmarkt?

Het kabinet wil dat werkgevers en werknemers meedenken over de gevolgen van technologische ontwikkelingen voor de arbeidsmarkt. Veel werk kan in de toekomst misschien door robots of machines worden gedaan en er ontstaan ook nieuwe werkzaamheden.
Het kabinet heeft de Sociaal Economische Raad daarom om advies gevraagd. Minister Asscher wil 'gezien de grote onzekerheden' dat de SER verschillende scenario's uitwerkt.

Arbeidsverhoudingen
De robotisering heeft een grote impact op de manier waarop wordt gewerkt en daarmee ook op de rol van werkgevers, werknemers en arbeidsverhoudingen, zegt het kabinet.
Volgens Asscher kan de technologische vooruitgang voor meer welvaart, veiligheid en een hogere levensverwachting zorgen. Maar hij wil ook onderzoeken hoe iedereen daarvan kan profiteren en er geen groepen langs de kant blijven staan.

Bron: nos.nl, 25 september 2015

TEKST 2

De robot komt er – en er is geen visie

Zegt de regering op Prinsjesdag iets over robotisering? Ja, werk is belangrijk, maar op de trends wordt maar traag gereageerd.

Het wordt zo goed als zeker een van de belangrijkste boodschappen van Rutte II, morgen op Prinsjesdag: meer Nederlanders moeten aan het werk. Maar ís dat er straks nog wel als een robot ingewikkelde operaties uitvoert en huizen uit 3D-printers komen? Of komen er juist meer banen bij – of terug uit Azië?

De minister van werk, vicepremier Lodewijk Asscher (PvdA), organiseert over twee weken in Den Haag een congres over de invloed van robotisering op werk. De veranderende arbeidsmarkt is de komende tijd hét onderwerp voor het ministerie van Sociale Zaken.

Op het departement wordt ermee bedoeld: de Nederlandse arbeidsmarkt. De Utrechtse hoogleraar maatschappijwetenschappen Peter van Lieshout, lid van de Wetenschappelijke Raad voor het Regeringsbeleid (WRR), noemt China. Is er nog iemand die denkt aan de gevolgen van de robotisering op de arbeidsmarkt dáár? De Apple Watch en iPhone kunnen nu misschien door robots in elkaar worden gezet – waarom dan niet in de VS? 'In China gaan miljoenen banen verloren door robots', zegt Van Lieshout. 'Allemaal banen van Chinezen die naar de stad zijn verhuisd en twaalf uur per dag werken.'

Maar inwoners van China stemmen niet op Obama en de Amerikaanse regering probeert al een paar jaar om met gericht beleid van belastingvoordelen productie terug te halen naar de VS. In Nederland zijn ook voorbeelden van *reshoring*, óók omdat de loonkosten in Azië stijgen en energie duurder wordt. Philips haalde een fabriek voor scheerapparaten terug uit China. Die staat nu – gerobotiseerd – in Drachten. Het bedrijf Capi Europe, dat kunststof tuinvazen produceert, verhuisde zijn fabriek van China naar Tilburg. Maar Nederland, vindt de Tilburgse hoogleraar arbeidsmarkt Ton Wilthagen, loopt enorm achter. De regering begint er nu pas echt over na te denken. 'Dat is laat. En er is geen visie.'

Asscher was volgens Wilthagen de afgelopen jaren 'gefixeerd' op WW en ontslagrecht. Zijn aandacht had moeten liggen bij nieuwe soorten werk. Nu is er wel 600 miljoen euro voor 'sectorplannen': bedrijven krijgen geld als ze werknemers bijscholen om de kans op nieuw werk te vergroten. Wilthagen: 'De overheid zegt: "Er is weer wat geld, heeft u een idee?" Dan mag je hopen dat er echt nieuwe ideeën komen en er niet iets ouds uit een la wordt gehaald.'

De overheid had volgens hem allang moeten beginnen met de vernieuwing van het mbo. Net als andere arbeidsmarktdeskundigen voorziet Wilthagen dat vooral mbo'ers werk kwijtraken door robotisering – in het onderwijs, de zorg, in kantoren. Dus juist dat onderwijsniveau, zegt Wilthagen, moet zich snel kunnen aanpassen: de procedures voor accreditatie van nieuwe onderwijsrichtingen zouden dringend korter moeten worden.

In de VS is onderzocht waar werknemers met een mbo-opleiding terechtkomen als hun banen niet meer beschikbaar zijn, vertelt Peter van Lieshout. Slechts een kwart raakte hogerop. 'Het moet anders: driekwart moet hogerop. De overheid moet die groep meekrijgen in de kenniseconomie.'

Bron: De robot komt – en er is geen visie (15-9-2014). Geraadpleegd 10 juli 2016 via http://www.nrcreader.nl/ artikel/6818/de-robot-komt-en-er-is-geen-visie

EXAMENOPDRACHT 3F IE

Schrijf een artikel over robotisering van de Nederlandse arbeidsmarkt op basis van bronnen.

1 Schrijf met behulp van de deelonderwerpen uit opdracht 2 en de twee bronteksten een artikel over robotisering van de Nederlandse arbeidsmarkt van ongeveer 500 woorden. Zoek er minimaal twee nieuwe bronnen bij. Vermeld de bronnen op de juiste manier onder je tekst.
Naam: *2-2-ex v1 Robotisering*.

2 Werk samen met een medestudent. Controleer elkaars artikel met behulp van het beoordelingsformulier op bladzijde 271. Let bij deze opdracht vooral hierop:
• Zijn er twee nieuwe bronnen gebruikt?
• Is de bronvermelding juist?

3 Bespreek het beoordelingsformulier en verbeter je artikel op basis van de feedback (v2).

Extra: een opdracht om meer te oefenen.

# 2.3 BROCHURE

DOEL Je schrijft een brochure.

UITLEG Een **brochure** is een klein boekje waarmee je informatie geeft en/of reclame maakt. Organisaties en bedrijven gebruiken brochures om hun klanten te informeren over hun diensten, producten en projecten.

Een goede brochure is
1 klantgericht: de tekst bevat precies de informatie die een klant zoekt.
2 compact: er is geen overbodige informatie en de zinnen zijn kort.
3 actueel: de informatie is nu geldig.
4 overzichtelijk: je overziet de informatie in één oogopslag.
5 overtuigend: de informatie prikkelt de lezer en zet aan tot actie.

VOORBEELD

> KITESURFEN

Iedereen kan leren kitesurfen!

De werkwijze professionele surfschool is veilig en effectief. Gegarandeerd een hele dag plezier!

Kitesurfcursussen:
Kitesurfen voor kids 2 uur € 49,–
Beginnerscursus 3 uur € 99,–
Vervolgcursus 3 uur € 89,–
Complete cursus 9 uur € 249,–
Privé cursus 2 uur € 109,–

Wij geven les op verschillende locaties zodat we met alle windrichtingen kunnen lesgeven.

> WINDSURFEN

Altijd al willen leren windsurfen? Begin er deze zomer aan! Wij geven les in ondiep water. Plezier en beleving staan bij ons voorop.

Windsurfcursussen:
Windsurfen voor kids 2 uur € 39,–
Beginnerscursus 3 uur € 59,–
Vervolgcursus 3 uur € 55,–
Complete cursus 8 uur € 159,–
Privé cursus 2 uur € 69,–

> GROEPEN

Op het strand, in het water, actief of ontspannend, voor jong en oud! Van een dagdeel tot geheel verzorgd weekend, alles is mogelijk. We bieden groepsactiviteiten aan voor 5 tot 75 personen.

Activiteiten:
Kitesurfen, windsurfen, powerkiten, suppen, skimboarden, beachgames en teambuilding.

Prijzen op aanvraag.

SURFSCHOOL WIND

www.surfschoolwind.nl
info@surfschoolwind.nl

① Koppen en tussenkoppen maken de tekst overzichtelijk.
② Afbeeldingen prikkelen de lezer.
③ Klanten zien direct welke tarieven er gelden.

3F Schrijven

OPDRACHT 1

Herschrijf de tekst voor een brochure.

Je wilt je vriend(in) een ballonvaart cadeau doen en je hebt bij een paar bedrijven brochures aangevraagd. Op de achterkant van de brochure hieronder lees je hoe je een ticket kunt bestellen. Omdat er veel tekst is, is het lastig om snel de informatie te vinden die je zoekt

1. Lees de tekst. Je wilt alleen weten hoe je een ticket bestelt, wat een ticket kost en hoelang een ticket geldig is. Onderstreep de antwoorden.

2. Herschrijf de tekst. Gebruik de tips uit de uitleg.

_____
_____
_____
_____
_____
_____

TEKST 1

Een ticket bestellen voor een ballonvaart

Wilt u graag uw ticket dezelfde dag nog in huis hebben, dan kunt u een E-ticket bestellen via onze website www.leosballonvaarten.nl. U kunt dan meteen uw E-ticket via Ideal betalen en thuis printen, dus dat is supergemakkelijk. Als u uw ticket hebt geprint, dan leest u rechts onderaan een unieke barcode. Deze barcode is tevens uw instapbewijs.

U kunt ons ook een mailtje sturen. Vermeld dan wel al uw gegevens, dus niks vergeten. Mail uw gegevens naar info@leosballonvaarten.nl. U ontvangt uw ticket(s) zo spoedig mogelijk samen met bijbehorende bevestiging en factuur op het opgegeven adres. Mocht het om een verrassing gaan, meld dat dan, dan versturen wij de tickets in een blanco envelop. Kleine moeite!!! Of bestel telefonisch, dan kan natuurlijk ook altijd: 06-123 45 68.

Bestelde tickets zijn overdraagbaar en één jaar geldig, dus mocht het tegenvallen met de wind of met het weer, geen enkel probleem, een paar weken later kan ook.

Prijzen vindt u op de bijgevoegde prijzenlijst en natuurlijk ook op onze website:
www.leosballonvaarten.nl

Leo's Ballonvaarten
Ruiterweg 46, 7984 Dwingeloo
www.leosballonvaarten.nl
06-123 45 6877

Liever de lucht in met Leo!

www.leosballonvaarten.nl

2.3 Brochure

OPDRACHT 2 **Bedenk een tekst voor een brochure.**

De brochure van jouw opleiding is verouderd. De directie vraagt jouw klas mee te denken over een tekst voor een brochure die jongeren van nu aanspreekt.

1. Werk samen met twee of drie medestudenten. Een van jullie maakt aantekeningen. Overleg welke informatie er in elk geval in de brochure moet. Gebruik daarbij de vijf tips uit de uitleg. Gebruik eventueel een huidige brochure als uitgangspunt. Wat zou je daaraan willen veranderen? Wat mist er? Hoe maak je de brochure aantrekkelijk voor leeftijdgenoten?

2. Breng kort verslag uit van het overleg. De docent noteert jullie conclusies op het bord. Probeer het met elkaar eens te worden over de informatie die wel en niet in de brochure moet.

EXAMENOPDRACHT 3F 1E

Schrijf een tekst voor een brochure.

Je hebt een eigen bedrijf of je werkt bij een organisatie. Voorbeelden: cateringbedrijf, schoonheidssalon, stukadoorsbedrijf, tuincentrum, zorginstelling of webdesignbedrijf. Je maakt een brochure voor jouw bedrijf of organisatie. Je hebt al mooi fotomateriaal en de vormgeving wordt door een professioneel bedrijf verzorgd. Aan jou de taak om de tekst te leveren.

1. Kies een bedrijf of organisatie in jouw sector waarvoor jij graag zou willen werken.

2. Bedenk welke informatie er in de brochure van jouw bedrijf of organisatie moet. Waar moet welke informatie staan? Maak aantekeningen.

3. Schrijf op de computer de tekst voor jouw brochure. De tekst moet passen op vier pagina's in A5-formaat (= 2 pagina's op één A4): voor- en achterkant van de brochure en twee pagina's binnenin. Verdeel de informatie over de pagina's.
   Naam: *2-3-ex v1 Brochure*.

4. Werk samen met een medestudent. Controleer elkaars tekst met behulp van het beoordelingsformulier op bladzijde 271. Let bij deze opdracht vooral hierop:
   - Is de informatie duidelijk, actueel en compact?
   - Is de tekst overzichtelijk en goed verdeeld over de vier pagina's?
   - Is de tekst klantgericht en overtuigend?

5. Bespreek het beoordelingsformulier en verbeter je tekst op basis van de feedback. (v2).

Extra: een opdracht om meer te oefenen.

2.4 VERSLAG EN NOTULEN

DOEL Je schrijft een verslag en notulen.

UITLEG In een **verslag** beschrijf je nauwkeurig wat je gezien, gedaan of besproken hebt, bijvoorbeeld tijdens een sportwedstrijd, een stage, in een gesprek of tijdens je werk. Je geeft alle benodigde informatie en je formuleert duidelijk en correct, want je verslag moet achteraf goed te begrijpen zijn, ook voor anderen.

In een **stageverslag** geef je ook antwoord op vragen als 'Hoe is de stage verlopen?' en 'Wat heb ik geleerd?'

Een **gespreksverslag** eindigt meestal met gemaakte afspraken. In een **werkverslag** (**overdracht**) noem je vaak punten die van belang zijn voor de collega die het werk van je overneemt.

Het verslag van een vergadering noem je de **notulen**. De persoon die het verslag schrijft heet de notulist. Tijdens de vergadering maakt de notulist aantekeningen, die hij later uitwerkt tot een complete tekst en naar de deelnemers stuurt.

Notulen bevatten meestal deze onderdelen:
- soort vergadering (bijvoorbeeld: directie-overleg of personeelsvergadering)
- datum
- namen van de aanwezigen (en van de *af*wezigen die ook waren uitgenodigd)
- agenda
- samenvatting van wat per agendapunt besproken is
- afspraken
- eventueel: datum van de volgende bijeenkomst

In plaats van notulen wordt ook wel alleen een **besluitenlijst** rondgestuurd.

VOORBEELD

① **Notulen vergadering winkeliersvereniging 't Hoogstraatje**
12-11-2016: 20.00 – 21.30

Aanwezig: Ella Molenbeek, Shukri Pura, Tom Smit, Cora Zaal
② Afwezig m.k.: Bartold Winter
Afwezig z.k.: Ava de Wild

Agenda
1 Opening van de vergadering
2 Bespreken notulen vergadering 15-07-2016
3 Koopavonden in december
4 Advertentiebeleid feestdagen
5 Overleg gemeente over feestverlichting
6 w.v.t.t.k.

Samenvatting per agendapunt
③ 1 Naar aanleiding van de notulen merkt Shukri op dat de zomerbraderie een groot succes was. Volgend jaar wil de Markstraat ook meedoen. Daarom ...

① Het is duidelijk over welke vergadering deze notulen gaan.
② De notulist vermeldt behalve de aanwezigen ook de afwezigen.
③ Aan de hand van de agendapunten lees je wat er is gezegd.

2.4 Verslag en notulen

OPDRACHT 1

Herschrijf een deel van een verslag.

In de tekst hieronder beschrijft Peter wat hij tijdens de eerste week van zijn stage op een administratiekantoor gedaan heeft. De tekst bevat veel onnodige informatie en taalfouten, waaronder te lange zinnen, te weinig interpunctie en foutieve verwijzingen. Herschrijf de tekst hieronder in maximaal 100 woorden. Dat is de helft van het aantal woorden dat Peter heeft gebruikt. Je hoeft alleen te beschrijven wat Peter heeft gedaan, want de reflectie op de werkzaamheden (Peters mening over zijn ervaringen) hoort in een ander deel van het stageverslag.

Werkzaamheden tijdens mijn eerste stageweek

Mijn werkzaamheden in de eerste week waren over algemeen wel makkelijke klusjes, zoals brieven vouwen en in enveloppen doen en daarna aan het eind wanneer iedereen alle brieven had uitgeprint kon ik ze gaan frankeren. Zulk soort dingen had ik al wel vaker gedaan, dus dat leverde weinig problemen op. Eitje, eigenlijk. Ik heb ook archiveer werk gedaan zoals formulieren zoeken op nummer en in de dossier stoppen, je moest het wel goed in de map doen op klantnummer want anders konden ze het niet meer terugvinden als ze het weer nodig hadden. Dit was wel lastig werk, je moet je kop er goed bijhouden, een fout is zó gemaakt.

Ze hebben mijn ook in de computer programma's uitgelegd hoe ze werkten en kon zo boekhouden doen en in programma's brieven invoeren en weer een andere brief sturen bijvoorbeeld naar de opdrachtgever en heb ook nog andere werkzaamheden verricht in Excel en Word. Ik vond de eerste week wel lastig omdat je lange uren maakt en dat ben ik niet gewend, dus minder vrije tijd voor jezelf en ga je het weekend meer waarderen. In het weekend kon ik wel lekker bijkomen. En begon weer vrolijk aan de tweede week.

3F Schrijven

OPDRACHT 2 🔊

Schrijf notulen.
Je zit in het bestuur van Voetbalvereniging De Spits, of kortweg VVDS. Vanavond hebben jullie een vergadering. Jij notuleert.

1 Bekijk de agenda van de bestuursvergadering.

2 Luister naar fragment 1. Je hoort hoe de eerste drie punten van de vergadering worden besproken. Maak hieronder aantekeningen.

Agenda bestuursvergadering V.V. De Spits – 18 februari 2017: 20.00 - 21.30
1 Opening van de vergadering
2 Bespreken notulen vergadering 07-01-2017
3 Financiële situatie
4 Training dameselftal
5 Jeugdcompetitie 2017
6 w.v.t.t.k.

---

 3 Werk de notulen tot en met agendapunt 3 uit op de computer. Naam: *2-4-2 v1 Notulen*.

 4 Werk samen met een medestudent. Controleer elkaars notulen met behulp van het beoordelingsformulier op bladzijde 271. Let bij deze opdracht vooral hierop:
• Bevatten de notulen de benodigde onderdelen (zie uitleg)?
• Zijn de notulen duidelijk en correct geformuleerd?

5 Bespreek het beoordelingsformulier en verbeter je notulen op basis van de feedback (v2).

2.4 Verslag en notulen

EXAMENOPDRACHT 3F 1E

Maak een gespreksverslag.

Elize Thompson is manager bij een schoonmaakbedrijf. Een notariskantoor wil haar bedrijf met ingang van volgende maand inhuren. De notaris, mr. Winette Van Velzen, voert in haar kantoor een gesprek met Elize, waarin ze uitlegt wat ze van het schoonmaakbedrijf verwacht. Elize gaat na het gesprek een verslag schrijven voor haar collega die de offertes voor het schoonmaakwerk opstelt.

1 Luister naar fragment 2 en maak aantekeningen. Noteer de taken die besproken worden.

Aantekeningen overleg notariskantoor

2 Maak nu op de computer een verslag van het gesprek. Noem dit bestand *2-4-ex v1 Gespreksverslag*.

3 Maak aan het eind van het verslag een apart lijstje van de afspraken die gemaakt zijn over de offerte, dus alle aandachtspunten voor de collega kort op een rij.

4 Werk samen met een medestudent. Controleer elkaars gespreksverslag en afsprakenlijst met behulp van het beoordelingsformulier op bladzijde 270. Let bij deze opdracht vooral hierop:
   • Bevat de tekst alle informatie die nodig is om de offerte te maken?
   • Bevat de tekst geen *on*nodige informatie?
   • Is de tekst goed te begrijpen en correct geformuleerd?
   • Bevat de lijst alle gemaakte afspraken over de offerte?

5 Bespreek het beoordelingsformulier en verbeter je tekst op basis van de feedback (v2).

Extra: een opdracht om meer te oefenen.

2.5 INFORMATIEF ARTIKEL

DOEL Je schrijft een informatief artikel.

UITLEG In een **informatief artikel** geef je achtergrondinformatie over een bepaald onderwerp. De tekst bevat alleen feiten, geen meningen. Zorg ervoor dat je lezer kan controleren waar de informatie vandaan komt.

Informatieve artikelen kun je volgens verschillende **tekststructuren** opbouwen. Geschikte tekststructuren voor een informatief artikel zijn:
- vraag-antwoordstructuur: je stelt een vraag en geeft antwoorden
- aspectenstructuur: je bespreekt verschillende kanten van het onderwerp
- probleem-oplossingsstructuur: je signaleert een probleem en gaat in op gevolgen, oorzaken en oplossingen van dit probleem

Maak voor een langer artikel altijd een schrijfplan (zie paragraaf 2.1).
In Bijlage 2 op bladzijde 267 vind je een overzicht van tekststructuren.

Gebruik **signaalwoorden** voor een duidelijke structuur. In artikelen kun je bijvoorbeeld de volgende verbanden en signaalwoorden gebruiken:
- opsomming: ten eerste, ten tweede, ook, verder, daarnaast, bovendien
- tijd: eerst, toen, daarna, vervolgens, ten slotte, voordat, nadat
- toelichting: bijvoorbeeld, zoals
- voorwaarde: als, wanneer, tenzij, mits
- vergelijking: als, zoals, even ... als, ... dan

In Bijlage 1 op bladzijde 266 vind je een overzicht van tekstverbanden en signaalwoorden.

VOORBEELD ① **Dubbele espresso stelt de slaap 40 minuten uit**

② Als je drie uur voor je naar bed gaat een dubbele espresso drinkt, dan wordt je biologische klok 40 minuten stilgezet. Het slaapgevoel komt <u>later dan</u> normaal. Het koffie-effect is <u>half zo groot als</u> dat van drie uur in helder wit licht zitten.

③ De licht- en koffiegegevens komen van slaaponderzoekers van de universiteit van Colorado in Boulder. Ze publiceerden hun resultaten vorige week in *Science Translational Medicine*. Het cafeïneshot (200 milligram voor iemand van 70 kilo) dat de klok 40 minuten stilzet, werd bij gedimd licht toegediend. Wie cafeïne én daarnaast een drie uur durende lichtdosis nam, haalde zelfs 105 minuten slaapuitstel.

Van alleen wit licht ging de biologische klok ruim 80 minuten achterlopen. Daarbij werd wel een enorm sterke lamp gebruikt: 3000 lux. Dat is veel lichter dan normale binnenverlichting, en meer vergelijkbaar met daglicht op een bewolkte dag.

Het onderzoek waar deze praktische gegevens uitkomen, was opgezet om ...

Naar: www.nrc.nl/next, op 21-09-2015

① Dit informatieve artikel (fragment) bevat alleen feiten, geen meningen.
② Aan de signaalwoorden zie je dat er iets vergeleken wordt.
③ De feiten zijn controleerbaar, want de bron is vermeld.

2.5 Informatief artikel

OPDRACHT 1

Schrijf alinea's van een artikel.

1 Welke structuur heeft tekst 1?
- ☐ A vraag-antwoordstructuur
- ☐ B aspectenstructuur
- ☐ C probleem-oplossingsstructuur

2 Zoek op internet informatie om alinea 4 en 5 onder het tussenkopje 'Hoe voorkomen we gehoorschade in de toekomst?' te schrijven. Noteer direct je bron(nen).

3 Open een Worddocument en noem het *2-5-1 v1 Alinea informatief artikel*. Schrijf alinea 4 en 5. Gebruik per alinea minstens zes zinnen. Gebruik waar mogelijk signaalwoorden om het verband tussen je alinea's en tussen je zinnen duidelijk te maken.
Noteer de gebruikte bron(nen) op de juiste manier onder je tekst.

TEKST 1

Gehoorschade bij jongeren

Een kwart van de Nederlandse jongeren tussen de 12 en 25 jaar heeft waarschijnlijk gehoorschade. Dat concluderen onderzoekers van het Academisch Medisch Centrum Amsterdam (AMC) op basis van de resultaten van de online zelftesten Oorcheck en Hoorscan.

Tussen 2010 en 2014 deden meer dan 300 000 mensen zo'n online hoortest. Het goede nieuws is dat het aantal jongeren met een slechte testscore de afgelopen jaren niet is gestegen. Het slechte nieuws is dat het probleem blijft bestaan; het gaat nog altijd om een grote groep. Naast slechthorendheid en overgevoeligheid voor geluid kan deze laatste groep last krijgen van *tinnitus*: piepende en fluitende tonen in het oor. Gehoorschade is vaak niet meer terug te draaien.

Harde muziek

Grote boosdoeners zijn harde muziek, luisteren via je koptelefoon óf tijdens het uitgaan. Een mp3-speler op maximaal niveau kan een geluid produceren van 105 decibel. Ook het geluid in clubs en kroegen is vaak te hard (104 tot 112 decibel). Volgens de richtlijnen van de Wereldgezondheidsorganisatie (WHO) zou je niet langer dan vier minuten per dag naar zulk hard geluid moeten luisteren.

Hoe voorkomen we gehoorschade in de toekomst?

alinea 4

alinea 5

Bronnen
Internet
- *Hoortest*, geraadpleegd op 19 februari 2016 via http://www.oorcheck.nl/test-jezelf/hoortest/
- *Een op de vier Nederlandse jongeren gehoorschade*, geraadpleegd op 19 februari 2016 via http://www.hoorstichting.nl

EXAMENOPDRACHT 3F IE

Schrijf een informatief artikel.

1. Kies een van de drie onderwerpen hieronder. Je kunt ook een ander onderwerp kiezen, bijvoorbeeld iets uit je eigen sector waarover veel te vertellen is. Overleg in dat geval met de docent. Welk onderwerp je ook kiest, ga er bij het schrijven vanuit dat je lezers weinig tot niets over het onderwerp weten. Je moet dus zo volledig mogelijk zijn in de informatie die je geeft.

   Onderwerpen

   A *Op vakantie in mijn regio*
   Wat kunnen jongeren doen die een weekje op vakantie zijn in jouw regio? Denk aan bezienswaardigheden, musea, evenementen, overnachtingsmogelijkheden, leuke straten, enzovoort. (vraag-antwoordstructuur)

   B *Piercings en tatoeages*
   Geef alle informatie die iemand nodig heeft die erover denkt om een piercing of tatoeage te nemen. Ga in op alle belangrijke aspecten en bespreek vragen als: wat houdt het in, hoe laat je het doen, wat zijn de kosten, de voor- en nadelen en wat zegt de wet over piercings en tatoeages bij jongeren? (aspectenstructuur)

   C *Jeugdwerkloosheid*
   De jeugdwerkloosheid daalt, maar is nog steeds hoog. Welke oorzaken en gevolgen heeft dit probleem? Welke oplossingen ziet de overheid voor dit probleem? (probleem-oplossingsstructuur)

2. Zoek en lees op internet teksten over jouw onderwerp en maak aantekeningen. Noteer direct je bronnen.

3. Maak een schrijfplan voor een informatief artikel over jouw onderwerp. In paragraaf 2.1 staat uitgelegd hoe je een schrijfplan maakt.

4. Schrijf op de computer een informatief artikel van 400 tot 600 woorden over jouw onderwerp.
   Naam: *2-5-ex v1 Informatief artikel*.

5. Werk samen met een medestudent. Controleer elkaars artikel met behulp van het beoordelingsformulier op bladzijde 271. Let bij deze opdracht vooral hierop:
   - Is het artikel informatief (dus niet overtuigend)?
   - Heeft het artikel een duidelijke opbouw (inleiding-middenstuk met alinea's-slot)?
   - Heeft het artikel een herkenbare structuur?
   - Zijn de bronnen vermeld?

6. Bespreek het beoordelingsformulier en verbeter je artikel op basis van de feedback (v2).

Extra: een opdracht om meer te oefenen.

2.6 BETOOG

DOEL Je schrijft een betoog.

UITLEG

Met een **betoog** wil je de lezer overtuigen van jouw standpunt. Maak, voor je een betoog gaat schrijven, altijd een schrijfplan (zie paragraaf 2.1):
- in de inleiding introduceer je het onderwerp en geef je je mening in de vorm van een **standpunt**.
- in het middenstuk onderbouw je je mening met **argumenten**. Deze argumenten ondersteun je vervolgens met uitleg of voorbeelden.
Je betoog wordt sterker als je ook een of meer **tegenargumenten weerlegt**.
- in het slot vat je de belangrijkste argumenten kort samen en herhaal je (in iets andere woorden) je standpunt.

Geschikte tekststructuren voor een betoog zijn:
- argumentatiestructuur: je onderbouwt je mening met sterke argumenten en weerlegt tegenargumenten
- voor- en nadelenstructuur: je onderbouwt je mening met voordelen en weerlegt nadelen

Gebruik signaalwoorden voor een duidelijke structuur. In een betoog kun je bijvoorbeeld de volgende verbanden en signaalwoorden gebruiken:
- reden of argument: daarom, omdat, want, derhalve, immers, dat blijkt uit, namelijk.
- oorzaak – gevolg: doordat, daardoor, als gevolg van, het komt door, waardoor, zodat.
- tegenstelling: maar, toch, echter, daarentegen, enerzijds ... anderzijds.
- samenvatting: kortom, al met al, met andere woorden.
- conclusie: dus, concluderend, samengevat.

In Bijlage 1, 2 en 3 op bladzijde 266-268 vind je meer informatie over tekstverbanden, signaalwoorden, tekststructuren en argumenteren.

VOORBEELD

Gewelddadige computergames niet verbieden

(1) **Veel mensen beweren dat gewelddadige computerspelletjes jongeren aanzetten tot geweld. Ze vinden dat zulke games verboden moeten worden. Zelf heb ik jarenlang intensief gegamed en ik weet zeker dat je van gewelddadige spelletjes totaal niet agressief wordt. Mijn standpunt is dan ook dat je deze spelletjes niet moet verbieden. In dit betoog leg ik uit waarom een aantal veelgehoorde argumenten van tegenstanders niet kloppen.**

Uit onderzoek blijkt dat Amerikaanse scholieren die betrokken waren bij de gewelddadige schietincidenten van de laatste jaren, vaak ook **(2)** gewelddadige games speelden. Daarbij wordt niet vermeld dat bijna alle Amerikaanse jongens en bijna de helft van alle Amerikaanse meisjes ook gewelddadige games spelen. Je mag ervan uitgaan dat de meesten van hen er absoluut niet over denken om zwaaiend met een pistool een school binnen te lopen.
Uit ander onderzoek blijkt dat de belangrijkste factoren bij dit soort schietpartijen de mentale gesteldheid van de dader en zijn gezinssituatie zijn. Zou het niet beter zijn om de *echte* oorzaken aan te pakken dan om games te verbieden?

(3) Ten tweede ...

(1) In de inleiding lees je het onderwerp en het standpunt.
(2) Tegenargument
(3) 'Ten tweede' maakt duidelijk dat de schrijver ingaat op een tweede argument.

3F Schrijven

OPDRACHT 1

Formuleer een standpunt met argumenten.

1. Lees de twee inleidingen op de betogen hieronder. Kies het onderwerp dat jou het meest interesseert en bepaal jouw standpunt.

2. Formuleer jouw standpunt in de laatste zin van de door jou gekozen inleiding.

3. Bedenk twee argumenten en schrijf ze onder je inleiding met een uitleg of voorbeeld.

Mag botox?
Sommige mensen vinden het de normaalste zaak van de wereld, maar anderen moeten er niets van hebben: cosmetische chirurgie. Een spuitje botox in je lippen en je hebt net zo'n mond als Angelina Jolie. Ontevreden over je borsten? Laat ze vergroten of juist verkleinen. Moet kunnen, toch? Of niet? Mijn mening is dat _____

Ten eerste _____

Ten tweede _____

Hogere ziektekostenpremies voor mensen die ongezond leven.
In Nederland is iedereen verplicht verzekerd tegen ziektekosten. We betalen allemaal iedere maand veel geld aan de verzekeringsmaatschappijen. Die doen dat in een soort pot en uit die pot betalen ze de kosten van de mensen die ziek worden. Mensen die gezond leven, betalen net zo veel als mensen die ongezond leven. De laatste groep zal echter vaker aanspraak maken op het geld in de pot. Zouden de ongezond levende mensen dus ook niet meer premie moeten betalen? Ik vind _____

Om te beginnen _____

Daarnaast _____

2.6 Betoog

OPDRACHT 2

Maak een schrijfplan voor een betoog.

Het is in Nederland nog niet verboden om op de fiets te telefoneren en naar muziek te luisteren. Dat kan leiden tot gevaarlijke situaties in het verkeer. Wat vind jij? Moet er een verbod komen op bellen en muziek luisteren tijdens het fietsen? Of vind je dat de wet moet blijven zoals hij nu is? Welke argumenten heb je voor jouw mening?

Hieronder staat een schrijfplan over mobiel bellen en muziek luisteren op de fiets. Noteer in het schrijfplan bij de inleiding jouw standpunt en bij het middenstuk, alinea 2–4, een korte uitwerking van de inhoud in steekwoorden.

onderdeel	tekstdeel	deelonderwerp + uitwerking in steekwoorden
inleiding	1	*introductie onderwerp* Mijn standpunt:
midden-stuk	2	*argument 1 + uitleg en/of voorbeeld*
	3	*argument 2 + uitleg en/of voorbeeld*
	4	*tegenargument + weerlegging*
slot	5	*korte samenvatting en herhaling standpunt*

3F Schrijven

EXAMENOPDRACHT 3F IE

Schrijf een betoog.

Elk jaar worden in Nederland zo'n 65 000 huwelijken gesloten. Er zijn aanwijzingen dat al ruim vóór de tijd van de Grieken en de Romeinen mensen elkaar beloofden hun hele leven bij elkaar te blijven en voor elkaar te zorgen. Vroeger was dat misschien handig, maar dit is een andere tijd. Of zijn er ook nu goede redenen of voordelen te bedenken dat je met iemand trouwt?

Reageer op de stelling: *Het huwelijk is achterhaald.*

1 Formuleer jouw standpunt en zet argumenten vóór én tegen je standpunt op een rijtje. Bedenk hoe je de tegenargumenten kunt weerleggen.

2 Maak een schrijfplan.

3 Schrijf op de computer een betoog van minimaal 500 woorden over de stelling: het huwelijk is achterhaald. Naam: *2-6-ex v1 Betoog*.

4 Werk samen met een medestudent. Controleer elkaars betoog met behulp van het beoordelingsformulier op bladzijde 271. Let bij deze opdracht vooral hierop:
   - Is het standpunt duidelijk?
   - Zijn de argumenten goed doordacht?
   - Is er bij elk argument een duidelijke uitleg of een goed voorbeeld?
   - Is er ten minste één tegenargument en is de weerlegging duidelijk?

5 Bespreek het beoordelingsformulier en verbeter je betoog op basis van de feedback (v2).

Naar: www.kakhiel.nl

Extra: een opdracht om meer te oefenen.

2.7 BESCHOUWING

DOEL Je schrijft een beschouwing.

UITLEG In een betoog wil je de lezers overtuigen van je standpunt. In een **beschouwing** geef je daarentegen de lezers de mogelijkheid om tot een eigen standpunt te komen. Je geeft zowel informatie als verschillende meningen en probeert je lezer zo zelf over iets te laten nadenken.

Geschikte tekststructuren voor een beschouwing zijn:
- probleem-oplossingsstructuur: noem het probleem en geef de gevolgen en/of oorzaken en oplossingen
- voor- en nadelenstructuur: geef een overzicht van de belangrijkste voor- en nadelen
- verklaringsstructuur: noem het verschijnsel en geef kenmerken, voorbeelden en/of oorzaken en gevolgen

Maak, voor je een beschouwing gaat schrijven, altijd eerst een schrijfplan (zie paragraaf 2.1).

Net als in het informatieve artikel en het betoog laat je in de beschouwing de verbanden tussen zinnen en alinea's zien met signaalwoorden en vermeld je duidelijk waar je de informatie vandaan hebt.

In Bijlage 1 en 2 op bladzijde 266 – 267 vind je meer informatie over tekstverbanden, signaalwoorden en tekststructuren.

VOORBEELD

① Zomertijd

Komende nacht is het weer zover: de klok gaat een uur vooruit, waardoor iedereen de komende zomermaanden weer langer kan ② genieten van het daglicht. De zomertijd werd in 1977 ingevoerd, niet omdat het gewoon fijn is om langer daglicht te hebben, maar vooral omdat het energie en geld zou schelen. Maar niet iedereen is blij met het ingaan van de zomertijd. Horecaondernemers in Zandvoort ③ en Haarlem bijvoorbeeld zijn het niet eens met het verzetten van de klok en ze hopen dat ze het dit jaar mogen negeren. Daarnaast zijn er mensen die vinden dat onze biologische klok onnodig in de war wordt gemaakt.

① Het onderwerp is meteen duidelijk.
② De tekst bevat veel informatie: de datum en redenen van de invoering van de zomertijd.
③ De beschouwing behandelt het onderwerp objectief. Er worden voordelen genoemd, maar de meningen van mensen die er anders tegenaan kijken, worden óók genoemd.

3F Schrijven

EXAMENOPDRACHT 3F IE

Schrijf een beschouwing.
In de ouderen- en de thuiszorg wordt steeds vaker zorg op afstand geleverd, bijvoorbeeld via een skypeverbinding tussen zorgaanbieders en zorgafnemers. Zorg op afstand heeft verschillende voor- en nadelen. De meningen over het aanbieden van zorg op deze manier lopen sterk uiteen.

1. Zoek en lees op internet teksten over zorg op afstand. Noteer direct de bronnen.

2. Maak een schrijfplan voor een beschouwing over dit onderwerp. Hieronder vind je een voorbeeld van een schrijfplan met een voor- en nadelenstructuur.

3. Schrijf op de computer een beschouwing van minimaal 500 woorden over zorg op afstand. Bespreek minimaal drie belangrijke voordelen en drie belangrijke nadelen van zorg op afstand en geef duidelijke voorbeelden.
   Naam: *2-7-ex v1 Beschouwing*.

4. Werk samen met een medestudent. Controleer elkaars beschouwing met behulp van het beoordelingsformulier op bladzijde 271. Let bij deze opdracht vooral hierop:
   - Worden er voor- en nadelen besproken zonder dat de auteur de lezer ergens van probeert te overtuigen?
   - Zet de tekst de lezer aan het denken?
   - Geeft de tekst de lezer voldoende informatie om tot een eigen standpunt te komen?
   - Is duidelijk waar de informatie vandaan komt?

5. Bespreek het beoordelingsformulier en verbeter je beschouwing op basis van de feedback (v2).

Voorbeeld van een schrijfplan met een voor- en nadelenstructuur voor een beschouwend artikel over social media voor bedrijven

onderdeel	tekstdeel	deelonderwerp + uitwerking in steekwoorden
inleiding	1	onderwerp: wat zijn de voor- en nadelen van *social media* voor bedrijven?
middenstuk	2	voordeel: eenvoudig in gebruik • meestal gratis • meerdere accounts • geen beperking omvang/hoeveelheid
	3	voordeel: groot bereik • meeste mensen zitten al op *social media* • vergroot naamsbekendheid • sneeuwbaleffect: mensen delen berichten • beter bereikbaar
	4	nadeel: klachten en vragen • extra belasting helpdesk • kans op negatieve reacties • openbare discussies
	5	nadeel: tijdrovend • opzet en onderhoud • regelmatig blogs/berichten schrijven
slot	6	Belangrijk om goed na te denken voordat je als bedrijf begint met *social media*. Afhankelijk van je doel. Wel doen? Lange adem, *social* media-beleid, goede afspraken.

Extra: een opdracht om meer te oefenen.

2.8 RAPPORT

DOEL Je schrijft een rapport.

UITLEG In een **rapport** beschrijf je iets wat je hebt onderzocht. Je geeft oplossingen voor een probleem of antwoord op een vraag. Een rapport besluit met een conclusie waarin je een oplossing beschrijft, aanbevelingen doet of voor- en nadelen op een rij zet. In een rapport beschrijf je bijvoorbeeld hoe je de kwaliteit van de klantenservice kunt verbeteren, of hoe je beter reclame kunt maken voor een product.

Door een verzorgde lay-out en door het opnemen van illustraties zoals foto's, tabellen, diagrammen en grafieken, maak je de tekst toegankelijk voor de lezer.

Rapporten hebben vaak de volgende onderdelen:
1 Omslag
2 Titelblad
3 Samenvatting (korte weergave van inleiding en conclusie)
4 Inhoudsopgave
5 Inleiding
6 Middenstuk (hoofdstukken)
7 Conclusie
8 Bijlagen
9 Bronvermelding

VOORBEELD

Inleiding

① *De afgelopen maanden hebben wij een onderzoek gedaan naar het voedingsaanbod binnen ons roc. Daarbij hebben we vooral gekeken naar de verhouding tussen gezonde en ongezonde producten die worden aangeboden in de kantines van de verschillende afdelingen.*

② *Om hierover informatie te verzamelen hebben we een digitale enquête opgesteld die we hebben toegezonden aan de facility managers van de diverse afdelingen, met het verzoek om de enquête in te vullen.*
De enquête bestond uit vijftien vragen over beleid en praktijk van het voedingsaanbod op de afdeling. In totaal hebben twaalf facilty managers de enquête ingevuld.

③ *In hoofdstuk 1 gaan we in op de beleidsmatige aandacht die er op de afdelingen is voor het voedingsaanbod.*
Hoofdstuk 2 geeft een beeld van het voedingsaanbod. Ook vergelijken we de afdelingen onderling.
In hoofdstuk 3 ...

① Het onderwerp van dit rapport is het voedingsaanbod binnen een roc.
② De informatie is verzameld met behulp van een enquête.
③ De deelonderwerpen worden per hoofdstuk opgenoemd.

3F Schrijven

OPDRACHT 1

Schrijf een tekst voor een rapport.

Je bent bedrijfsleider in een kleine supermarkt die onderdeel is van een keten. Sinds drie maanden verkopen jullie bloemen als extra service aan de klanten. Verkoopmedewerkers hebben gedurende die tijd op een lijst bijgehouden hoe de verkoop per soort verliep. Deze gegevens verwerk je in een rapport om te bespreken met je leidinggevenden. Binnenkort evalueren jullie namelijk in een overleg de verkoopresultaten van jouw bedrijf. Je weet al dat de bedrijfsleiding het aanbod wil terugbrengen naar vier soorten bloemen in plaats van zes.

Bekijk de afbeelding. Beschrijf op de computer aan de hand van het cirkeldiagram:
- de verkoop van bloemen gedurende de afgelopen drie maanden
- de conclusies die je uit de gegevens in het cirkeldiagram kunt trekken
- de aanbevelingen die jij hebt voor jouw leidinggevenden wat betreft de verkoop van rozen.

Naam: *2-8-1 v1 Rapport*.

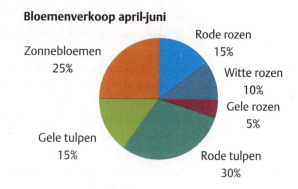

EXAMENOPDRACHT 3F IE

Schrijf twee korte hoofdstukken voor een jaarrapport.

Je werkt op de computerafdeling van een filiaal van een winkelketen in consumentenelektronica. Daar geef je leiding aan drie verkopers: Bart, Lars en Tom. In jouw jaarrapport kijk je terug op de verkoopprestaties van jouw verkopers. Je weet dat je vanwege een terugloop in de verkoopcijfers komend jaar terug moet van drie naar twee verkopers op jouw afdeling.

1 Bekijk de afbeelding. Schrijf op de computer aan de hand van het staafdiagram:
   - een kort hoofdstuk uit het middenstuk waarin je de de verkoopprestaties per verkoper gedurende de vier kwartalen van het afgelopen jaar beschrijft
   - een kort slothoofdstuk met conclusies en aanbevelingen voor jouw leidinggevenden wat betreft het verlengen van de arbeidscontracten.

   Naam: *2-8-ex v1 Jaarrapport*.

2 Werk samen met een medestudent. Controleer elkaars tekst met behulp van het beoordelingsformulier op bladzijde 271. Let bij deze opdracht vooral hierop:
   - Is de informatie uit het staafdiagram duidelijk beschreven?
   - Zijn de conclusies en aanbevelingen duidelijk?

3 Bespreek het beoordelingsformulier en verbeter je tekst op basis van de feedback (v2).

Extra: een opdracht om meer te oefenen.

3 CORRESPONDEREN

3.1 INFORMEEL EN FORMEEL TAALGEBRUIK

DOEL Je kunt je taal afstemmen op je doel en je publiek.

UITLEG In een persoonlijke mail of brief vertel je vrienden of bekenden over je eigen ervaringen, meningen en gevoelens. Je gebruikt **informele taal**.
Als je tekst een zakelijk doel heeft, dan pas je de woordkeus en zinsbouw aan: je gebruikt **formele taal**. Dat doe je meestal ook in mails of brieven aan mensen die ouder of hoger geplaatst zijn dan jij, als teken van respect.
Formele taal is:
- zakelijk — De tekst bevat geen persoonlijk gekleurde opmerkingen.
- duidelijk — De tekst is goed te begrijpen.
- efficiënt — De tekst is kort en bondig.
- gericht — De tekst bevat geen overbodige informatie.
- beleefd — De tekst toont respect voor de lezer, vooral door de woordkeus.
- correct — De tekst bevat geen fouten in spelling, interpunctie of grammatica.

TIP Begin in een formele tekst je zinnen niet te vaak met 'ik'.

E-mail 1

VOORBEELD

(1) Hoi Marloes,

(2) Vet dat je dit weekend komt! Ik ben er zaterdagochtend niet, want ik moet werken, maar vanaf een uur of twee ben ik gewoon thuis. Gaan we dan lekker samen chillen, goed? Neem een mooie jurk mee, dan gaan we 's avonds de stad in!

Groetjes,
(3) Emma

E-mail 2

(1) Geachte mevrouw de Ruiter,

(2) Hartelijk bedankt dat u mij heeft uitgenodigd voor een evaluatiegesprek. Het lijkt mij erg leerzaam om mijn stage met u na te bespreken.
Helaas ben ik komende maandag verhinderd, omdat ik dan de hele dag les heb. Is het mogelijk om de afspraak een week te verschuiven? De maandag erop ben ik de hele dag beschikbaar.

Met vriendelijke groet,
(3) Emma de Vries

(1) De aanhef is in de eerste e-mail informeel ('Hoi') en in de tweede e-mail formeel ('Geachte').
(2) Emma past haar woordkeuze aan doel en publiek van haar mail aan.
(3) 'Groetjes' is een informele afsluiting. 'Met vriendelijke groet' is formeler. Emma zet onder een formele mail haar volledige naam.

3F Schrijven

OPDRACHT 1

Vul passende woorden in.

1. Samuel wil een dag vrij van school om bij het huwelijk van zijn broer te kunnen zijn. Hij schrijft een verzoek om toestemming aan de directeur. Vul onderstaande woorden in. Pas zo nodig de vorm aan of gebruik hoofdletters. Kies uit: *aanstaande – aanwezig – afwezigheid – akkoord gaan – bijwonen – geachte – gesteld – met vriendelijke groet – indien – op de hoogte stellen – voorbaat.*

_____ mevrouw Müller,

_____ vrijdag trouwt mijn enige broer. Omdat ik erg op

hem _____ ben, wil ik graag bij het

huwelijk _____ zijn. Daarom hoop ik dat u mij toestemming wilt

geven om de bruiloft _____ te _____.

_____ u _____, zal ik zelf mijn

docenten _____ van mijn _____.

Bij _____ vriendelijk dank voor uw reactie.

_____,

Samuel Touré

---

2. Esther beheert een bungalowpark. Voor de kerstdagen zijn er nog maar weinig reserveringen. Ze schrijft een tekst voor een flyer die ze de vaste klanten gaat toesturen. Vul onderstaande woorden in en pas zo nodig de vorm aan. Kies uit: *arrangement – bovendien – diverse – kerstdecoratie – reductie – samenstellen – spoedig – van harte – vriendelijke – voorgaande – voorzien van.*

Net als _____ jaren bent u weer _____

welkom voor weekje ontspanning in *Het Sparrenbos*. Dit jaar hebben we een speciaal

_____ voor u _____. Alle huisjes

zijn _____ een sfeervolle _____ en in de

koelkast staan _____ verrassingen op u te wachten!

_____ bieden wij snelle beslissers een _____

van 20% op de normale prijs. We hopen _____ van u te horen!

Met _____ groet,

Esther Vinkenbroek

3.1 Informeel en formeel taalgebruik

OPDRACHT 2

Herschrijf een zakelijke brief.

Peter de Groot heeft een goed lopende gereedschapswinkel. Behalve uit de stad komen er veel klanten uit de regio. Nu gaat de gemeente in zijn straat betaald parkeren invoeren. Peter is bang dat hem dit klanten gaat kosten. Hij heeft een oplossing bedacht en daarover een brief aan zijn klanten geschreven.

1 Lees de brief van Peter. Peters taalgebruik is niet formeel genoeg. Onderstreep of markeer woorden en zinnen die aangepast moeten worden.

2 Herschrijf de brief van Peter op de computer (naam: 3-1-2 v1 Brief de Groot). Gebruik bijvoorbeeld de volgende woorden.

als service aan – begrip hebben voor – contact opnemen met – een regeling invoeren – helaas – maatregel – om te voorkomen – onbevoegden

---

Aan de vaste klanten van *Groot in gereedschap*,

Het zat er al een tijdje aan te komen, en nou gaat het echt gebeuren: vanaf 1 januari is het betaald parkeren bij ons voor de deur. Ideetje van de gemeente.
Maar ik heb er iets op bedacht. Achter de winkel is een terrein dat bij de winkel hoort. Daar kunnen jullie vanaf 1 januari je auto onbetaald parkeren. Ik heb een slagboom geplaatst. Ik stuur een pasje mee met deze brief waarmee je de slagboom kunt openen. Ik heb er namelijk geen zin in dat niet-klanten daar parkeren. Verder kun je maximaal een half uur je auto laten staan, want het is ook niet de bedoeling dat mijn parkeerplaats wordt gebruikt door allerlei types die ergens anders gaan shoppen. Dus je inlog verloopt na 30 minuten. De slagboom blokkeert dan en je kunt dus niet meer uitrijden. Als dit gebeurt, neem ik je pas in. Ik hoop dat jullie dat snappen. Als je nog vragen hebt, kun je me bellen.

Groeten,
Peter de Groot

EXAMENOPDRACHT 3F 1E

Schrijf een formele bedankbrief.

Afgelopen jaar heb je stage gelopen bij bedrijf/instelling X. Je hebt tijdens je stage veel nieuwe dingen geleerd waarvan je zeker weet dat ze goed van pas gaan komen. Daarvoor wil je jouw begeleider nadrukkelijk bedanken.

1 Kies een bedrijf of instelling in jouw sector waar jij stage hebt gelopen of bedenk een stageplek.

2 Schrijf een bedankbrief aan jouw stagebegeleider. Naam: *3-1-ex v1 Bedankbrief*.

3 Werk samen met een medestudent. Controleer elkaars brief met behulp van het beoordelingsformulier op bladzijde 271. Let bij deze opdracht vooral hierop:
- Voldoet de tekst aan alle punten uit de uitleg?
- Is het taalgebruik formeel?
- Is de tekst goed te begrijpen en correct geformuleerd?

4 Bespreek het beoordelingsformulier en verbeter je brief op basis van de feedback (v2).

Extra: vier opdrachten om meer te oefenen.

3.2 ZAKELIJKE E-MAIL

DOEL Je schrijft een verzorgde e-mail.

UITLEG Veel contact voor werk en opleiding gaat per e-mail. Doordat je e-mails snel schrijft en verstuurt, ontstaan er gemakkelijk slordigheidsfouten.
Gebruik daarom altijd deze regels voor het schrijven van **zakelijke e-mails**.
- Geef je e-mail een duidelijk onderwerp.
- Kies een correcte aanhef: *Geacht(e) ...*, of *Beste ...*, Begin nooit met *Hallo*!
- Gebruik formele taal.
- Noem de bijlagen die je meestuurt in je tekst.
- Controleer of je een bijlage echt hebt toegevoegd voordat je de mail verzendt.
- Gebruik een correcte afsluiting, zoals: *Met vriendelijke groet,*

Verstuur zakelijke e-mails vanuit een account met een neutrale naam.
Via CC stuur je jouw mail ter informatie aan een derde persoon. Met BCC zorg je dat het adres van een ontvanger onzichtbaar is voor de andere ontvangers.

TIP Gebruik een synoniemenlijst op internet voor zakelijke, formele varianten van woorden.

VOORBEELD

Van	Amanda Spel
Aan	Raad van bestuur Zephir Shipyards BV
Bijlage	Agenda0504.pdf (26kB)
Onderwerp	Bestuursvergadering 5 april

①

Geacht bestuur,

② Hierbij nodig ik u uit voor de bestuursvergadering op 5 april aanstaande.
Het overleg duurt van 9.00 tot 11.45 uur en vindt plaats in de rode zaal.
Aansluitend kunt u de lunch gebruiken in de foyer.
③ In de bijlage vindt u de agenda.

Met vriendelijke groet,
Amanda Spel
Secretaresse Zephir Shipyards BV

① Het onderwerp is duidelijk.
② De woordkeuze en toon zijn formeel: 'u', 'plaatsvinden' en 'de lunch gebruiken'.
③ De bijlage wordt genoemd in de tekst.

3.2 Zakelijke e-mail

OPDRACHT 1 **Beantwoord de vragen en schrijf zinnen.**

Liam heeft een bouwbedrijf. Hij gaat een klant, mevrouw Van Leeuwen, een offerte voor een dakkapel sturen. Nu schrijft hij een begeleidende mail.

1 Welke aanhef zet Liam boven de mail? _____

2 Maak de zinnen in Liams mail af.

> Zoals afgesproken _____
>
> _____
>
> Als u akkoord gaat met de offerte, kunt u _____
>
> _____
>
> _____

3 Welke groet zet Liam onderaan de mail? _____

4 Omdat Liam een mail stuurt, heeft mevrouw Van Leeuwen automatisch Liams mailadres. Welke andere contactgegevens vermeldt Liam onderaan de mail?

_____

5 Welk onderwerp kan Liam het best boven de mail zetten? _____

OPDRACHT 2 **Verbeter een e-mail.**

Bianca schrijft een e-mail aan haar docent Nederlands.

1 Lees de e-mail van Bianca en onderstreep de woorden en zinnen die verbeterd moeten worden. Let ook op de toon (formeel/informeel) en interpunctiefouten.

 2 Herschrijf de e-mail op de computer. Voeg waar nodig woorden en leestekens toe.
Naam: *3-2-2 v1 Mail Bianca*

Van	Bianca Kamminga
Aan	dhr. Zomers
Bijlage	tekst flyer (huiswerk)
Onderwerp	Ziek

Hallo,

Ik ben ziek dus ik kom niet naar de les morgen Maar ik heb het huiswerk wel gemaakt. U heeft gezegd dat we dat morgen moeten inleveren. Ik weet niet wanneer ik beter ben het ken wel volgende week worden.

Bianca

3F Schrijven

EXAMENOPDRACHT 3F IE

Schrijf een zakelijke e-mail.
Je wilt heel graag een baan bij bedrijf/instelling X, maar je weet dat ze daar bijna nooit nieuw personeel nodig hebben. Op een dag zie je de advertentie hieronder. Dit is je kans!

1 Kies een bedrijf of instelling in jouw sector waar jij graag zou werken.

2 Schrijf een mail aan mevrouw Aldaioub. Naam: *3-2-ex v1 Mail Talent*.

Jong talent gezocht

Wegens uitbreiding van activiteiten zoekt (naam van 'jouw' bedrijf/instelling) jong talent. Om al het jonge talent uit de omgeving een eerlijke kans te bieden, organiseren wij op (datum over twee weken) een *meet and greet* met de 15 kandidaten die wij in eerste instantie het interessantst vinden.

Ben jij in ons geïnteresseerd en wil je in aanmerking komen voor onze *meet and greet*? Schrijf vóór (datum over één week) een mail aan m.aldaioub@x.nl: wie ben je, wat kun je en wat wil je? Stuur je cv mee als bijlage.

Als je geselecteerd bent, krijg je binnen 10 dagen een uitnodiging van ons.

3 Werk samen met een medestudent. Controleer elkaars e-mail met behulp van het beoordelingsformulier op bladzijde 271. Let bij deze opdracht vooral hierop:
- Is het taalgebruik formeel?
- Is de tekst goed te begrijpen en correct geformuleerd?
- Zijn de aanhef en afsluiting passend?
- Wordt de bijlage genoemd in de tekst?

4 Bespreek het beoordelingsformulier en verbeter je e-mail op basis van de feedback (v2).

Extra: twee opdrachten om meer te oefenen.

3.3 ZAKELIJKE BRIEF

DOEL Je schrijft een zakelijke brief.

UITLEG

Een **zakelijke brief** bestaat uit een inleiding, een middenstuk en een slot.
- In de inleiding staan de reden en het onderwerp van je brief.
- In het middenstuk geef je in twee of meer alinea's een uitleg.
- In het slot staat wat je van de lezer verwacht.

Gebruik voor een zakelijke brief bij voorkeur maximaal één A4. Met een korte en duidelijke brief komt je boodschap vaak beter over.

Over hoe je een zakelijke brief schrijft, bestaan afspraken: **briefconventies**. Volgens die afspraken bevat de zakelijke brief altijd een aantal vaste onderdelen. De volgorde van die onderdelen is niet altijd hetzelfde. Bedrijven gebruiken vaak voorgedrukt briefpapier waar de contactgegevens al op staan.

Een veelgebruikte indeling van een zakelijke brief:

1	Afzender	Begin met jouw eigen naam, adres en contactgegevens.
2	Plaats, datum	Schrijf na een komma de datum voluit: Utrecht, 3 mei 2017
3	Geadresseerde	Vermeld eerst het bedrijf/de instelling en daaronder de naam van de persoon aan wie je schrijft, na *T.a.v.* ('ter attentie van'). Daaronder zet je het adres.
4	Betreft:	Schrijf na de dubbele punt het onderwerp met kleine letter.
5	Aanhef	• Geachte heer, of Geachte mevrouw, als je geen naam kent. • Geachte mevrouw/meneer, als je ook niet weet of de lezer vrouw of man is. • Geachte dames en heren, als het om een groep gaat. • Geacht bestuur, Geachte directie, bij een bedrijf of instelling. • de naam: Geachte mevrouw De Wit,
6	Inleiding	Vertel de aanleiding en het onderwerp van je brief. Hoewel de aanhef eindigt met een komma, begint de eerste alinea met een hoofdletter. Begin je eerste zin niet met '*Ik* ...', maar bijvoorbeeld met: • Naar aanleiding van ons telefoongesprek … • Hierbij wil ik u hartelijk bedanken voor … • Op 6 maart jongstleden hadden wij een gesprek over …
7	Middenstuk	Werk in twee of meer alinea's het onderwerp van je brief uit. Begin een nieuwe alinea voor een nieuw deelonderwerp.
8	Slot	Beschrijf wat je verwacht van de geadresseerde. Voor de afronding worden vaak standaardzinnen gebruikt als: • Met belangstelling zie ik uw reactie tegemoet.
9	Afsluiting	Gebruik Met vriendelijke groet, of Hoogachtend,
10	Ondertekening	Zet je handtekening en schrijf je naam (en functie) daaronder.
11	Bijlage(n):	Vermeld de stukken die je meestuurt (nummer meerdere bijlagen).

In Bijlage 7 op bladzijde 272 vind je formats voor formele correspondentie.

VOORBEELD

(1) Ella Woudenberg
Fruitstraat 44
3000 AM Rotterdam
010-4752210
ellawoudenberg@pc.nl

(2) Rotterdam, 27 juli 2016

(3) Vacances en France
T.a.v. de heer Knol
Vanenburgallee 22
4335 DC Middelburg

(4) Betreft: klacht over vakantiehuis

(5) Geachte heer Knol,

(6) De afgelopen week heb ik samen met mijn vriend doorgebracht in een van uw vakantiehuisjes in de Auvergne. Dat is ons slecht bevallen. Toen ik *Vacances en France* belde om mijn beklag te doen, raadde uw medewerker mij aan om u in een brief persoonlijk van mijn klachten op de hoogte te brengen.

(7) Om te beginnen bleek het door ons gehuurde huisje *Aureli* bij aankomst niet schoongemaakt te zijn. Er stond zelfs een vieze afwas op het aanrecht!
Zoals u weet was het afgelopen week erg warm. In de slaapkamer kon echter geen raam open. Er stond wel een ventilator, maar die was kapot. Wij hebben, nadat we de eerste nacht geen oog dicht hadden gedaan van de hitte, de tweede dag zelf maar een nieuwe ventilator gekocht.
Eergisteren arriveerden er nieuwe gasten in het huisje naast ons. Zij hadden de hele tijd keiharde heavy metal opstaan en toen we vroegen of het wat zachter kon, zeiden ze dat ze dat niet gingen doen. De beheerder was natuurlijk weer in geen velden of wegen te bekennen, net als in de dagen daarvoor. Gisteren waren we het zat en zijn we voortijdig teruggereden naar huis. De geplande (reeds betaalde) tweede vakantieweek zagen we niet meer zitten.

(8) Ter compensatie van onze bedorven vakantie wil ik minimaal de helft van het geld terug dat ik u heb betaald omdat we de laatste week niet in het huisje hebben doorgebracht, maar eigenlijk wil ik het liefst het hele bedrag terug. Dat zou het nog een beetje goedmaken. Ook wil ik dat u me de ventilator terugbetaalt. We hebben hem in het huisje achtergelaten.
De betreffende facturen stuur ik mee als bijlagen. Ik hoop het geld zo spoedig mogelijk terug te ontvangen. Bij voorbaat mijn dank voor uw medewerking.

(9) Met vriendelijke groet,

(10) *[handtekening]*

Ella Woudenberg

(11) Bijlagen: 1   factuur 2 weken huur vakantiehuis
              2   factuur ventilator

3.3 Zakelijke brief

OPDRACHT 1 **Schrijf het middenstuk van een zakelijke brief.**

1 Lees tekst 1. De brief in tekst 1 heeft alleen een inleiding en een slot. Het middenstuk ontbreekt. Kies een bedrijf of instelling waar je graag een snuffelstage zou willen lopen. Schrijf op de computer het middenstuk. Beschrijf waarom je dit bedrijf hebt uitgekozen en waarom ze jou een plaats zouden moeten geven. Denk aan: wat kun je goed, welke ervaring heb je al, wat zou je bij het bedrijf kunnen leren? Naam: *3-3-1 v1 Brief snuffelstage*.

TEKST 1

Geachte mevrouw/mijnheer,

(*inleiding*) Sinds (jouw aantal) jaar volg ik de opleiding (naam van jouw opleiding). Om me te oriënteren op de arbeidsmarkt wil ik graag vast wat ervaring opdoen in verschillende bedrijven en instellingen. Uw bedrijf/instelling staat als nummer 1 op mijn lijstje. Het zou geweldig zijn als ik eens enkele dagen mee zou mogen lopen bij u!

(*slot*) Van harte hoop ik dat ik uw belangstelling heb gewekt voor wat ik op mijn beurt zou kunnen betekenen voor uw bedrijf/instelling en dat u me een kans wilt bieden op een snuffelstage. Ik hoop spoedig van u te horen!

Met vriendelijke groet,

 2 Werk samen met een medestudent. Lees elkaars tekst en geef feedback.

3 Verbeter je tekst op basis van de feedback (v2).

OPDRACHT 2 **Schrijf de inleiding en het slot van een zakelijke brief.**

Johan Berends, manager van *Sportcomplex De Laaglanden*, heeft een nieuwe formule bedacht voor sportdagen, waarbij het sportcomplex de hele organisatie van de sportdag verzorgt, inclusief het maken van roosters, leerlingbegeleiding en catering.

1 Lees tekst 2. Deze tekst is het middenstuk van een brief van Johan aan sportdocenten in de regio. Scholen die het komend jaar zo'n sportdag willen uitproberen, wil hij in de inleiding van deze brief een kennismakingskorting van 15% bieden. De inleiding en het slot van Johans brief ontbreken nog.

 2 Schrijf op de computer een passende inleiding en een goed slot. Naam: *3-3-2 v1 Brief Sportdag*.

TEKST 2

Met ingang van 1 januari biedt sportcomplex *De Laaglanden* scholen voor voortgezet onderwijs volledig verzorgde sportdagen. Medewerkers van *De Laaglanden* maken voor u de roosters en begeleiden op de dag zelf de leerlingen. Ook voor de catering wordt gezorgd. De docenten hebben op de sportdag hun handen helemaal vrij. Dat biedt bijvoorbeeld tijd voor vergaderingen of voor die lang uitgestelde studiedag.
Ook het transport van en naar *De Laaglanden* kunt u rustig aan ons overlaten. Wij werken nauw samen met busbedrijf *Heegstra* dat jarenlange ervaring heeft met scholierentransport.

 3 Werk samen met een medestudent. Lees elkaars tekst en geef feedback. Let vooral hierop:
• Bevat de inleiding de aanleiding en het onderwerp van de brief?
• Wordt de lezer uitgenodigd om gebruik te maken van het aanbod?

4 Verbeter je tekst op basis van de feedback (v2).

3F Schrijven

EXAMENOPDRACHT 3F IE

Schrijf een zakelijke brief.

In je vrije tijd werk je bij een regionale omroep. Door terugloop van de subsidie hebben jullie te weinig geld. Daarom willen jullie onder bedrijven en instellingen in de buurt nieuwe sponsoren werven.

1 Schrijf een brief waarin je de geadresseerden kort vertelt over de uitzendingen die jullie verzorgen. Zoek hiervoor informatie op de website van een lokale omroep. Leg uit waarom lokale radio en televisie belangrijk is (zie tekst 3), wat het probleem is en wat de geadresseerden kunnen doen om jullie te helpen. In ruil voor sponsorgelden bied je naamsvermelding aan bij aankondigingen met het bekende zinnetje 'Deze uitzending wordt mede mogelijk gemaakt door ...'.
Let erop dat de brief voldoet aan de briefconventies. Bedenk zelf de gegevens die je nodig hebt. De brief gaat naar verschillende geadresseerden. Zoek of bedenk de naam en het adres van een bedrijf in de buurt dat je als eerste wilt overhalen sponsor te worden.
Naam bestand: *3-3-ex v1 Brief sponsorwerving*.

TIP In Bijlage 7 op bladzijde 272 vind je formats voor formele correspondentie.

2 Werk samen met een medestudent. Controleer elkaars brief met behulp van het beoordelingsformulier op bladzijde 271. Let bij deze opdracht vooral hierop:
- Voldoet de brief aan alle briefconventies?
- Is de toon van de tekst vriendelijk en formeel?
- Bevat de inleiding de aanleiding en het onderwerp?
- Is in het middenstuk per alinea één deelonderwerp duidelijk uitgewerkt?
- Wordt in het slot gezegd wat de afzender verwacht?

3 Bespreek het beoordelingsformulier en verbeter je brief op basis van de feedback (v2).

TEKST 3

Samenvatting OLON Onderzoek lokale media

In mei 2014 heeft de OLON een landelijk onderzoek naar lokale media laten uitvoeren. Het vorige onderzoek hiernaar stamt uit 2005.

De bekendheid van de lokale omroep is groter dan in 2005.
- 2014: tv: 90%, radio: 86%, website: 68%, *social media*: 54%
- 2005: tv: 77%, radio: 55%, website: 18%

Voor alle media geldt dat het lokale nieuws de belangrijkste reden is om de omroep te bekijken, beluisteren of bezoeken (website, *social media*). Ouderen kijken en luisteren het meest naar de lokale omroep via radio en televisie, jongeren maken het meeste gebruik van de lokale omroep via *social media*.

De televisiezender van de lokale omroep heeft zowel de hoogste bekendheid (90%) als het hoogste bereik (57%). De lokale televisiezender is bijna net zo bekend als de landelijke tv-zenders (Nederland 1: 100%, Fox Sports: 86%). Hoewel 'slechts' een derde van de bevolking aangeeft het lokale nieuws te volgen, is in de grote steden de bekendheid van de lokale televisiezender maar liefst 94%. De lokale televisie bereikt in de grote steden 53% van de bevolking.

Naar: www.olon.nl

Extra: drie opdrachten om meer te oefenen.

3.4 SOLLICITATIEBRIEF EN CV

DOEL Je schrijft een sollicitatiebrief en een cv (curriculum vitae).

UITLEG Als er een vacature is voor een baan die je graag wilt, dan schrijf je een **sollicitatiebrief**. Het doel van je brief is om uitgenodigd te worden voor een gesprek. Daarom gaat de brief vooral over je geschiktheid en motivatie. In je **cv** (**curriculum vitae**: beschrijving levensloop) geef je alle relevante informatie over jezelf.
Schrijf je cv voordat je aan de brief begint. Je weet dan waarnaar je kunt verwijzen in je brief.

In Bijlage 7 op bladzijde 272 vind je formats voor een sollicitatiebrief en een cv.

VOORBEELD

Curriculum vitae

Persoonlijke gegevens
Naam	Carolius
Voornamen	Miriam Annemarijn
Adres	Den Uylstraat 168, 7545 RX Enschede
Telefoon	06-592 46 65
E-mail	m.a.carolius@gmail.com
Geboortedatum	05-07-1996
Geboorteplaats	Enschede

Opleiding
2012 – 2016	ROC Het Stroomdal, Opleiding telefoniste/receptioniste (diploma)
2008 – 2012	Woudencollege, vmbo-t (diploma)

① Werkervaring
2015 – 2016	telefoniste/receptioniste bij verzorgingstehuis *De Zonkant* te Almelo
2013 – 2015	stages bij diverse bedrijven, waaronder hotel *De Heuvel*
2012 – 2014	medewerker klantenservice callcentre Eibergen

Competenties ②
- communicatief
- sociaal
- punctueel
- stressbestendig

Vaardigheden
- geavanceerde kennis van (tekstverwerkings)programma's zoals Microsoft Word, Excel en Acces
- uitstekende beheersing van Nederlands, Duits en Engels
- rijbewijs B

③ Referenties
De heer Günter, manager hotel *De Heuvel*, tel. 06-786 53 98
Mevrouw Weessies, verzorgingshuis *De Zonkant* te Almelo

① Miriam noemt alle ervaring die van belang kan zijn.
② Miriam somt puntsgewijs haar competenties op die van belang zijn in de baan waarop ze solliciteert.
③ Hier noteert Miriam namen en contactgegevens van personen die hebben toegezegd dat ze inlichtingen willen geven over haar.

3F Schrijven

OPDRACHT 1

Doe de elevator pitch.

Een *elevator pitch* is een ultrakorte presentatie van jezelf. In de tijd die een ritje met de lift duurt (zo'n 40 seconden) 'pitch' je jezelf: je probeert de interesse van de ander te wekken voor jezelf als *professional*.

Een elevator pitch bestaat uit:
- een pakkende opening
- wie je bent en wat je opleiding is
- waar je goed in bent en wat je passie is
- wat je te bieden hebt
- een vraag om het gesprek gaande te houden

1 Bereid jouw elevator pitch voor. Maak aantekeningen in de tabel hieronder.

Aantekeningen voor mijn *elevator pitch*

1 mogelijke openingszinnen	
2 wie ik ben + opleiding	
3 wat ik goed kan (passie)	
4 wat ik te bieden heb	
5 slotvraag	

 2 Werk samen met een medestudent. Houd de elevator pitch voor elkaar, *zonder* je aantekeningen daarbij te gebruiken. Spreek van tevoren af welke rol de ander speelt. Is hij of zij bijvoorbeeld directeur van een bedrijf waar je wilt werken?
Stel een timer in op 40 seconden en geef elkaar na afloop feedback.

OPDRACHT 2

Schrijf je eigen curriculum vitae (cv).

Maak je eigen cv. Gebruik het voorbeeld onder de uitleg op bladzijde 131.

UITLEG Als je cv klaar is, schrijf je de **sollicitatiebrief**. De sollicitatiebrief heeft de opbouw en het formele taalgebruik van een zakelijke brief. In de brief staan de reden(en) voor je sollicitatie, je motivatie voor de functie en een toelichting waarom jij een goede kandidaat bent. Lees het voorbeeld.

VOORBEELD

Miriam Carolius
Den Uylstraat 168
7545 RX Enschede

Beatrixziekenhuis
T.a.v. de heer Rutherford
Iepenlaan 414
7599 TC Enschede

Enschede, 2 augustus 2017

Betreft: sollicitatie naar de functie van receptioniste/telefoniste

Geachte heer Rutherford,

Omdat ik geboren en getogen ben in Enschede, ben ik al vaak in het Beatrixziekenhuis geweest. Mijn neefjes en nichtjes kwamen er ter wereld, mijn oma is er overleden en als kind lag ik er zelf een tijdje na een blindedarmoperatie. Iedere keer weer viel me op hoe vriendelijk het personeel omgaat met de patiënten en steeds opnieuw was ik onder de indruk van de prettige sfeer. Toen ik op internet uw vacature zag, wist ik dan ook meteen dat ik wilde solliciteren.

Na het afronden van de opleiding telefoniste/receptioniste bij ROC Het Stroomdal kreeg ik direct een tijdelijk contract vanwege zwangerschap bij *De Zonkant*, een verzorgingshuis voor bejaarden. Daar ontving ik gasten vanachter de balie in de ontvangsthal, nam ik de telefoon aan en verzorgde ik inkomende en uitgaande post. Daarnaast verrichte ik diverse administratieve taken.

Met mensen werken ligt mij goed. Van nature ben ik rustig en vriendelijk, ik stel mensen graag op hun gemak en ik vind het fijn om ze te helpen. Daarnaast kan ik ook kordaat zijn als dat nodig is en blijf ik kalm in stresvolle situaties.
Tijdens mijn opleiding heb ik aanvullende taalcursussen gedaan, waardoor zowel mijn Duits als mijn Engels van een bovengemiddeld hoog niveau zijn.
Wat betreft ICT ben ik goed ingevoerd in diverse programma's, zoals u in mijn cv kunt lezen.

Ik hoop dat ik met mijn brief uw belangstelling heb gewekt. Graag licht ik mijn motivatie en mijn cv in een gesprek nader toe.

Met vriendelijke groet,

Miriam Carolius

Bijlage: curriculum vitae

3F Schrijven

OPDRACHT 3

Stel vast wie op welke baan solliciteert.

In het middenstuk van een sollicitatiebrief vertel je iets over je opleiding en ervaring. Daarnaast licht je toe wat jou geschikt maakt voor de vacature.

1 Lees de vijf toelichtingen hieronder en let op woordkeuze en zinsbouw.

2 Combineer de toelichtingen uit sollicitatiebrieven met de vacatures. Noteer de juiste letter in de kolom 'hoort bij'.

toelichting		hoort bij	vacature	
1	Met mensen werken doe ik graag en ik ben erg hulpvaardig. Ook hoor ik vaak dat ik prettig in de omgang ben en daardoor ga ik met uiteenlopende mensen gemakkelijk om. Over het algemeen sta ik stevig in mijn schoenen, dus ik raak niet zo snel in paniek. Onregelmatige werktijden zijn voor mij geen enkel probleem.		beveiliger	A
2	In tekeningen lezen en maatvoering ben ik een pietje precies. Ook bereid ik mijn werk goed voor. Ik ben handig met alle soorten gereedschap en ga milieubewust met materialen om.		hovenier	B
3	De klant staat voor mij centraal en ik probeer optimaal service te verlenen, maar daarnaast zorg ik er ook voor dat de klant niet met lege handen de winkel verlaat. Ik adviseer niet alleen over het product waarnaar ze op zoek zijn, maar attendeer ze ook op aanvullende producten.		stewardess	C
4	Mijn passie is al van jongs af aan tuinen aanleggen en onderhouden. Ook ben ik goed in het aanleggen van bestrating en vijvers en heb ik ervaring met het plaatsen van schuttingen, vlonders en pergola's. Zelfstandig werken kan ik goed en vind ik prettig.		timmerman	D
5	Door mijn alertheid signaleer ik tijdig ongewenste situaties. Dan blijf ik kalm en benader ik mensen met respect. Zo lukt het me steeds weer om bedreigende omstandigheden tot een goed einde te brengen.		verkoper	E

OPDRACHT 4

Herschrijf zinnen uit een sollicitatiebrief.

1 Linda solliciteert naar een baan als schoonheidsspecialiste. In de zin hieronder licht Linda toe waarom ze de baan wil. Herschrijf de zin in formele taal.

Mensen lekker optutten vind ik het mooiste wat er is.

2 Ivo solliciteert naar een baan als zelfstandig werkend kok. Hij vertelt wat hem aantrekt in dit werk. Herschrijf Ivo's toelichting. Maak er één formele zin van.

Wat ik vooral supertof vind is dat ik helemaal eigen baas ben. Ik kan lekker doen en laten wat ik zelf wil en ik hoef met niemand rekening te houden.

3.4 Sollicitatiebrief en cv

OPDRACHT 5

Schrijf op wat jou geschikt maakt voor drie vacatures.

1 Zoek drie vacatures waarvoor jij een geschikte kandidaat zou kunnen zijn of worden. Bewaar de vacatures. Je hebt ze ook nodig bij de examenopdracht.

2 Schrijf hieronder voor elke vacature op waarom jij een geschikte kandidaat bent. Noem per vacature twee of drie relevante competenties en licht ze kort toe. Noteer tussen de haakjes om welke vacature het gaat.

1 _____

_____

_____

2 _____

_____

_____

3 _____

_____

_____

EXAMENOPDRACHT

 Schrijf een sollicitatiebrief.

1 Kies uit de drie vacatures uit opdracht 5 de vacature die jou het meest aanspreekt. Schrijf een sollicitatiebrief voor deze vacature. Zorg ervoor dat jouw brief alle vaste onderdelen van de sollicitatiebrief bevat. Naam: *3-4-ex v1 Sollicitatiebrief*.

2 Werk samen met een medestudent. Controleer elkaars sollicitatiebrief met behulp van het beoordelingsformulier op bladzijde 271. Let bij deze opdracht vooral hierop:
- Heeft de sollicitatiebrief de correcte opbouw en het juiste formele taalgebruik?
- Bevat de brief een reden voor de sollicitatie, een motivatie voor de functie en een toelichting waarom de kandidaat geschikt is?
- Is de brief overtuigend?

3 Bespreek het beoordelingsformulier en verbeter je brief op basis van de feedback (v2).

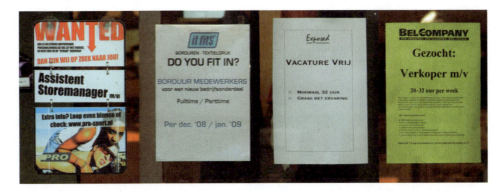

3.5 OFFERTE

DOEL Je schrijft een offerte.

UITLEG Een **offerte** naar aanleiding van een aanvraag lijkt een beetje op een sollicitatiebrief. Je wilt immers een mogelijke opdrachtgever overhalen bepaalde diensten en/of producten bij jou in te kopen tegen een bepaalde prijs.
Probeer voordat je een offerte opstelt, een zo duidelijk mogelijk beeld te krijgen van wat de opdrachtgever precies wil en of jij dit ook kunt bieden. Specificeer alle kosten die je in rekening brengt zo duidelijk mogelijk.

In de begeleidende brief of mail beschrijf je de aanleiding voor de offerte en jouw aanbod.

Dit vermeld je in de eigenlijke offerte:
1 Jouw eigen bedrijfsgegevens
2 De gegevens van de klant
3 Offertedatum, offertenummer en geldigheidsduur
4 Omschrijving van de diensten en/of producten
5 Uurtarieven, prijzen en berekening
6 Algemene voorwaarden (de 'kleine lettertjes')
7 Datum/handtekening voor akkoord

VOORBEELD

Van	Schildersbedrijf Torenstra
Aan	Familie Ruighout
Bijlage	Offerte schilderen raamkozijnen en voordeur.pdf (40kB) Algemene voorwaarden.pdf (25kB)
Onderwerp	Offerte schilderen raamkozijnen en voordeur

Geachte heer en mevrouw Ruighout,

Naar aanleiding van ons gesprek op 21 maart jongstleden stuur ik u als bijlage de offerte voor het schilderen van de vijf raamkozijnen alsmede de deur aan de voorzijde van uw woonhuis aan de Prinsesseweg nummer 11. Zoals afgesproken zijn de kosten voor de verf gespecificeerd.
Graag hoor ik zo spoedig mogelijk, maar uiterlijk op 20 april aanstaande, of u gebruik wilt maken van mijn aanbod.

Met vriendelijke groet,
Erik Torenstra
Schildersbedrijf Torenstra

1. Erik stuurt de offerte en de algemene voorwaarden mee als bijlage (pdf).
2. De bijlagen worden ook genoemd in de tekst.
3. Erik besluit met een uitnodigende zin.

3.5 Offerte

Offerte

Familie Ruighout
Prinsseweg 11
98744 AB Meppel

Schildersbedrijf Torenstra
Lange Vaart 22
9742 FG Meppel
torenstra@pc.nl
06-896 43 23

Offertenummer: 76896
Offertedatum: 23-03-2017
Geldig tot: 20-04-2017

KvKnr: 77889654
BTW: NL076547890B43
IBAN: NL66RABO0005687960

Geachte heer en mevrouw Ruighout,

In reactie op ons gesprek van 21 maart jongstleden bieden wij u graag onderstaande offerte aan. Wij verwachten drie werkdagen nodig te hebben voor het uitvoeren van de omschreven opdracht.

werkzaamheden en materiaalkosten	aantal uren/ producten	uurtarief/ prijs	btw	bedrag
– voorbewerken en lakken 5 raamkozijnen en deuren	20	€ 45	9%	€ 900,00
– verf kleurnr. 4321	5	€ 50	21%	€ 250,00
– verf kleurnr. 4519	3	€ 50	21%	€ 150,00
– verf kleurnr. 4775	1	€ 80	21%	€ 80,00
		Subtotaal		€ 1.380,00
		vasteklantenkorting		€ 100,00 -
		btw 21%		€ 100,80 +
		btw 9%		€ 81,00 +
		Totaal		**€ 1461,80**

Mocht u gebruik willen maken van deze offerte, dan verzoeken wij u vriendelijk vóór 20 april aanstaande dit document af te drukken, te ondertekenen en ons terug te sturen. Desgewenst kunt u de ondertekende offerte ook scannen en ons digitaal doen toekomen.

Op deze offerte zijn de algemene voorwaarden van Schildersbedrijf Torenstra van toepassing, die als bijlage zijn meegezonden.

Plaats en datum: _____

Naam: _____

Handtekening voor akkoord:

3F Schrijven

OPDRACHT 1

Schrijf een begeleidende brief of mail bij een offerte.

1. Kies situatie A of B.

   ☐ A Je hebt een webdesignbedrijf met de naam *Beeld spreekt!* Je hebt een offerte uitgebracht voor het ontwikkelen van een huisstijl en het maken van een logo en een website. Binnen drie weken na vandaag wil je een reactie op je offerte. Je klant is Pizzeria Picolini, Meerweg 15, 5634AB Kaag. De eigenaresse heet Marja de Boer.

   ☐ B Je hebt een cateringbedrijf met de naam *De Gulle Hap.* Je hebt een offerte uitgebracht voor het verzorgen van een warme maaltijd op vrijdagavond over vier weken voor een groep van 10 docenten van basisschool De Driemaster. Je wilt binnen twee weken een reactie op je offerte. Het mailadres van jouw contactpersoon, Marius Oudshoorn, is m.oudshoorn@driemaster.nl.

2. Schrijf op de computer een begeleidende brief of mail bij je offerte. Bereken de data door uit te gaan van de datum van vandaag en gebruik je eigen naam.

EXAMENOPDRACHT

Schrijf een offerte en een begeleidende brief.

1. Bedenk een sectorspecifieke dienst en/of product die/dat jij kunt leveren. Bedenk vervolgens een passende opdrachtgever en formuleer een opdracht. Bedenk ook alle gegevens die je nodig hebt voor het schrijven van een offerte en een begeleidende brief. Zoek op internet eventueel aanvullende gegevens.

2. Schrijf een offerte en een begeleidende brief. Naam: *3-5-ex v1 Offerte*.

3. Werk samen met een medestudent. Controleer elkaars offerte en begeleidende brief met behulp van het beoordelingsformulier op bladzijde 271. Let bij deze opdracht vooral hierop:
   - Bevatten offerte en brief de onderdelen uit de uitleg?
   - Worden de aanleiding en het onderwerp van de offerte in de brief duidelijk genoemd?
   - Heeft de brief de opbouw en het juiste formele taalgebruik van een zakelijke brief?

4. Bespreek het beoordelingsformulier en verbeter je offerte en je brief op basis van de feedback (v2).

Extra: een opdracht om meer te oefenen.

3.6 NIEUWSBRIEF

DOEL Je schrijft een nieuwsbrief.

UITLEG Een **nieuwsbrief** maak je voor externe lezers zoals klanten en opdrachtgevers, of voor interne lezers, dus mensen binnen jouw bedrijf of instelling. In beide gevallen houd je de lezers op de hoogte van het laatste nieuws binnen het bedrijf of de instelling, maar bij externe lezers beperk je je tot **formeel nieuws**, terwijl voor interne lezers **informeel nieuws** ook interessant is.

In een **externe nieuwsbrief** vermeld je nieuws dat van belang is voor externe partijen. Om te zorgen dat je informatie volledig en helder is, gebruik je de 5w+h-vragen: *wat, wanneer, waar, wie, waarom* en *hoe*. Je schrijft in een formele stijl en je maakt geen taalfouten.

In een **interne nieuwsbrief** zijn persoonlijke zaken even belangrijk als formele nieuwtjes. Het doel van de nieuwsbrief is, naast het informeren van de lezers, het bevorderen van de onderlinge interesse en het vergroten van de betrokkenheid van het personeel bij het bedrijf of de instelling. Je schrijft in een wat persoonlijkere stijl en vermijdt waar mogelijk ingewikkelde zinnen. Je blijft wel formeel en maakt geen taalfouten.

VOORBEELD

1. Deze nieuwsbrief wordt elke twee weken verstuurd naar externe lezers.
2. De lezers worden op de hoogte gebracht van nieuwe projecten.
3. Er staat alleen formeel nieuws in de nieuwsbrief.

3F Schrijven

OPDRACHT 1

Schrijf een artikel voor een interne nieuwsbrief.
Jouw opleiding heeft een eigen interne digitale nieuwsbrief. Daarin staan nieuwtjes over wat er op alle niveaus van de school gebeurt, zodat studenten, docenten en leidinggevenden van elkaar weten waar ze mee bezig zijn en wat er speelt.
Schrijf voor de nieuwsbrief een bericht van 100 tot 150 woorden over iets wat onlangs is gebeurd of gaat gebeuren in jouw klas: een project, een sportdag, een toetsweek, bezoek aan een beurs, enzovoort. Doe dit in een persoonlijke stijl, maar zorg er wel voor dat de toon van je tekst alle lezers aanspreekt.

OPDRACHT 2

Schrijf een artikel voor een externe nieuwsbrief.
Je werkt in de buitenschoolse opvang. Het is half november en binnenkort beginnen alle decemberfeestelijkheden weer.
Bekijk de aantekeningen hieronder. Verwerk deze informatie in volledige zinnen in een bericht van maximaal 150 woorden voor de nieuwsbrief voor de ouders. Gebruik een neutrale toon.

1 december: kinderen mogen schoen zetten op BSO, krijgen ze iets in.
5 december: Sinterklaasviering tussen 16.00 en 17.30
18 december: 16.00 – 17.30 kerstfilm met tractaties
19 december – 4 januari: BSO gesloten

OPDRACHT 3

Zet informatie voor een artikel in een externe nieuwsbrief op een rijtje en schrijf een alinea.
Voor de externe nieuwsbrief van jouw school ga je een artikel schrijven over de Open Dagen die binnenkort weer gehouden worden. In dat artikel wil je ook ingaan op hoe de Open Dagen vorig jaar waren.

1 Zoek informatie over de Open Dagen van vorig jaar.

2 Noteer hieronder kort de antwoorden op de belangrijkste w+h-vragen.

   1 Wat? _____

   2 Waar? _____

   3 Wanneer? _____

   4 Wie? _____

   5 Hoe? _____

3.6 **Nieuwsbrief**

3 Schrijf een alinea over de Open Dagen van vorig jaar. Verwerk daarin je antwoorden bij de vorige vraag. Gebruik ongeveer 100 woorden.

EXAMENOPDRACHT 3F 1E

Schrijf een artikel in een externe nieuwsbrief.
Om de band met stagebedrijven en stagebegeleiders goed te houden, stuurt jouw roc alle stagebedrijven vier keer per jaar een nieuwsbrief. Het thema van het volgende nummer is 'Het belang van stagebegeleiders'. De redactie vraagt jou en andere studenten om voor de nieuwsbrief een artikel te schrijven over jouw positieve ervaringen met stagebegeleiders. Wat heb je van hen geleerd dat je nooit uit een boekje had kunnen leren?

1 Schrijf voor de nieuwsbrief een artikel van 300 tot 500 woorden over dit onderwerp. Kies een passende tekststructuur en zorg voor een juiste opbouw. Naam: *3-6-ex v1 Artikel nieuwsbrief stagebegeleider*.

2 Controleer elkaars artikel met behulp van het beoordelingsformulier op bladzijde 271. Let bij deze opdracht vooral hierop:
- Is het artikel interessant en begrijpelijk voor externe lezers (met name voor stagebegeleiders)?
- Is het artikel in een formele stijl geschreven?
- Past de toon van het artikel bij het doel van de nieuwsbrief?

3 Bespreek na afloop het beoordelingsformulier.

4 Verbeter je artikel op basis van de feedback (v2).

Extra: twee opdrachten om meer te oefenen.

4 HULPMIDDELEN VOOR FOUTLOZE TEKSTEN

4.1 SPELLING- EN GRAMMATICACONTROLE

DOEL Je controleert de spelling en grammatica van je teksten met *Word*.

UITLEG In *Het Groene Boekje* vind je de officiële spelling van Nederlandse woorden. Online staat de officiële spelling op woordenlijst.org. Natuurlijk kun je ook een woordenboek gebruiken. In hoofdstuk 2 van *Woordenschat* lees je hoe je dat doet.

Ook het tekstverwerkingsprogramma *Word* biedt hulp bij grammatica en spelling. Klik in de bovenste balk op 'Controleren', kies 'Spelling- en grammaticacontrole' en kies als taal Nederlands.

Spellingcontrole met *Word*
Een rode kronkellijn onder een woord wijst op een mogelijke spelfout. Klik op het woord met je rechtermuisknop. *Word* geeft verbetermogelijkheden, waarvan je er desgewenst een kunt aanklikken. Let op: sommige woorden, zoals bepaalde vaktermen, namen of nieuwe woorden herkent de controle niet en deze worden dan ten onrechte als fout gespeld aangegeven. Blijf dus vooral zelf ook altijd goed opletten!

Grammaticacontrole met *Word*
Een blauwe of groene kronkellijn wijst op een mogelijke grammaticafout. Klik op het gemarkeerde woord en bekijk de uitleg en de alternatieven. Ook hier geldt: *Word* ziet niet alle fouten en soms markeert de controle woorden die wél goed zijn gebruikt.

Synoniemenlijst in *Word*
Als je twee keer links op een woord klikt en daarna op 'Synoniemenlijst', geeft *Word* je een lijst van woorden die (bijna) hetzelfde betekenen: synoniemen. Gebruik deze lijst voor variatie in je woordkeuze.

VOORBEELD

1. Bij mijn volgende stage moet ik er op letten dat ik op tijd aan de bel trek als ik denk dat ik niet goed word begeleid. Ook moet ik me beter realiseren dat ik een stagiair ben en geen vast
2. personeelslid die zelfstandig hoort te kunnen werken. Al na ongeveer twee weken werkte ik
3. zonder dat iemand me begeleide. En van zelfstandig werken leer je niet, omdat je dan niet op
4. je fouten word gewezen en geen feedback kunt vragen. Omdat het vaak druk was 's morgens voelde ik me al snel bezwaard om een collega te vragen om met me mee te kijken als ik een
5. cliëent verzorgde. Het is ook voorgekomen dat ik wel vroeg om begeleiding, maar dat ik uiteindelijk toch zelfstandig werkte.

6. *Marieke Fenema*

1. 'Er' en 'op' moet je aan elkaar schrijven. De controle rekent de losse woorden goed.
2. Verwijsfouten herkent de controle niet.
3. De controle herkent niet alle fouten in werkwoordsvormen. 'Begeleide' bestaat wel, maar hier moet het 'begeleidde' zijn.
4. Deze fout met de persoonsvorm herkent de grammaticacontrole goed.
5. Dit woord is inderdaad fout gespeld. *Word* geeft de juiste verbetering: cliënt.
6. Sommige namen herkent de controle niet.

4.1 Spelling- en grammaticacontrole

OPDRACHT 1

Verbeter in elk fragment vier fouten.
Onder sommige, maar niet alle fouten staat een kronkellijn. Soms is een woord onterecht als fout aangegeven. Schrijf de vier verbeterde woorden onder de fragmenten. Gebruik eventueel een woordenboek of woordenlijst.org.

1 (*uit een artikel over roken*) Roken verhoogt de kans op onder anderen kanker, hart- en vaatziekten, longemfyzeem en hersen bloedingen. Tevens beïnvloed roken je uiterlijk. Zo word je gebitskleur aangetast en verandert de kleur van je tanden van wit naar donkergeel.

2 (*uit een betoog over de rol van media bij verkiezingen*) De massamedia heeft ook veel invloed op ons stem gedrag. Denk bijvoorbeeld aan zielige reclamespotjes, zoals het filmpje van de Partij van de Dieren waarin een koe wordt geslacht. Echte dieren vrienden denken dan onmiddelijk 'Dit moet stoppen, dus wij stemmen op de PvdD.'

3 (*uit een opstel over de toekomst*) Nieuwe vormen van goederetransport en personenvervoer zal worden ontwikkelt. Mogelijk levert dit een inteligente auto op waarin de bestuurder achter het stuur de kant kan lezen, terwijl de auto zelf garant staat voor een volledig veilige rit.

4 (*uit een werkstuk over leven met lichamelijke beperkingen*) Veel mensen met een beperking maken gebruik van begeleid wonen, dus een woonvorm waarbij ze hulp krijgen. Dat kan hulp zijn bij het aan of uitkleden, bij de financieën of bij het huishouden. De hulp die ze krijgen is afhankelijk van de handicap. Sommige hebben een motorische beperking, maar het kan ook gaan om slechtszienden of slechthorenden.

5 (*uit een betoog over opvoeding door twee mannen of twee vrouwen*) Bij homo paren met kinderen kunnen er in de pubertijd natuurlijk wel problemen ontstaan. Deze kinderen hebben alleen twee vaders of twee moeders, en dat betekend dat de ouders niet uit eigen ervaring weten wat een kind van het andere geslacht doormaakt. Je weet niet wat voor konsekwensies dit op de lange termijn voor het kind zal hebben.

4.2 HANDIGE WEBSITES

DOEL Je gebruikt websites met taaladviezen.

UITLEG Als je schrijft, heb je soms direct hulp nodig bij een taalprobleem. Hieronder staan drie handige websites waar je snel taaladviezen vindt.

beterspellen.nl
De website www.beterspellen.nl geeft duidelijke uitleg voor alledaagse taalproblemen. In de linkerkolom klik je het onderdeel aan waarover je meer wilt weten, zoals 'Werkwoorden' of 'Stijlfouten'. *Beter spellen* biedt op jouw taalniveau (3F) ook een korte dagelijkse test om je spelling op peil te houden.

onzetaal.nl/taaladvies
Hier zijn antwoorden op allerlei taalvragen te vinden.

taaladvies.net
Op deze website van de Nederlandse Taalunie (van *Het Groene Boekje*) vind je een grote hoeveelheid taaladviezen per onderwerp. Ook heb je via deze site direct toegang tot woordenlijst.org, waar je de officiële spelling van Nederlandse woorden vindt.

VOORBEELD

Van tevoren / vantevoren

Wat is juist: *van tevoren, vantevoren* of *van te voren*?

① *Van tevoren* ('voor die tijd') is juist; deze vaste combinatie wordt als twee woorden geschreven.

② Enkele voorbeelden:
- *Van tevoren* ziet hij erg op tegen spreekbeurten, maar het valt altijd mee.
- De rechten en plichten moeten *van tevoren* worden vastgelegd.
- Hoelang het duurt, is *van tevoren* nauwelijks te voorspellen.
- Veel reizen worden al maanden *van tevoren* geboekt.

③ Voor het aaneenschrijven van veelvoorkomende woordcombinaties met *van* bestaat geen regel. Soms groeit zo'n combinatie in de loop van de jaren aaneen; dat is bijvoorbeeld het geval bij *vanmorgen, vanavond* en *vanouds*. Met *van tevoren* is dat (nog) niet gebeurd. *Tevoren* ('vroeger', 'vooraf') is wel aaneen.

Bron: onzetaal.nl, geraadpleegd op 22 december 2015

① Op onzetaal.nl lees je dat je *van tevoren* als twee woorden schrijft.
② Voorbeelden maken duidelijk hoe je deze woorden gebruikt.
③ Je krijgt ook informatie over vergelijkbare gevallen.

4.2 Handige websites

OPDRACHT 1 **Maak kennis met beterspellen.nl.**

1 Vul de test hieronder in. Werk samen met een medestudent en vergelijk jullie antwoorden. Leg elkaar uit waarom de foute antwoorden fout zijn.

2 Ga naar de aanmeldpagina van www.beterspellen.nl. Vul je e-mailadres en je wachtwoord in (noteer je wachtwoord direct ergens, bijvoorbeeld bij deze opdracht). Log nu in en ga naar de dagelijkse test.

3 Kies bij *Profiel* (linkerkolom) niveau 3F. Beantwoord de vragen en klik op *Verzend*. Je ziet je resultaten. Lees de feedback bij de foute antwoorden.

4 Klik op het *Scoreverloop* (linkerkolom). Vergelijk jouw score met die van de overige deelnemers.

Je spelling op peil houden met beterspellen.nl
Zolang je geregistreerd bent bij beterspellen.nl, krijg je iedere dag op je mail (of smartphone) vier vragen. Het invullen kost je minder dan een minuut. Probeer dit eens een tijdje te doen en kijk of je je gemiddelde score kunt verbeteren.
Heb je dyslexie? Doe dan de dagelijkse test op www.beetjespellen.nl.

3F Schrijven

OPDRACHT 2 — Zoek adviezen op beterspellen.nl.

In de linkerkolom van beterspellen.nl vind je adviezen over allerlei taalproblemen. Zoek zo snel mogelijk antwoorden op de vragen hieronder.

1 Gebruik je *als* of *dan*? Harry werkt veel preciezer _____ Bob.

2 Gebruik je *jou* of *jouw*? Van _____ heb ik niets nodig.

3 Gebruik je *geigerteller* of *Geigerteller*? Wat meet je eigenlijk met een _____?

4 Gebruik je *na-apen* of *naäpen*? Je moet me niet zo _____ .

5 Gebruik je *rauw* of *rouw*? Mogen zwangere vrouwen _____ vlees eten?

OPDRACHT 3 — Zoek adviezen op taaladvies.net.

1 Ga naar taaladvies.net. Je wilt weten wat het meervoud is van *cao*: *cao'en* of *cao's*. Typ een zoekterm in en probeer het antwoord te vinden. Schrijf het antwoord op.

_____

2 Zoek op wat een 'bijwoord' is. Noteer een voorbeeld en onderstreep het bijwoord.

_____
_____
_____

3 Kies bovenaan de homepage voor woordenlijst.org. Wat is de juiste spelling: *nivelering* of *nivellering*?

_____

4 Hoe vervoeg je het werkwoord *uploaden*?

_____
_____

4.2 Handige websites

OPDRACHT 4

Een e-mail afmaken.
Noteer de woorden die Annemarie in haar e-mail moet gebruiken. Gebruik bij twijfel onzetaal.nl/taaladvies.

Beste meiden,

Vanmiddag is het (zo ver *of* zover?) _____ : de bekerwedstrijd!

(Als jullie trainer zijnde *of* Als jullie trainer *of* Jullie trainer zijnde?)

_____ wil ik jullie nog even een hart onder de

riem steken. Jullie zijn de beste! (Besef *of* Besef je?) _____ dat!

(Hieraan *of* Hier aan?) _____ moeten jullie nooit twijfelen, wat er ook

(gebeurd *of* gebeurt?) _____ Blijf (te allen tijde *of* ten allen tijde?)

_____ geloven in jezelf. Als (andere *of*

anderen?) _____ iets anders beweren, dan moet je (hen *of* hun?)

_____ niet geloven.

Jullie zijn (sowieso *of* zowiezo?) _____ twintig keer beter (als *of* dan?)

_____ de tegenstander. Dus gewoon (er voor *of* ervoor?)

_____ gaan en (thuis komen *of* thuiskomen)

_____ met de beker! :)

Tot straks in het stadion!

Jullie trainer,
Annemarie Vink

GRAMMATICA EN SPELLING

Spel-, taal- en interpunctiefouten moet je kunnen voorkomen. Je maakt nu eenmaal geen goede indruk als je het Nederlands onvoldoende beheerst. Daarnaast kunnen fouten tot verwarring leiden.

De eerste twee hoofdstukken behandelen de belangrijkste begrippen uit de grammatica. Deze begrippen pas je toe in hoofdstuk 3, 4 en 5 en bij *Formuleren en stijl*.

1 Woordsoorten
 1.1 Werkwoorden   *150*
 1.2 Naamwoorden en lidwoorden   *152*
 1.3 Voornaamwoorden   *155*
 1.4 Voegwoord en voorzetsel   *159*
 Oefentoets   162

2 Zinsdelen en zinnen
 2.1 Persoonsvorm, gezegde en onderwerp   *163*
 2.2 Lijdend en meewerkend voorwerp, bijwoordelijke bepaling   *166*
 2.3 Enkelvoudige en samengestelde zinnen   *170*
 2.4 Hoofdzinnen en bijzinnen   *171*
 Oefentoets   174

3 Werkwoordspelling
 3.1 Persoonsvorm in de tegenwoordige tijd   *175*
 3.2 Persoonsvorm in de verleden tijd   *177*
 3.3 Voltooid en tegenwoordig deelwoord   *180*
 3.4 Engelse werkwoorden   *184*
 Oefentoets   188

4 Spellingsregels
 4.1 Meervoud   *189*
 4.2 Tussenletters   *191*
 4.3 Aan elkaar of los   *193*
 4.4 Einde op -e of -en?   *196*
 Oefentoets   198

5 Hoofdletters en interpunctie
 5.1 Hoofdletters   *199*
 5.2 Leestekens   *202*
 5.3 Tekens bij woorden   *205*
 Oefentoets   208

Alle opdrachten kun je ook online maken. Je ziet direct welke antwoorden goed of fout zijn. Je scores worden bijgehouden.

1 WOORDSOORTEN

1.1 WERKWOORDEN

DOEL Je herkent werkwoorden en verschillende vormen van het werkwoord.

UITLEG Een **werkwoord** (ww) zegt wat iets of iemand doet of overkomt (*zwemmen, denken, vallen*). Bij sommige werkwoorden is de betekenis niet zo duidelijk (*zijn, moeten, worden*).

Je gebruikt deze vormen van het werkwoord: *persoonsvorm, infinitief, voltooid deelwoord* en *tegenwoordig deelwoord*.

1 De persoonsvorm is een werkwoord dat je in de zin van tijd kunt veranderen. De vorm ervan wordt bepaald door het onderwerp.
- Het salaris *wordt* (werd) later uitbetaald, want de salarisadministratie *kampt* (kampte) met een computerstoring. Het salaris (het onderwerp) is enkelvoud en derde persoon ('hij/zij/het'), dus 'wordt' is ook derde persoon enkelvoud.

2 De infinitief is het hele werkwoord.
- Jasper gaat om 12 uur *lunchen*.

3 Het voltooid deelwoord geeft aan dat iets eerder is gebeurd.
- Fatma heeft een DTP-cursus *gevolgd*.

4 Het tegenwoordig deelwoord geeft meestal aan dat iets gelijk met iets anders gebeurt.
- Siska houdt haar presentaties altijd het liefst *staand*. Siska staat dus *terwijl* ze presenteert.

OPDRACHT 1

Onderstreep alle werkwoorden.
Voorbeeld: Freek droeg oordopjes, waardoor hij niet hoorde wat er werd gezegd.

1 Willem solliciteert op de vacature voor allround medewerker.
2 Heb jij die documentaire over zwerfafval in de zee gezien die gisteren op tv was?
3 Sommige auto's moeten van nieuwe software worden voorzien.
4 Door de aangekondigde staking bij de spoorwegen kunnen er vertragingen ontstaan.
5 Het overleg heeft gisteren wel vijf uur geduurd, want we konden het niet eens worden.

OPDRACHT 2

Noteer onder de zin welke vorm de onderstreepte werkwoorden hebben.
Kies uit: pv (persoonsvorm) – inf. (infinitief) – vd (voltooid deelwoord) – td (tegenwoordig deelwoord).
Voorbeeld: Alle studenten hebben het huiswerk gemaakt.
hebben = pv   gemaakt = vd

1 Robin had de opdracht die hij van zijn collega kreeg niet goed begrepen.

_____

2 Hebben jullie al gehoord dat de monteur alle kapotte machines komt repareren?

_____

1.1 Werkwoorden

3   De computer in lokaal K15 <u>wordt</u> vanmiddag <u>aangesloten</u>.

_____

4   Ralph <u>wil</u> wel <u>langskomen</u> om iets over het introductieprogramma te <u>vertellen</u>.

_____

5   <u>Glimlachend</u> <u>kwam</u> Marjolein de kamer binnen en vervolgens <u>gaf</u> ze me een hand.

_____

OPDRACHT 3

Maak zinnen. Gebruik het werkwoord 'werken' op vier verschillende manieren.

1   als pv: _____

2   als inf: _____

3   als vd: _____

4   als td: _____

OPDRACHT 4

Maak zinnen met een, twee, drie en vier werkwoorden.

Gebruik één werkwoord in zin 1, twee in zin 2, enzovoort.

1   _____

2   _____

3   _____

4   _____

Ruil je werkboek met dat van een medestudent. Kun je de tien werkwoorden vinden?

Extra: 30 zinnen om meer te oefenen.

1.2 NAAMWOORDEN EN LIDWOORDEN

Je herkent zelfstandige naamwoorden, (stoffelijke) bijvoeglijke naamwoorden en lidwoorden.

UITLEG

Zelfstandig naamwoorden (zn) zijn bijvoorbeeld: *afspraak, beleid, ei, student, trein, vriendschap*. Een naam is ook een zelfstandig naamwoord: *Soraya* woont in de *Vondelstraat*.

Zo herken je een zelfstandig naamwoord:
- Voor de meeste zelfstandige naamwoorden kun je *de*, *het* of *een* zetten: de trein, het ei, een afspraak, de Vondellaan.
- Je kunt ze meestal in het meervoud zetten: een afspraak, twee afspraken.
- Je kunt er vaak een verkleinwoord van maken: de afspraak, het afspraakje.

Het **bijvoeglijk naamwoord** (bn) geeft extra informatie over een zelfstandig naamwoord: een *interessante* vacature, de *beste* film.

Soms staan er meerdere bijvoeglijke naamwoorden voor een zn. De bijvoeglijke naamwoorden zijn dan gescheiden door een komma: een *verplicht, moeilijk* vak.
Een bn kan ook *achter* een zn staan: Mijn stagebegeleidster is erg *behulpzaam*.
Op de meeste bijvoeglijke naamwoorden kun je de trappen van vergelijking toepassen:

stellende trap	vergrotende trap	overtreffende trap
goed	beter	best
duur	duurder	duurst
praktisch	praktischer	meest praktisch

Ook deelwoorden kunnen gebruikt worden als bn: het *gebroken* glas, de *lachende* klant.

Een **stoffelijk bijvoeglijk naamwoord** (stof. bn) zegt van welk materiaal iets is gemaakt: *gouden* oorbellen, een *plastic* tas.

Er zijn drie **lidwoorden** (lw): *de*, *het* en *een*. Ze staan voor een zelfstandig naamwoord, maar er kunnen andere woorden tussen staan:
de opleiding, *het* bedrijfsplan, *een* nieuwe (bn) medewerkster.

OPDRACHT 1

Onderstreep de lidwoorden en de zelfstandige naamwoorden.
Voorbeeld: <u>De</u> knappe <u>weervrouw</u> presenteerde <u>het</u> mooie <u>weerbericht</u> met <u>een</u> brede <u>glimlach</u>.

1 De energieke fitnessleraar Thijs motiveert de sporters om tot het einde door te gaan.
2 Ondanks de roestplekken werkt de machine nog uitstekend.
3 De marktkoopman gaf het laatste doosje aardbeien gratis aan een voorbijganger.
4 Amira werkt sinds twee maanden als serveerster in een chic restaurant.
5 Ondanks haar zenuwen slaagde Faiza voor het autorijexamen.
6 Joost was erg onder de indruk van het bezoek dat hij bracht aan kamp Westerbork.
7 De nieuwe collega is uitgenodigd voor een korte, informatieve bijeenkomst over de gang van zaken binnen het bedrijf.
8 Als je een eenmanszaak start, kun je je inschrijven bij groothandels zoals Makro en Sligro.

1.2 Naamwoorden en lidwoorden

OPDRACHT 2 Onderstreep de bijvoeglijke naamwoorden. Zet een sterretje bij een stoffelijk bijvoeglijk naamwoord.

Voorbeeld: Na de <u>zware</u> survivaltocht namen de <u>vermoeide</u> studenten een <u>verfrissende</u> douche in het <u>houten</u>* gebouwtje achter de receptie.

1 De oude boswachter kon vanwege zijn slechte rug geen lange natuurwandelingen maken.

2 Om een goede cappuccino te maken heb je opgeklopte melk nodig.

3 De creatieve studenten maakten met gebruikte materialen een nieuwe fauteuil.

4 De glazen deur op de bovenste verdieping moet vandaag nog worden vervangen.

5 Deze populaire telefoon is wat duur, maar je kunt er geweldige foto's mee maken.

6 De theaterproducent las het korte script voor aan de nieuwe, enthousiaste acteurs.

7 Een kapper moet zowel op een commerciële als op een dienstverlenende manier met mensen omgaan.

8 Voor een hygiënische en duurzame vloerbedekking voor in uw stallen adviseren wij u rubberen stalmatten.

OPDRACHT 3 Lees het tegeltje.

Los van mijn charmes, hoge intelligentie en mijn gevoel voor humor, denk ik dat bescheidenheid mijn sterkste punt is.

1 Op het tegeltje staan zes zelfstandige naamwoorden. Noteer ze alle zes.

2 Noteer de twee bijvoeglijke naamwoorden.

3F Grammatica en spelling

OPDRACHT 4 Alle woordsoorten tot nu toe.

> Jesse wil een groot granieten aanrechtblad aanschaffen.
> - Jesse = zn
> - groot = bn
> - aanschaffen = ww
> - wil = ww
> - granieten = stof. bn
> - een = lw
> - aanrechtblad = zn

Benoem de onderstreepte woorden. Kies uit: ww (werkwoord) – zn (zelfstandig naamwoord) – lw (lidwoord) – bn (bijvoeglijk naamwoord) – stof. bn (stoffelijk bijvoeglijk naamwoord)

1 Maud houdt van de hoge bergen en het indrukwekkende landschap.

Maud = _____   houdt = _____

de = _____   hoge = _____

bergen = _____   het = _____

indrukwekkende = _____   landschap = _____

2 Wist je dat je stalen spijkers in een betonnen muur kunt slaan?

Wist = _____   stalen = _____

spijkers = _____   een = _____

betonnen = _____   muur = _____

kunt = _____   slaan = _____

3 In hun nieuwe appartement aan de Merwedelaan hebben zij een stenen vloer aangelegd.

nieuwe = _____   Merwedelaan = _____

hebben = _____   stenen = _____

vloer = _____   aangelegd = _____

4 De onderwijsassistent hield de spelende kinderen in de gaten, maar hij merkte niet dat Jona stiekem over het hek klom.

onderwijsassistent = _____   hield = _____

spelende = _____   merkte = _____

Jona = _____   klom = _____

5 De financiële injectie van de overheid is goed voor de voortzetting van het bedrijf.

financiële = _____   injectie = _____

goed = _____   voortzetting = _____

Extra: 20 zinnen om meer te oefenen.

1.3 VOORNAAMWOORDEN

DOEL Je herkent het persoonlijk, het bezittelijk en het aanwijzend voornaamwoord.

UITLEG

Een **persoonlijk voornaamwoord** (pers. vnw) duidt iemand of iets aan:
We moeten het verslag vandaag inleveren, maar *ik* heb *het* nog niet af.

Het **bezittelijk voornaamwoord** (bez. vnw) geeft aan *van* wie iets is en staat vóór het bezit:
- Franka heeft *haar* gereedschap in *jouw* bus laten liggen.
- *Onze* secretaresse heeft gisteren *uw* contract op de post gedaan.
- Wanneer gaat *jullie* voorstelling in première?

	persoonlijke voornaamwoorden		bezittelijke voornaamwoorden
enkelvoud			
1e persoon	ik	mij / me	mijn
2e persoon	jij / je, u	jou / je, u	jouw / je, uw
3e persoon	hij, zij / ze, het	hem, haar, het	zijn, haar, zijn
meervoud			
1e persoon	wij / we	ons	ons / onze
2e persoon	jullie, u	jullie, u	jullie, uw
3e persoon	zij / ze	ze / hen / hun	hun

OPDRACHT 1

Onderstreep de persoonlijke voornaamwoorden en de bezittelijke voornaamwoorden.
Noteer onder de zin of het woord een persoonlijk of een bezittelijk voornaamwoord is.
Voorbeeld: Heb jij mijn jas ergens gezien?
jij = pers. vnw, mijn = bez. vnw

1 De caissière vroeg aan ons of wij onze identiteitskaart konden laten zien.

2 Ik greep in toen Youp zijn rem niet hard genoeg intrapte.

3 Hij heeft het tafeltje geverfd, zodat het sneller verkocht zal worden.

4 Wilt u eens kijken of uw auto nu wel start?

5 We kunnen helaas niet aan haar verzoek voldoen.

3F Grammatica en spelling

6 'Wij verzorgen onze dieren erg goed', zei de medewerkster van de zorgboerderij.

7 Sietske en Linde vinden hun creaties goed passen bij het thema waar zij aan werken.

8 An en Jo vinden het logo mooi bij hun huisstijl passen, dus wat hen betreft, gaat dit door.

UITLEG

Het **aanwijzend voornaamwoord** (aanw. vnw) verwijst naar iets: *deze, die, dit, dat, zulk(e), zo'n, dergelijke.*
- de-woord > gebruik *deze* en *die*: de auto – deze auto, die auto
- het-woord > gebruik *dit* en *dat*: het filiaal – dit filiaal, dat filiaal
- meervoud > gebruik altijd *deze* en *die*: het huis – deze huizen, die huizen

OPDRACHT 2

Onderstreep de aanwijzende voornaamwoorden.
Voorbeeld: Met <u>deze</u> telefoon kun je ook <u>zo'n</u> panoramafoto maken.

1 Die man is de directeur van deze school.

2 Zulke vragen moet je aan je collega's voorleggen.

3 Tristan voert op dit moment een verkoopgesprek met die nieuwe klant.

4 Dergelijke proeven zijn erg lastig om goed uit te voeren.

5 Paul verkocht dat apparaat voor een goede prijs.

6 Om die tijd nauwkeurig te kunnen meten, heb je zo'n uitgebreide meter nodig.

OPDRACHT 3

Wat voor voornaamwoord is het vetgedrukte woord?

1 De bejaarde man wordt iedere dag door **deze** verzorgster aangekleed.
☐ persoonlijk ☐ bezittelijk ☐ aanwijzend

2 Ik vind **jouw** houding tegenover je collega's erg professioneel.
☐ persoonlijk ☐ bezittelijk ☐ aanwijzend

3 Heb **jij** al gezien hoeveel kroppen sla er in de moestuin staan?
☐ persoonlijk ☐ bezittelijk ☐ aanwijzend

4 Victor woont maar vijf minuten lopen van **zijn** werk vandaan.
☐ persoonlijk ☐ bezittelijk ☐ aanwijzend

5 De stagiaires deden **hun** werk naar behoren.
☐ persoonlijk ☐ bezittelijk ☐ aanwijzend

6 **Dit** product kun je het beste in de koeling bewaren.
☐ persoonlijk ☐ bezittelijk ☐ aanwijzend

1.3 Voornaamwoorden

OPDRACHT 4

Noteer de persoonlijke, bezittelijke en aanwijzende voornaamwoorden uit de strip. Noteer erachter of het een pers. vnw, bez. vnw of aanw. vnw is.

Naar: www.kakhiel.nl

OPDRACHT 5

Alle woordsoorten tot nu toe.

> Mijn vriendin Anna en ik zijn deze maand een webwinkel in trendy, plastic serviesgoed gestart.
>
> - Mijn = bez. vnw
> - zijn = ww
> - een = lw
> - plastic = stof. bn
> - Anna = zn
> - deze = aanw. vnw
> - webwinkel = zn
> - serviesgoed = zn
> - ik = pers. vnw
> - maand = zn
> - trendy = bn
> - gestart = ww

Benoem de onderstreepte woorden. Kies uit: ww (werkwoord) – zn (zelfstandig naamwoord) – lw (lidwoord) – bn (bijvoeglijk naamwoord) – stof. bn (stoffelijk bijvoeglijk naamwoord) – pers. vnw (persoonlijk voornaamwoord) – bez. vnw (bezittelijk voornaamwoord) – aanw. vnw (aanwijzend voornaamwoord).

1 Hij organiseert met zijn collega's een bijeenkomst over het nieuwe beleid in congrescentrum Kantelaarsbergen in Huizen.

Hij = _____ organiseert = _____

zijn = _____ collega's = _____

een = _____ bijeenkomst = _____

het = _____ nieuwe = _____

beleid = _____ Kantelaarsbergen = _____

2 Zulke grote bedragen kun je volgens mij beter op je spaarrekening zetten.

Zulke = _____ grote = _____

bedragen = _____ mij = _____

je = _____ zetten = _____

3F Grammatica en spelling

3 Mag ik u deze echte wollen sokken van Falke aanraden?

Mag = _____   ik = _____

u = _____   deze = _____

wollen = _____   sokken = _____

Falke = _____   aanraden = _____

4 Dit wordt een mooi jaar, want in het najaar ga ik samen met mijn beste vriend backpacken in Australië.

Dit = _____   wordt = _____

het = _____   najaar = _____

mijn = _____   beste = _____

backpacken = _____ Australië = _____

5 Het organiseren van ons personeelsfeest wordt dit jaar uitbesteed aan een externe partij, omdat het vorig jaar te saai was.

Het = _____   organiseren = _____

ons = _____   uitbesteed = _____

externe = _____   het = _____

vorig = _____   was = _____

Extra: 30 zinnen om meer te oefenen.

1.4 VOEGWOORD EN VOORZETSEL

DOEL Je herkent voegwoorden en voorzetsels.

UITLEG

Een **voegwoord** (vgw) verbindt twee zinnen met elkaar.
Een voegwoord staat meestal tussen twee zinnen, maar het kan ook vooraan in de zin staan.
Voorbeelden van voegwoorden zijn *en, maar, want, omdat, als, toen, terwijl, aangezien*.

Voorbeelden:
- Mariska doet de inkoop *en* ik regel de verkoop.
- Issam regelt extra personeel, *want* het wordt druk morgen.
- Vanmiddag gaat Cor naar de groothandel, *omdat* de voorraden bijna op zijn.
- *Aangezien* er regen is voorspeld, kun je de zonwering beter omhoog doen.

OPDRACHT 1

Onderstreep de voegwoorden.
Voorbeeld: Petra ging akkoord, <u>terwijl</u> ze eigenlijk tegen het plan was.

1 Het bedrijf is nog niet failliet, maar de omzet is wel erg laag.
2 Beau werkt hard door, zodat ze op tijd weg kan.
3 De tuinmannen schuilen onder de patio, want de regen komt met bakken uit de hemel.
4 Toen ik merkte dat de gootsteen verstopt zat, besloot ik hem gelijk schoon te maken.
5 Idris houdt de plank recht en jij schroeft hem vast.
6 Omdat er kans is op lawines, is de bergpas vandaag gesloten voor verkeer.

UITLEG

Voorzetsels (vz) staan meestal voor een zelfstandig naamwoord. Ze geven vaak plaats (*in, op, naast*), tijd (*in, tijdens*) of reden (*door, vanwege*) aan.
Staat het vz achter een zelfstandig naamwoord, dan geeft het meestal de richting aan (de brug *over*). Voorzetsels komen ook veel in uitdrukkingen voor (iets *onder* de knie hebben).

Voorbeelden:
- De ordners staan *in* de grijze kast *op* de bovenste plank. (*plaats*)
- *In* de winter is er *tijdens* de middagpauze tevens soep verkrijgbaar. (*tijd*)
- *Vanwege* de airconditioning moeten de ramen gesloten blijven. (*reden*)
- We rijden nu de tunnel *in*. (*achter het zelfstandig naamwoord*)
- Die nieuwe scooter is <u>een rib *uit* mijn lijf</u>. (*uitdrukking* = onderstreept)

OPDRACHT 2

Onderstreep de voorzetsels.
Voorbeeld: De bijeenkomst vond plaats <u>in</u> de aula.

1 Op Cuba begint het regenseizoen in mei.
2 Door de hevige sneeuwbuien zijn veel wegen onbegaanbaar.
3 Vanwege een stroomstoring zijn de machines in de fabriek uitgevallen.
4 De teamleider houdt met iedere werknemer een functioneringsgesprek.
5 Binnen deze kaders is er nog behoorlijk wat ruimte voor verandering.
6 Rosa en Hanna keken naar een aangrijpende documentaire over de kracht van vergeven.
7 Tristan heeft zijn nieuwe scooter voor een appel en een ei gekocht.

3F Grammatica en spelling

OPDRACHT 3

Vul het vaste voorzetsel in.
Voorbeeld: Patricia kan niet zo goed hoogte *van* Boudewijn krijgen.

1 De huisarts verwijst Marcel door _____ de fysiotherapeut.

2 Ik ga graag _____ je mee naar die voorstelling in de schouwburg.

3 Dit bedrijf is gespecialiseerd _____ het maken van harmonische tuinen.

4 De uitslag van deze peiling was in strijd _____ de voorspellingen.

5 _____ onze werknemers verwachten wij geen 9-tot-5-mentaliteit.

6 Het is belangrijk dat jij je richt _____ het einddoel van deze taak.

7 Vorig jaar werd Christiaan benoemd _____ ridder in De Orde van Oranje-Nassau.

OPDRACHT 4

Alle woordsoorten door elkaar.

> Hoewel mijn stage in dat bedrijf kort duurde, was het een boeiende periode.
> - hoewel = vgw
> - in = vz
> - kort = bn
> - het = pers. vnw
> - periode = zn
> - mijn = bez. vnw
> - dat = aanw. vnw
> - duurde = ww
> - een = lw
> - stage = zn
> - bedrijf = zn
> - was = ww
> - boeiende = bn

Benoem alle woorden in de zin. Kies uit: ww (werkwoord) – lw (lidwoord) – zn (zelfstandig naamwoord) – bn (bijvoeglijk naamwoord) – stof. bn (stoffelijk bijvoeglijk naamwoord) – pers. vnw (persoonlijk voornaamwoord) – bez. vnw (bezittelijk voornaamwoord) – aanw. vnw (aanwijzend voornaamwoord) – vgw (voegwoord) – vz (voorzetsel).

1 De groenteman verkoopt deze sappige sinaasappels voor een goede prijs.

De = _____   groenteman = _____

verkoopt = _____   deze = _____

sappige = _____   sinaasappels = _____

voor = _____   een = _____

goede = _____   prijs = _____

2 De politieke situatie in die landen baart mij grote zorgen.

De = _____   politieke = _____

situatie = _____   in = _____

die = _____   landen = _____

baart = _____   mij = _____

grote = _____   zorgen = _____

1.4 Voegwoord en voorzetsel

3 Vanwege de discussie over de CO$_2$-uitstoot, stijgt de vraag naar elektrische auto's in een rap tempo.

Vanwege =	_____	de =	_____
discussie =	_____	over =	_____
de =	_____	CO$_2$-uitstoot =	_____
stijgt =	_____	de =	_____
vraag =	_____	naar =	_____
elektrische =	_____	auto's =	_____
in =	_____	een =	_____
rap =	_____	tempo =	_____

4 Yael ging boodschappen doen, want ze wil haar vriendin verrassen met een uitgebreide maaltijd.

Yael =	_____	ging =	_____
boodschappen =	_____	doen =	_____
want =	_____	ze =	_____
wil =	_____	haar =	_____
vriendin =	_____	verrassen =	_____
met =	_____	een =	_____
uitgebreide =	_____	maaltijd =	_____

5 Op zaterdag dweilt Frank de houten vloer en poetst hij de witte keuken.

Op =	_____	zaterdag =	_____
dweilt =	_____	Frank =	_____
de =	_____	houten =	_____
vloer =	_____	en =	_____
poetst =	_____	hij =	_____
de =	_____	witte =	_____
keuken =	_____		

Extra: 20 zinnen om meer te oefenen.

OEFENTOETS HOOFDSTUK 1

Je hebt hoofdstuk 1 van *Grammatica en spelling* afgerond en kunt nu met de Oefentoets aan de slag. Een Oefentoets maak je om te controleren of je de stof van het hoofdstuk voldoende beheerst.

Wat heb je in dit hoofdstuk geleerd?
- Ik herken werkwoorden en verschillende vormen van het werkwoord. (1.1)
- Ik herken zelfstandige naamwoorden, (stoffelijke) bijvoeglijke naamwoorden en lidwoorden. (1.2)
- Ik herken het persoonlijk, het bezittelijk en het aanwijzend voornaamwoord. (1.3)
- Ik herken voegwoorden en voorzetsels. (1.4)

Leren voor een toets Grammatica en spelling?
- Zorg dat je weet hoe je de verschillende onderdelen van dit hoofdstuk moet leren: wat moet je uit je hoofd leren en welke leerstof moet je kunnen gebruiken?
    – Uit je hoofd leren: bestudeer alle gele blokjes *Uitleg*.
    – Kunnen gebruiken: maak een aantal opdrachten opnieuw. Op *NU Nederlands online* vind je ook extra opdrachten. Vind je de leerstof moeilijk? Oefen dan ook online met opdrachten op niveau 2F.
- Leer van je fouten: welke opdrachten gingen nog niet goed? Maakte je begripsfouten, waren het slordigheden, of wist je bij deze opdrachten niet hoe je ze moest maken?
- Leg het belangrijkste van elke paragraaf mondeling uit aan een medestudent.

TIP Op YouTube zijn veel uitlegfilmpjes te vinden over grammatica. Zoek voor de woordsoorten die je nog niet goed begrijpt op YouTube zo'n uitlegfilmpje.

Maak de Oefentoets online. Afhankelijk van je resultaten krijg je extra uitleg en opdrachten.

2 ZINSDELEN EN ZINNEN

2.1 PERSOONSVORM, GEZEGDE EN ONDERWERP

DOEL Je herkent de persoonsvorm en de zinsdelen gezegde en onderwerp.

UITLEG

De **persoonsvorm** (pv) vind je door de tijd in de zin te veranderen. Ook kun je het onderwerp in het meervoud of enkelvoud zetten; de pv verandert dan ook naar meervoud of enkelvoud.

Voorbeelden (de pv is onderstreept):
- Dylan <u>overlegt</u> met de docent.   Dylan <u>overlegde</u> met de docent.
- Sanne <u>is</u> naar Amsterdam geweest.   Sanne en Roxy <u>zijn</u> naar Amsterdam geweest.

Om andere zinsdelen te vinden, heb je de pv nodig. Zoek dus altijd eerst de pv.

Alle (delen van) werkwoorden samen vormen het werkwoordelijk **gezegde** (gez.).
Ook 'te' en 'aan het' horen bij het gezegde, maar alleen als ze vóór een werkwoord staan.

Voorbeelden (de pv is onderstreept):
- Mischa leest het rapport.   gez. = <u>leest</u>
- Oxana en Soheil hebben het ontwerp gemaakt. gez. = <u>hebben</u> gemaakt
- Karim levert zijn werkstuk op tijd in.   gez. = <u>levert</u> in (hele ww is 'inleveren')
- Mark is het magazijn aan het schoonmaken.   gez. = <u>is</u> aan het schoonmaken
- Ivo zit de facturen in te voeren.   gez. = <u>zit</u> in te voeren

OPDRACHT 1

Onderstreep de persoonsvorm.
Voorbeeld: Rob <u>vindt</u> zijn stage echt de moeite waard.

1 Ik neem altijd om half vijf de trein naar huis.
2 Xavier heeft de Energievakbeurs bezocht.
3 Ons vliegtuig vertrekt zondag om 9:00 uur vanaf Eindhoven Airport.
4 Morgen gaan we met de hele klas naar de bijeenkomst in het gemeentehuis.
5 Mijn zus werkt sinds kort bij een uitzendbureau.
6 Begrotingen maken vind ik lastig.
7 Om te beginnen stofzuigt Myra de kamer van mevrouw De Vries.

OPDRACHT 2

Onderstreep het gezegde.
Zoek eerst de persoonsvorm. Zoek daarna de overige (delen van) werkwoorden.
Voorbeeld: Joost <u>is</u> het magazijn van het laboratorium <u>aan het opruimen</u>.

1 We moesten onze bevindingen rapporteren aan de baas.
2 De financiële afronding van dit project wordt steeds uitgesteld.
3 Ik ga het pakketje morgen verzenden.
4 Wanneer zou u die muur voor de tweede keer kunnen sauzen?
5 De kinderleidster nodigde alle ouders uit voor de kennismakingsavond.

3F Grammatica en spelling

6 Andrea vulde het formulier helemaal in.

7 Leo probeert het probleem grondig aan te pakken.

8 Weet jij dit probleem op te lossen?

UITLEG

Het **onderwerp** (ow) van de zin vind je door te vragen: *wie/wat + gez.?*

Voorbeelden (het gez. is onderstreept):
- Zahra is aangenomen.   *Wie is aangenomen?*   ow = Zahra
- De economie trekt weer aan.   *Wat trekt aan?*   ow = de economie

OPDRACHT 3

Onderstreep het gezegde en noteer het onderwerp.
Voorbeeld: Vanochtend gaf Yannick de bezoekers een uitgebreide rondleiding. ow *Yannick*

1 Alle docenten hebben morgen een studiedag in de aula.

ow _____

2 De afgelopen maanden is de actiegroep Greenpeace drie keer in het nieuws geweest.

ow _____

3 Waarom bel jij mij nooit eens terug?

ow _____

4 Sharita en Sharon hebben vorige week loonsverhoging gekregen.

ow _____

5 De opdracht voor de volgende les gaat ons veel tijd kosten.

ow _____

6 Gisteren snoeiden de hovenier en zijn stagiaire de laanbomen.

ow _____

7 De vragen werden door de medewerkster van de klantenservice beantwoord.

ow _____

8 Waarom loopt die nieuwe administratieve software steeds vast?

ow _____

OPDRACHT 4

Onderstreep het onderwerp.

1 Aanstaande maandag brengt Simone de boeken naar school.

2 Bij deze vereniging voetbalt Khalid nu al elf jaar.

3 Deze pizza mozzarella van Dr. Oetker moet gedurende 11-14 minuten op 200 graden gebakken worden.

4 Uit veiligheidsoverwegingen is uw account tijdelijk geblokkeerd.

5 Zullen wij nu elke week zo'n uitgebreide uitleg van onze docent krijgen?

6 Vier van de vijf bandleden van Two Directions doen volgende maand mee aan de DC Schoolbands Battle.

2.1 Persoonsvorm, gezegde en onderwerp

7 Het voorstel is nog niet goedgekeurd door de ondernemingsraad.

8 Wie heeft de centrale verwarming op 23° Celsius gezet?

OPDRACHT 5 **Alle zinsdelen tot nu toe.**

> Die grote bouwmarkt <u>gaat</u> uitbreiden.
> - gez. = gaat uitbreiden
> - ow = die grote bouwmarkt

Onderstreep de persoonsvorm. Noteer daarna het gezegde (gez.) en het onderwerp (ow).

1 De boeren willen hun bedrijf graag uitbreiden.

gez. _____ ow _____

2 Gisteren hield de politie twee winkeldieven in onze winkel aan.

gez. _____ ow _____

3 De vermoeide hardloper werd in de laatste kilometer ingehaald door zijn tegenstander.

gez. _____ ow _____

4 Voor hun fantastische idee kregen Freek en Rick een cheque aangeboden.

gez. _____ ow _____

5 In de vakantie heeft Zoë aardbeien geplukt bij die nieuwe kwekerij.

gez. _____ ow _____

6 Laila verwacht volgende maand haar eigen winkel te openen.

gez. _____ ow _____

7 De honden in het asiel waren de hele tijd aan het blaffen.

gez. _____ ow _____

8 Volgens de nieuwslezer zijn de problemen in het Midden-Oosten nog niet opgelost.

gez. _____ ow _____

OPDRACHT 6 **Benoem de onderstreepte zinsdelen.**

Waarom <u>stel</u> jij eigenlijk altijd alles <u>uit</u>?

<u>Kunnen</u> <u>we</u> dat vanmiddag <u>bespreken</u>?

Naar: www.kakhiel.nl

Extra: 30 zinnen om meer te oefenen.

2.2 LIJDEND EN MEEWERKEND VOORWERP, BIJWOORDELIJKE BEPALING

DOEL Je herkent een lijdend voorwerp, meewerkend voorwerp en een bijwoordelijke bepaling.

UITLEG Het **lijdend voorwerp** (lv) vind je door te vragen: *wie of wat + gezegde + onderwerp?*

Voorbeelden (het gezegde is onderstreept):
- Erik heeft Zoran begeleid.   ow = Erik   Wie heeft Erik begeleid?   lv = Zoran
- Josje organiseert een feest.   ow = Josje   Wat organiseert Josje?   lv = een feest

OPDRACHT 1 Onderstreep het lijdend voorwerp.
Zoek eerst gezegde en onderwerp. Zoek en onderstreep daarna het lijdend voorwerp.
Voorbeeld: Wendy ontwerpt een nieuwe tuin.

1. Rachelle kreeg een zeven voor de praktijkopdracht.
2. Vanochtend heeft de artiest het optreden afgezegd.
3. De tandartsassistente voert enkele administratieve taken uit.
4. Van onze dansleraar kregen wij uitgebreide feedback.
5. Met deze ingrediënten kun je een heerlijke ovenschotel bereiden.
6. Leonie wil een goede presentatie geven over de resultaten van haar onderzoek.
7. Willem en Bart hebben de systeembeheerder geholpen met het opstarten van de laptops.
8. Ik had je net een appje gestuurd.

UITLEG Een woord(groep) is een **meewerkend voorwerp** (mv) als je er *aan* (of soms *voor*) voor kunt zetten én als je *aan* of *voor* kunt weglaten.

Voorbeelden:
- Bijna elke gast geeft Amir een fooi.   Voor 'Amir' kun je 'aan' zetten.   Amir = mv
- Ons komt die afspraak wel goed uit.   Voor 'ons' kun je 'voor' zetten.   ons = mv
- Stuur je een offerte aan mij?   *Stuur je mij een offerte?* kan ook.   aan mij = mv

OPDRACHT 2 Onderstreep het meewerkend voorwerp.
Zoek eerst gezegde, onderwerp en lijdend voorwerp (als dat er is). Zoek en onderstreep daarna het meewerkend voorwerp.
Voorbeeld: Ik geef mijn klasgenoot de uitwerkingen.

1. Kevin stuurt jou zo snel mogelijk zijn aantekeningen.
2. Wie heeft de werkgroep Beheer & Verkeer de notulen gestuurd?
3. De grove fout heeft haar uiteindelijk haar baan gekost.
4. De docent deelde ons het goede nieuws mee.
5. Carla voerde de kippen nog wat extra mais.
6. De begeleider gaf Stan in de middagpauze een groot compliment.

2.2 Lijdend en meewerkend voorwerp, bijwoordelijke bepaling

7 De opdracht is hun niet helemaal duidelijk.

8 Op het congres van afgelopen donderdag gaf Marc iedereen een hand.

OPDRACHT 3

Maak goede zinnen. Gebruik de gegeven volgorde.
Voorbeeld:
Emma (ow) – pv/gez. – haar oude studieboeken (lv) – voor een prima prijs – mv – rest gez.
Emma *heeft* haar oude studieboeken voor een prima prijs *aan een nieuwe student verkocht.*

1 Aan wie (mv) – moet – ow – morgen – lv – rest gez.?

2 ow – pv/gez. – rest gez. – over de beslissing van de scheidsrechter.

3 Morgen – pv/gez. – Jesse (ow) – mv – de huur van zijn kluisje (lv).

4 lv – pv/gez. – je (ow) – hem (mv) – toch niet echt – rest gez.?

5 pv/gez – ow – hun (mv) – lv – brengen?

UITLEG

De **bijwoordelijke bepaling** (bijw. bep.) geeft antwoord op vragen als *waar, wanneer, hoe, waarheen, waarvandaan, waardoor, waarom.*

Voorbeelden:
- De auto staat in de parkeergarage.   *Waar* staat hij? → in de parkeergarage = bijw. bep.
- Dit bedrijf importeert jam uit Bulgarije.   *Waarvandaan?* → uit Bulgarije = bijw. bep.

OPDRACHT 4

Onderstreep alle bijwoordelijke bepalingen.
Zoek eerst alle andere zinsdelen. Onderstreep daarna de bijwoordelijke bepaling(en).
Voorbeeld: De studenten van de sportopleiding gingen met de bus naar het zwembad.

1 De parkeerwachter controleerde in de binnenstad alle auto's.

2 Niels bracht zijn stage vorig jaar in Tanzania door.

3 De opleiding tot ambachtelijke slager wordt al vele jaren aangeboden op het mbo.

4 De hovenier snoeide de buxus met zijn elektrische snoeischaar.

5 In de hotellobby werden we op een bijzonder gastvrije manier ontvangen.

6 Door haar heldere betoog overtuigde Yara al haar klasgenoten.

7 Voor de veiligheid van de kinderen legde de medewerker van het pretpark de regels uit.

8 De arts beloofde hem te allen tijde de waarheid te vertellen.

3F Grammatica en spelling

OPDRACHT 5

Bekijk je antwoorden bij opdracht 4. Welke bijwoordelijke bepalingen geven antwoord op de vragen hieronder? Noteer alleen de nummers van de zinnen.

- hoelang? 3
- hoe? _____
- waar? _____
- waardoor? _____
- waarmee? _____
- waarvoor? _____
- wanneer? _____

OPDRACHT 6

Alle zinsdelen door elkaar.

> Vanwege de onverwachte stijging in de omzet heeft de directie vorig jaar alle personeelsleden een bonus kunnen geven.
> - gez. = <u>heeft</u> kunnen geven
> - ow = de directie
> - bijw. bep. = Vanwege de onverwachte stijging in de omzet, vorig jaar
> - lv = een bonus
> - mv = alle personeelsleden

Onderstreep de persoonsvorm. Noteer daarna gezegde (gez.), onderwerp (ow), lijdend voorwerp (lv), meewerkend voorwerp (mv) en bijwoordelijke bepaling(en) (bijw. bep.). Let op: niet in elke zin staan alle zinsdelen.

1. Vorige week heeft mijn mentor mij de aanmeldformulieren toegestuurd.

    gez. = _____
    ow = _____
    bijw. bep. = _____
    lv = _____
    mv = _____

2. Ik stuurde Saïd gistermiddag het juiste bestand.

    gez. = _____
    ow = _____
    bijw. bep. = _____
    lv = _____
    mv = _____

3. Deze vriendelijke slager geeft zijn klanten elke week een gratis recept mee.

    gez. = _____
    ow = _____
    bijw. bep. = _____
    lv = _____
    mv = _____

2.2 Lijdend en meewerkend voorwerp, bijwoordelijke bepaling

4 Wil jij de geïnteresseerden tijdens de open avond deze folder meegeven?

gez. = _____ lv = _____

ow = _____ mv = _____

bijw. bep. = _____

5 Heb je de aanmeldformulieren ontvangen?

gez. = _____ lv = _____

ow = _____ mv = _____

bijw. bep. = _____

6 Met een brede glimlach liet de receptioniste ons de kamer zien.

gez. = _____ lv = _____

ow = _____ mv = _____

bijw. bep. = _____

Extra: 30 zinnen om meer te oefenen.

2.3 ENKELVOUDIGE EN SAMENGESTELDE ZINNEN

DOEL Je ziet of een zin enkelvoudig of samengesteld is.

UITLEG

Een **enkelvoudige zin** heeft één persoonsvorm.
Een **samengestelde zin** heeft twee of meer persoonsvormen.

Voorbeeldzinnen (de persoonsvorm is onderstreept):
- Hafsa zit onder werktijd vaak te appen. (*enkelvoudig*)
- Bert doet de adminstratie en Karin verzorgt de acquisitie. (*samengesteld*)
- Als je wilt, dan help ik je, maar alleen als ik niet hoef te werken. (*samengesteld*)

OPDRACHT 1 Onderstreep eerst de persoonsvorm(en). Noteer dan achter de zin of hij enkelvoudig (enk.) of samengesteld (sam.) is.
Voorbeeld: Morgen begint de wintertijd en wordt de klok verzet. *sam.*

1 We hebben honderd mensen uitgenodigd voor de bijeenkomst. _____

2 Youssou verwacht een recordaantal aanmeldingen. _____

3 Toen de toneelspelers het podium opkwamen, begon het publiek luid te klappen. _____

4 Een paar maanden geleden is bekend gemaakt in welk land de wereldkampioenschappen gehouden worden. _____

5 Probeer regelmatig te sporten, want het is goed voor je gezondheid. _____

6 Als jij de hapjes regelt, dan zorgt Mirella voor de drankjes. _____

7 Deze crimineel, Cees H., is vorige week voorwaardelijk vrijgelaten. _____

8 De leverancier wil een onderzoek instellen, zodat het product daarna verbeterd kan worden. _____

OPDRACHT 2 Onderstreep in de tekst de enkelvoudige zinnen.

Muziektalent: The Buccaneers

De Haarlemse scholierenband The Buccaneers begon met optredens op straat. Nu, het is tweeënhalf jaar later, hebben ze de derde prijs van de Unicef Talent Battle op zak. De vier leden van The Buccaneers leerden elkaar kennen tijdens een talentenshow op school. Yentl: 'Na de talentenshow zijn we begonnen met optreden op straat. We waren dus eigenlijk straatmuzikanten.' Milou: 'In het begin maakten we ook muziek met een andere groep. Er zijn toen mensen uit de band gegaan en er zijn weer nieuwe mensen bijgekomen. Wij zijn de groep die over is gebleven.'

De naam van de band, The Buccaneers, is spontaan ontstaan en heeft dus niets van doen met de gelijknamige serie of het boek. Maartje: 'We hebben gewoon het Engelse woordenboek opgeslagen en zagen het woord 'buccaneer' staan. Dat woord vonden we wel lekker klinken. Onze band heeft niet echt veel met de betekenis van de bandnaam, namelijk 'de zeerovers', te maken.'

Naar: www.scholieren.com

 Extra: 20 zinnen om meer te oefenen.

2.4 HOOFDZINNEN EN BIJZINNEN

DOEL Je kunt hoofdzinnen van bijzinnen onderscheiden.

UITLEG

Een enkelvoudige zin is altijd een **hoofdzin** (hz).
Een samengestelde zin bevat altijd minimaal één **hoofdzin** en verder een of meer hoofdzinnen en/of **bijzinnen** (bz).

Voorbeelden (de bijzinnen zijn onderstreept):
- Frank wil met het vliegtuig naar Berlijn, maar ik neem liever de trein. = hoofdzin + hoofdzin
- Omdat de kleedkamer verbouwd wordt, kun je niet douchen. = bijzin + hoofdzin
- De beeldschermen die we besteld hebben, worden vrijdag geleverd. = hoofdzin + bijzin

Gebruik deze tips om hoofdzinnen en bijzinnen te herkennen:

1	Staat de pv voorin de zin? > hz Staat de pv achterin de zin? > bz	Hilde *zet* het alarm aan (hz) als ze naar huis *gaat* (bz). (pv = cursief)
2	Kan er geen ander zinsdeel tussen ow en pv staan? > hz Kunnen er wel andere zinsdelen tussen ow en pv staan? > bz	**Deze winkel** *sluit* om zes uur (hz), hoewel **de meeste andere zaken** langer open *blijven* (bz). (ow = vet, pv = cursief)
3	Begint de zin met een voegwoord (niet: en, maar, want) of met *die, dat, wat, waarover, waarvan enz.*? > bz	We verwachten vandaag veel klanten, omdat het uitverkoop is. Is de jurk die daar hangt afgeprijsd? (bz = onderstreept)

OPDRACHT 1

Vul de zinnen aan met een hoofdzin.

Voorbeeld: Het boek dat daar ligt, *heb ik in één ruk uitgelezen.*

1 Als je arts wilt worden, _____

2 Omdat hij regelmatig te laat op zijn werk komt, _____

3 Toen hij zich aanmeldde voor de cursus, _____

4 Wanneer je goed naar de resultaten kijkt, _____

5 Vandaag werk ik de administratie bij en _____

OPDRACHT 2

Vul de zinnen aan met een bijzin.

Voorbeeld: Patrick zegt dat *hij morgenochtend een stagebezoek gepland heeft.*

1 Zijn dit de opdrachten die _____

2 Het is belangrijk dat _____

3 Erik maakt een afspraak met de baas van het bedrijf, omdat _____

4 Je moet naar de tandarts wanneer _____

3F Grammatica en spelling

OPDRACHT 3

Zet in de samengestelde zinnen de hoofdzinnen tussen haakjes. Onderstreep de bijzinnen. Let op: niet elke zin bestaat uit een hz en een bz.

Voorbeeld: <u>Toen hij drie keer te laat was gekomen,</u> (moest Geoffrey zich melden bij zijn leidinggevende).

1. Twee stuks fruit eten op een dag wordt aanbevolen, omdat je dan voldoende vitamines binnenkrijgt.
2. Hoewel het pompstation op dit moment wordt verbouwd, is het gewoon open.
3. Frits heeft veel gehad aan de tips die hij heeft gekregen.
4. Peter stemt op de VVD, maar zijn vriendin kiest voor D66.
5. Op de tijdstippen die jij noemt, heeft de tandarts helaas geen tijd.
6. Amber koopt de ingrediënten en Tijn maakt er een heerlijk gerecht van.
7. De bomen in de straat worden gekapt, hoewel de buurtbewoners het er niet mee eens zijn.
8. Toen Thomas laatst met de servicelijn van de telecomaanbieder belde, werd hij vriendelijk te woord gestaan.
9. Wat kan ik doen als mijn telefoon geen wifi ontvangt?
10. Een coach moet niet alleen benoemen wat fout gaat, maar hij moet ook complimenten geven als het goed gaat.

OPDRACHT 4

Omcirkel in de tekst de pv's. Onderstreep daarna de drie bijzinnen.

Postbezorger nog steeds populairste zomerbaantje

Postbezorger is nog steeds het populairste bijbaantje onder jongeren. Na postbezorger is werken in de bediening in de horeca populair. Op de derde plaats van meest populaire bijbanen staat 'medewerker in de schoonmaak'. Daarna volgt werken in een magazijn.

PostNL ziet ook dat de vraag naar een baantje als postbezorger nog steeds stabiel is. 'Het is een makkelijk baantje. Je hebt alleen je fiets nodig. Bovendien zijn er flexibele werktijden.

Voor jongeren speelt het vaak ook mee dat ze na de zomer nog aan kunnen blijven als postbezorger. Ze maken dan wel minder uren, omdat de vaste postbezorgers dan terug zijn van hun zomervakantie. Maar ook na de zomer kunnen jongeren nog uren maken als postbezorger. Er wordt nog steeds post gestuurd. Het waren dan vroeger misschien vijf brieven per dag en nu drie, maar de post blijft wel verstuurd worden.'

Naar: www.nu.nl

2.4 Hoofdzinnen en bijzinnen

OPDRACHT 5

Heb je te maken met een enkelvoudige zin, met twee hoofdzinnen of met een hoofdzin en een bijzin?

De afdelingsleider <u>zegt</u> dat hij morgen met een nieuw voorstel <u>komt</u>.
- [ ] A enkelvoudig
- [ ] B samengesteld: hz + hz
- [x] C samengesteld: hz + 1 bz
- [ ] D samengesteld: hz + 2 bz

Onderstreep eerst de persoonsvorm(en). Bepaal dan hoe de zin is opgebouwd.

1 In hun vakantie bezoeken Yoran en Sam enkele historische gebouwen en ze gaan een paar dagen naar het strand.
- [ ] A enkelvoudig
- [ ] B samengesteld: hz + hz
- [ ] C samengesteld: hz + 1 bz
- [ ] D samengesteld: hz + 2 bz

2 Dit is een interessante grafiek, omdat je hierin kunt zien hoeveel mensen er het afgelopen jaar geëmigreerd zijn.
- [ ] A enkelvoudig
- [ ] B samengesteld: hz + hz
- [ ] C samengesteld: hz + 1 bz
- [ ] D samengesteld: hz + 2 bz

3 Twan werkt hard door, want hij wil vandaag op tijd naar huis.
- [ ] A enkelvoudig
- [ ] B samengesteld: hz + hz
- [ ] C samengesteld: hz + 1 bz
- [ ] D samengesteld: hz + 2 bz

4 Het is heel erg belangrijk dat een werknemer sociaal en klantgericht is.
- [ ] A enkelvoudig
- [ ] B samengesteld: hz + hz
- [ ] C samengesteld: hz + 1 bz
- [ ] D samengesteld: hz + 2 bz

5 De iPhone die ik heb gevonden, heb ik afgegeven bij de receptie.
- [ ] A enkelvoudig
- [ ] B samengesteld: hz + hz
- [ ] C samengesteld: hz + 1 bz
- [ ] D samengesteld: hz + 2 bz

6 Weet u of de artikelen die daar liggen in de uitverkoop zijn?
- [ ] A enkelvoudig
- [ ] B samengesteld: hz + hz
- [ ] B samengesteld: hz + 1 bz
- [ ] D samengesteld: hz + 2 bz

7 In de Miljoenennota staan alle verwachte inkomsten en uitgaven.
- [ ] A enkelvoudig
- [ ] B samengesteld: hz + hz
- [ ] C samengesteld: hz + 1 bz
- [ ] D samengesteld: hz + 2 bz

8 Dat er jaarlijks zo veel ongelukken gebeuren, betreurt Jelmer enorm.
- [ ] A enkelvoudig
- [ ] B samengesteld: hz + hz
- [ ] C samengesteld: hz + 1 bz
- [ ] D samengesteld: hz + 2 bz

9 Deze collega gaat het bedrijf verlaten, wat ik erg jammer vind.
- [ ] A enkelvoudig
- [ ] B samengesteld: hz + hz
- [ ] C samengesteld: hz + 1 bz
- [ ] D samengesteld: hz + 2 bz

10 De auto die net voorbijkwam, reed met een te hoge snelheid.
- [ ] A enkelvoudig
- [ ] B samengesteld: hz + hz
- [ ] C samengesteld: hz + 1 bz
- [ ] D samengesteld: hz + 2 bz

11 Dankzij de hulp van de assistente is de speech van de directrice op tijd af.
- [ ] A enkelvoudig
- [ ] B samengesteld: hz + hz
- [ ] C samengesteld: hz + 1 bz
- [ ] D samengesteld: hz + 2 bz

Extra: 30 zinnen om meer te oefenen.

OEFENTOETS HOOFDSTUK 2

Je hebt hoofdstuk 2 van *Grammatica en spelling* afgerond en kunt nu met de Oefentoets aan de slag. Een Oefentoets maak je om te controleren of je de stof van het hoofdstuk voldoende beheerst.

Wat heb je in dit hoofdstuk geleerd?
- Ik herken de persoonsvorm en de zinsdelen gezegde en onderwerp. (2.1)
- Ik herken een lijdend voorwerp, meewerkend voorwerp en een bijwoordelijke bepaling. (2.2)
- Ik zie of een zin enkelvoudig of samengesteld is. (2.3)
- Ik kan hoofdzinnen van bijzinnen onderscheiden. (2.4)

Leren voor een toets **Grammatica en spelling?**
- Zorg dat je weet hoe je de verschillende onderdelen van dit hoofdstuk moet leren: wat moet je uit je hoofd leren en welke leerstof moet je kunnen gebruiken?
  - Uit je hoofd leren: bestudeer alle gele blokjes *Uitleg*.
  - Kunnen gebruiken: maak een aantal opdrachten opnieuw. Op *NU Nederlands online* vind je ook extra opdrachten. Vind je de leerstof moeilijk? Oefen dan ook online met opdrachten op niveau 2F.
- Leer van je fouten: welke opdrachten gingen nog niet goed? Maakte je begripsfouten, waren het slordigheden, of wist je bij deze opdrachten niet hoe je ze moest maken?
- Leg het belangrijkste van elke paragraaf mondeling uit aan een medestudent.

TIP Werk samen met een of meer medestudenten. Maak voor elkaar een toets over de behandelde zinsdelen. Gebruik enkelvoudige zinnen en onderstreep tien zinsdelen die je medestudent(en) moeten benoemen. Zorg ervoor dat je elk zinsdeel ongeveer even vaak bevraagt. Lever ook het antwoordmodel.

Maak de Oefentoets online. Afhankelijk van je resultaten krijg je extra uitleg en opdrachten.

3 WERKWOORDSPELLING

3.1 PERSOONSVORM IN DE TEGENWOORDIGE TIJD

DOEL Je spelt de persoonsvorm in de tegenwoordige tijd correct.

UITLEG

In de **tegenwoordige tijd** spel je de persoonsvorm zo:

	uitleg	voorbeeld
enkelvoud	ik-vorm na 'ik' en voor 'jij' (je)	ik vind, vind je
	ik-vorm bij gebiedende wijs	Kom!
	ik-vorm+t in de andere gevallen	je vindt, hij vindt, Julia vindt
meervoud	hele werkwoord	we/jullie/ze/mijn vrienden vinden

Je hoort of je een -t moet schrijven door het werkwoord te vervangen door een vorm van 'lopen': *Loop je?* > Je schrijft dus ook *Vind je? Loopt Erik?* Je schrijft dus *Vindt Erik?*

Voorbeelden (de persoonsvorm is onderstreept):
- Vanmiddag leid ik de bespreking.
- Help je (= jij) die nieuwe klanten even?
- Helpt je (= jouw) collega de gasten op het terras?
- Mijn vriend helpt je (= jou) vast wel.
- Over enkele minuten landt ons vliegtuig.
- Michael zegt dat de bus niet meer langs deze halte rijdt.

De spellingcontrole op je computer herkent niet alle fouten in werkwoordspelling. Controleer je werkwoordspelling dus ook altijd zelf!

VOORBEELD

Opening Jumbofiliaal Molenplein op woensdag 4 november

(1) De Jumbowinkel aan de Torenstraat 4 in Nijkerk **verhuist** komende week naar het Molenplein. De winkel **sluit** op zaterdag 31 oktober haar deuren en vanaf woensdag 4 november **zijn** inwoners van Nijkerk en omgeving welkom in de nieuwe Jumbowinkel aan het Molenplein 15 in het winkelcentrum Oosterpoort.

De opening van het filiaal aan het Molenplein **wordt** feestelijk gevierd. De directie **biedt** de eerste 150 klanten een bos bloemen aan. Bovendien **krijgen** alle klanten die voor een bedrag vanaf 25 euro boodschappen **doen**, een appeltaart mee naar huis. Er **treedt** een leuke muziekgroep op voor de kinderen. Ook **rijdt** er een clown op een eenwieler rond.

(1) Alle persoonsvormen in de tegenwoordige tijd zijn vetgedrukt.

3F Grammatica en spelling

OPDRACHT 1

Noteer de persoonsvorm in de tegenwoordige tijd.
Voorbeeld: vertellen   De zweminstructrice *vertelt* wat de kinderen moeten doen.

1 ontbreken   In dit rapport _____ de conclusie.

2 subsidiëren   De gemeente _____ het nieuwe project.

3 verhuizen   Eric _____ de spullen naar zijn nieuwe werkplek.

4 verwijzen   _____ je huisarts jou door naar de specialist?

5 vinden   Ferdi _____ jouw redenering erg duidelijk.

6 beantwoorden   _____ die mail vandaag nog even.

7 raden   _____ eens hoeveel aanmeldingen we hebben voor de bijeenkomst.

8 besteden   Edward _____ veel aandacht aan de opmaak van de teksten.

9 beïnvloeden   Dit medicijn _____ de rijvaardigheid, dus
   rijden   _____ voorzichtig.

10 aftreden   Op het nieuws is te horen dat de burgemeester per direct _____.

11 aanvaarden   Ik _____ dit compromis, mits jij je vanaf
   houden   nu aan de afspraken _____.

OPDRACHT 2

Verbeter Bastiaans e-mail.
De spellingcontrole herkent in de mail twee fout gespelde persoonsvormen, maar Bastiaan heeft meer fouten gemaakt. Omcirkel alle fout gespelde persoonsvormen in de e-mail. Schrijf de juist gespelde persoonsvormen in de kolom ernaast.

	verbeterde persoonsvormen:
Beste Esmee, Waarom beantwoordt jij mijn mails nooit? Ik weed dat jij het druk hebt, maar ik vint het erg vervelend als ik steeds op je antwoord moet wachten. Het lijkt wel of je mijn mails onbelangrijk vind. Ik wordt hier niet echt vrolijk van, want ook ik hep het druk. Volgende week rijdt ik langs jouw woonplaats. Ik kom dan graag even bij je langs, want ik lijdt hier echt onder. Hopelijk vindt jij dat een goed idee. Hoor graag zo snel mogelijk van je, Bastiaan	

Extra: 90 zinnen om meer te oefenen.

3.2 PERSOONSVORM IN DE VERLEDEN TIJD

DOEL Je spelt de persoonsvorm in de verleden tijd correct.

UITLEG

Sterke werkwoorden krijgen in de **verleden tijd** een klinkerwisseling en je schrijft ze zo eenvoudig mogelijk:
Ida kijkt in haar agenda – Ida keek in haar agenda
De directie vindt het een goed voorstel – De directie vond het een goed voorstel.

Zwakke werkwoorden krijgen
- als het onderwerp enkelvoud is: ik-vorm+te of ik-vorm+de
- als het onderwerp meervoud is: ik-vorm+ten of ik-vorm+den.

Meestal hoor je wel of je -te(n) of -de(n) gebruikt.

Twijfel je? Gebruik de letters t x f k s ch en p (**'t** ex-fo**ksch**a**ap**):
- de letter voor -en in het *hele* werkwoord is t x f k s ch of p: ik-vorm+te(n)
- de letter voor -en in het *hele* werkwoord is **niet** t x f k s ch of p: ik-vorm+de(n)

juichde of *juichte*?	juichen: 'ch' hoort bij 't ex-fok**sch**aap, dus *juichte*
blafde of *blafte*?	blaffen: 'f' hoort bij 't ex-**f**okschaap, dus *blafte*
beloofde of *beloofte*?	beloven: 'v' hoort **niet** bij 't ex-fokschaap, dus *beloofde*
reisde of *reiste*?	reizen: 'z' hoort **niet** bij 't ex-fokschaap, dus *reisde*

Voorbeelden (de persoonsvorm is onderstreept):
- De kapper knipte Victors haar in een strakke coupe. (knippen: **p** voor -en, dus ik-vorm+te)
- Mimoun vertelde dat hij een baan heeft gevonden. (vertellen: **l** voor -en, dus ik-vorm+de)
- Eva en Ada sausden in één middag alle wanden wit. (sauzen: **z** voor -en, dus ik-vorm+den)

In de verleden tijd heeft een persoonsvorm nooit -dt!
De persoonsvorm van een werkwoord op -d of -t krijgt dd en tt: *ik raadde, we wachtten*

VOORBEELD

Recensie hotel Fantastico

★★★★★ – *uitstekend*

(1) Afgelopen zomer **ontvluchtten** we de feestdagen en **vertoefden** we een week in hotel Fantastico. Het **was** er geweldig. Het personeel **behandelde** ons als vips. De werknemers **verzetten** veel werk. Het assortiment aan eten en drinken **was** enorm en als we iets **bestelden**, **brachten** de serveerders het snel. De kamers **werden** elke dag goed gepoetst en de schoonmakers **maakten** de bedden mooi op. Elke avond **trad** er iemand op. Daarna **belandden** we vaak in de discotheek en **feestten** we tot laat. Ook het personeel **deed** soms gezellig mee. We **baadden** dagelijks in het grote, schone zwembad en ook op het strand **vermaakten** we ons prima. Al met al **vonden** wij het een geweldige week in hotel Fantastico.

Rudy Warnaar

(1) Alle persoonsvormen in de verleden tijd zijn vetgedrukt.

3F Grammatica en spelling

OPDRACHT 1 Noteer de persoonsvorm in de verleden tijd.

Voorbeeld: blazen — Met zijn bladblazer *blies* de tuinman alle bladeren op een stapel.

1 braden — De leerling-kok _____ het vlees aan beide kanten goudbruin.

2 verhuizen — Voor zijn werk _____ Erik van Den Haag naar Den Bosch.

3 juichen / presenteren — De toeschouwers _____ toen de zanger zijn nieuwe album _____ .

4 bereiden — De chef-kok _____ een heerlijk maaltijd voor de gasten.

5 reizen — Herman en zijn vriendin _____ vorig jaar naar Indonesië.

6 baden — Na het binnenhalen van die enorme opdracht, _____ Gerard in weelde.

7 bonzen — De geërgerde werknemers _____ boos op de deur.

8 sauzen / witten — De schilder _____ het plafond in woonkamer en _____ daarna de muren van de keuken.

9 planten / wieden — De hovenier _____ een mooie, grote boom en _____ vervolgens de tuin.

10 ingrijpen / pesten — De begeleider _____ toen hij zag dat Ben een collega _____ .

11 verblijden / worden — De directeur _____ Willem enorm toen hij hem vertelde dat hij _____ gepromoveerd tot teamleider.

12 verwonden / bloeden — Rachid en Ekrem _____ zich bij die botsing, waarbij Rachids' arm hevig _____ .

3.2 Persoonsvorm in de verleden tijd

OPDRACHT 2 Noteer de persoonsvormen in de verleden tijd.

Restaurant De Molen opent haar deuren

Restaurant De Molen _____ (openen) op 24 april haar deuren. Het restaurant wordt gerund door twee studenten van de horecaopleiding. Op de openingsavond _____ (genieten) familieleden van een heerlijk menu. Leerling Elin _____ (bereiden) die avond een uitgebreid driegangenmenu met vis en vlees. Hij _____ (kruiden) de vis en _____ (bakken) deze daarna goudbruin. Voor het vlees _____ (kiezen) hij voor kalkoenfilet. De kalkoenfilets _____ (snijden) hij eerst in lapjes en daarna _____ (pletten) hij ze. Vervolgens _____ (braden) hij het vlees aan beide kanten. Restaurant-manager Sacha _____ (hebben) de leiding over het restaurant. Zij _____ (aansturen) de overige leerlingen _____ . Het _____ (zijn) een geslaagde openingsavond.

Extra: 90 zinnen om meer te oefenen.

3.3 VOLTOOID EN TEGENWOORDIG DEELWOORD

DOEL Je spelt het voltooid en tegenwoordig deelwoord correct.

UITLEG

Het **voltooid deelwoord** (vd) van sterke werkwoorden heeft soms een klinkerwisseling en eindigt vaak op -en: *gezwommen, begonnen, gelezen.*
Bij de zwakke werkwoorden hoor je vaak aan de verleden tijd of je 't' of 'd' gebruikt: *gebeurde – het is gebeurd* (je hoort 'd').

Twijfel je? Gebruik de letters t x f k s ch en p ('**t** e**x**-**f**o**k**s**ch**a**p**):
- de letter voor -en in het hele werkwoord is t x f k s ch of p: gebruik -**t**
- de letter voor -en in het hele werkwoord is **niet** t x f k s ch of p: gebruik -**d**

geblusd of *geblust*?   blussen: 's' hoort bij 't ex-fok**s**chaap, dus *geblust*
verhuisd of *verhuist*?   verhuizen: 'z' hoort **niet** bij 't ex-fokschaap, dus *verhuisd*

Voorbeelden (het voltooid deelwoord is onderstreept):
- Marcella heeft de groenten gewokt. (wokken: **k** voor -en, dus ge+ik-vorm+t)
- De vloer moet nog worden gedweild. (dweilen: **l** voor -en, dus ge+ik-vorm+d)
- Heb jij hem dat beloofd? (beloven: **v** voor -en, dus ik-vorm+d)

Het **tegenwoordig deelwoord** spel je met het hele werkwoord+d: *werkend, slapend*
Voorbeelden (het tegenwoordig deelwoord is onderstreept):
- Op haar trouwdag zag Rosita er stralend uit.
- Tom komt altijd lopend, maar Fred neemt liever de fiets.

Deelwoorden gebruik je ook als bijvoeglijk naamwoord: *een spelend kind, de bestelde artikelen, de gevangen vis.*
Spel een bijvoeglijk gebruikt deelwoord zo kort mogelijk (*een vergrote foto* en niet *een vergrootte foto*), tenzij de uitspraak daardoor verandert. In zulke gevallen voeg je wel een extra t of d in: *het geschatte bedrag.*

VOORBEELD

Aan	renske@imail.nl
Van	rob@imail2.nl
Onderwerp	bedankt

Beste Renske,

① Vorige week heb je een aantal dagen in mijn **gerenoveerde** huis **gelogeerd**, omdat ik op vakantie was. Ik heb **gezien** dat je de post op het tafeltje in de hal hebt **gelegd** en dat je de planten water hebt **gegeven**. Ook zag ik dat je de **vernieuwde** badkamer hebt **gepoetst**. Ik vind het erg tof dat je dit hebt **gedaan** en ik wilde je hiervoor graag bedanken. Daarom is er gisteren een bos bloemen bij je **bezorgd**. Ik hoop dat ik met de kleuren van de bloemen een goede keuze heb **gemaakt**!

Nogmaals bedankt voor wat je hebt **gedaan**!

Groeten, Rob

① Alle deelwoorden zijn vetgedrukt.

3.3 Voltooid en tegenwoordig deelwoord

OPDRACHT 1 Noteer de juiste spelling van het voltooid deelwoord.

Voorbeeld: reinigen — De barvrouw heeft de espressomachine grondig *gereinigd*.

1 landen — Vanwege de storm is het vliegtuig op een andere luchthaven _____.

2 wuiven — Naar alle mensen die langs de kant stonden, hebben de prinsesjes _____.

3 verven — Thierry heeft de omlijsting gisteren _____.

4 juichen — Fleur en Lotte dachten dat ze hadden gewonnen, maar ze hadden te vroeg _____.

5 durven — Het is knap dat Selina de stap heeft genomen, want ze heeft dit nooit _____.

6 verhuizen — Vorige week is Frank van Rotterdam naar Amsterdam _____.

7 graven — De kinderen hebben op het strand een grote kuil _____.

OPDRACHT 2 Noteer de juiste spelling van het tegenwoordig deelwoord.

Voorbeeld: jammeren — *Jammerend* van de pijn kwam Lisette aan bij het ziekenhuis.

1 lachen — Toen de show was afgelopen, verlieten de bezoekers _____ het theater.

2 twijfelen — _____ stapte Ozgur het kantoor van haar baas binnen.

3 lopen — Tristans fiets was gestolen, dus hij moest _____ naar huis.

4 strompelen — Anne was na die 42 kilometer zo moe, dat ze _____ de eindstreep bereikte.

5 smakken — De kat eet _____ de zalm van het schoteltje.

6 grommen — _____ staat de hond te wachten bij het hek.

7 liften — Het lijkt Sven leuk _____ de wereld rond te reizen.

3F Grammatica en spelling

OPDRACHT 3 Noteer de juiste vorm van de bijvoeglijk gebruikte deelwoorden.
Voorbeeld: stranden het *gestrande* schip

1. besteden het _____ bedrag
2. aftreden de _____ minister
3. verspreiden het _____ idee
4. verrotten de _____ appel
5. verbinden de _____ enkel
6. verbranden het _____ hout
7. verkleden de _____ artiest

OPDRACHT 4 Noteer de juiste spelling van het werkwoord. Kies uit persoonsvorm tegenwoordige tijd of voltooid deelwoord. Tip: Zoek eerst alle persoonsvormen.
Voorbeeld: beloven Tom <u>heeft</u> *beloofd* dat hij om uitleg <u>vraagt</u> als hij iets niet *begrijpt*.
begrijpen

1. bewaren — Alana _____ haar behaalde diploma's overzichtelijk in een map.
2. bedoelen — Kun je me nog eens uitleggen wat je daarmee _____ ?
3. verdienen — Tygo vindt dat de vrijwilliger uit zijn buurt een onderscheiding heeft _____ .
4. gebeuren / verzekeren — Het _____ wel vaker na een brand dat goederen niet _____ blijken te zijn.
5. beweren / onderhandelen — De vakbondsleider _____ dat hij lang _____ heeft.
6. verdelen — Zorg je ervoor dat je het geld van de fooien eerlijk _____ ?
7. ontkennen / betalen — Hij _____ nog altijd, dat hij de rekening niet heeft _____ .

OPDRACHT 5 Noteer de juiste spelling van het werkwoord. Kies uit persoonsvorm verleden tijd of bijvoeglijk gebruikt voltooid deelwoord.
Voorbeeld: vergroten De *vergrote* foto is erg mooi.

1. vergroten — De fotograaf _____ de foto van het bruidspaar.
2. begeleiden — Na de bijeenkomst _____ een vrijwilliger de bezoekers naar de uitgang.

3.3 Voltooid en tegenwoordig deelwoord

3 bestraten — Deze pas _____ weg zit nu al vol kuilen.

4 verwoesten — In Australië _____ een bosbrand een enorm gebied.

5 besteden — Toen Joppe een prijs had gewonnen, _____ hij het hele bedrag direct aan een nieuwe brommer.

6 verrichten / verwachten — De klanten waren tevreden over de _____ werkzaamheden en het bedrijf _____ dan ook meer opdrachten te krijgen.

7 verlichten / verontrusten — Het aspirientje _____ de pijn, maar de _____ patiënt besloot toch de huisarts te bellen.

OPDRACHT 6

Noteer de juiste spelling van het werkwoord. Gebruik de tegenwoordige tijd als je de persoonsvorm moet invullen.

1 bekleden — De docent meubelmaken legt uit hoe je een bank _____ .

2 hervat — De _____ werkzaamheden vorderen gestaag.

3 besteden — Aygul vertelt mij dat ze voorafgaand aan een sollicitatiegesprek veel aandacht aan haar uiterlijk _____ .

4 verkwisten — Vind je ook niet dat Erik in het casino veel geld heeft _____ ?

5 melden — Als je ziek bent, is het de bedoeling dat je dit tijdig _____ .

6 vergoeden — De kosten die Daan vorige week maakte, zijn door de baas _____ .

7 verbreden — Door de _____ wegen tussen Leiden en Rotterdam zijn er nu minder files.

Extra: 30 zinnen om meer te oefenen.

3.4 ENGELSE WERKWOORDEN

DOEL Je spelt vormen van Engelse werkwoorden correct.

UITLEG

Engelse werkwoorden spel je op dezelfde manier als Nederlandse zwakke werkwoorden.

hele werkwoord	ik-vorm	ik-vorm (+t) tegenwoordige tijd	ik-vorm+te(n) of de(n) verleden tijd	voltooid deelwoord
zappen	zap	ik zap / jij zapt	ik zapte / wij zapten	gezapt
saven	save	ik save / jij savet	ik savede / wij saveden	gesaved
racen	race	ik race / jij racet	ik racete / wij raceten	geracet
downloaden	download	ik download / jij downloadt	ik downloadde / wij downloadden	gedownload

- Laat de Engelse uitgangs-e staan, als je anders uitspraakproblemen krijgt:
  saven: ik *save* – jij *savet*, ik *savede*, ik heb *gesaved*
  timen: ik *time* – jij *timet*, ik *timede*, ik heb *getimed*.

- Engelse werkwoorden die je op zijn Nederlands uitspreekt, krijgen geen dubbele medeklinker: *grillen – grilde – gegrild*.
  Als werkwoorden op zijn Engels worden uitgesproken, dan houden ze de dubbele medeklinker: *paintballen – paintballde – gepaintballd*.

Voorbeelden (het Engelse werkwoord is onderstreept):
- Joris <u>facebookt</u> tot diep in de nacht. (facebooken: **k** voor -en, dus ik-vorm+t)
- Waarom <u>e-mailde</u> je me gisteren niet direct? (e-mailen: **l** voor -en, dus ik-vorm+de)
- Ananda is als eerste <u>gefinisht</u>. (finishen: **sh** (s-klank) voor -en, dus ge+ik-vorm+t).

Gebruik bij twijfel een woordenboek of woordenlijst.

VOORBEELD

Uitnodiging sportdag

Op vrijdag 20 juni organiseert sportpark de Wellen een sportdag.
De sportdag duurt van 10:00 tot 16:00 uur. Deelnemers moeten tussen de 10 en 18 jaar oud zijn.
Onze begeleiders zijn sportieve mensen. Freek **basketbalt** al jaren in de hoogste divisie. Gerard en Tim **volleybalden** tot een paar jaar geleden drie keer per week. Madeleine **badmintont** graag en heeft jarenlang **gehockeyd**.
Train je zelf graag met gewichten? Ook dan ben je welkom, want op de sportdag van de Wellen worden allerlei sportieve activiteiten georganiseerd. Bovendien worden de deelnemers op verschillende manieren **geëntertaind**. Om 15:00 uur grilt onze meesterkok heerlijke steaks. Ook kun je een leuke prijs winnen als je de meeste punten **scoort**.

Wil je meer informatie of wil je je aanmelden? **Download** het aanmeldformulier, vul het in en **e-mail** het naar sportdag@dewellen.nl.

(1) Alle Engelse werkwoorden zijn vetgedrukt.

3.4 Engelse werkwoorden

OPDRACHT 1

Noteer de persoonsvorm in de tegenwoordige tijd.
Voorbeeld: showen   Luc *showt* het nieuwe ontwerp aan zijn klanten.

1 mailen   Iedere maand _____ Tony mij een overzicht van de resultaten.

2 joggen   Freek en Willem _____ iedere dag, terwijl
   breakdancen   Bryan liever _____ .

3 mixen   De dj _____ verschillende liedjes op een zo natuurlijk mogelijke manier.

4 deleten   _____ jij deze bestanden even voor mij?

5 racen   Erwin _____ als een speer naar het station, want hij
   carpoolen   _____ vandaag liever niet.

6 inzoomen   De cursusleider _____ op de antwoorden die de cursisten geven.

7 googelen   De stylist _____ vaak naar nieuwe trends en
   restylen   _____ vervolgens de kamer op die manier.

OPDRACHT 2

Noteer de persoonsvorm in de verleden tijd.
Voorbeeld: checken   Tember *checkte* of haar paspoort wel in haar tas zat.

1 promoten   Vorig jaar _____ de club de open dag met een artikel in het nieuwsblad.

2 paintballen   De teams _____ in de loods en genoten daarna van een heerlijke lunch.

3 toasten   Om vandaag de gasten een goede visbouillon te kunnen serveren, _____ de koks gisteravond nog snel wat visgraten in de oven.

4 faxen   Vroeger _____ we veel, maar tegenwoordig
   e-mailen   _____ we meer.

5 bloggen   Silvia _____ vooral toen ze op buitenlandstage was, terwijl Fieke
   chatten   toen vooral met haar vrienden _____ .

6 updaten   Gisteren _____ Marnick zijn laptop weer eens en hij
   downloaden   _____ daarna een nieuwe versie van Internet Explorer.

7 hockeyen   Eerst _____ wij, daarna _____ wij en
   basketballen   tegenwoordig zijn we lid van een voetbalvereniging.

3F Grammatica en spelling

OPDRACHT 3

Noteer het voltooid deelwoord.
Voorbeeld: rappen   Bij het afscheid van zijn collega heeft Jordan een prachtig lied *gerapt*.

1. laseren / faceliften   Dwayne heeft dan wel zijn ogen _____, maar hij is niet _____.

2. hacken / crashen   Nadat Marks' laptop was _____ is hij _____.

3. insealen   Voor de veiligheid heeft Sylvie haar koffer op Schiphol _____.

4. inzoomen   Tijdens de presentatie heeft de medewerker dieper op de financiën _____.

5. photoshoppen / pimpen   De fotograaf heeft de foto's _____ waardoor ze een beetje _____ zijn.

6. hobbyen   Na zijn pensioen heeft Gerard jaren in zijn schuur _____.

OPDRACHT 4

Alle werkwoordsvormen door elkaar.

> worden, aanpassen, checken
> *Wordt* de *aangepaste* tekst nog op fouten *gecheckt*?

Gebruik in de zinnen de juiste spelling van de werkwoorden.

1. frustreren, vinden, appen

   De _____ cabaretier _____ het nu nog steeds vervelend als het publiek _____ tijdens de voorstelling.

2. beboeten, rijden

   De wegpiraat is _____, want hij _____ gisteren met veel te hoge snelheid door de bebouwde kom.

3. vinden, betekenen

   _____ jij dat je na al die jaren hetzelfde werk te hebben gedaan, op dit moment nog steeds veel _____ voor ons bedrijf?

4. worden, upgraden

   Het _____ tijd dat ik dit softwareprogramma _____, want dan is mijn computer veel sneller.

3.4 Engelse werkwoorden

5 landen, verlaten, taxiën

Het vliegtuig _____ op de _____ Polderbaan, waarna hij onder begeleiding van het grondpersoneel naar gate 12 is _____.

6 verbouwen, kosten, begroten

De onlangs _____ badkamer heeft meer _____ dan in eerste instantie _____ was.

7 branden, doven

Gisteren _____ het vuur nog lang voordat het _____.

8 scheiden, huwen

Tegenwoordig _____ een behoorlijk aantal stellen, nadat zij jarenlang _____ zijn geweest.

9 onderscheiden, luisteren

Yvonne _____ zich nog elke dag van de rest, doordat ze graag een _____ oor is voor haar collega's.

10 besteden, neerstorten

De journalist _____ in de krant van morgen aandacht aan het vliegtuig dat gisteren _____.

11 verzachten, beëindigen

In sommige gevallen zijn er _____ omstandigheden, waardoor de overeenkomst toch kan worden _____.

12 downloaden, resetten

De _____ software loopt steeds vast, waardoor Alex de computer nu al drie keer heeft _____.

Extra: 90 zinnen om meer te oefenen.

OEFENTOETS HOOFDSTUK 3

Je hebt hoofdstuk 3 van *Grammatica en spelling* afgerond en kunt nu met de Oefentoets aan de slag. Een Oefentoets maak je om te controleren of je de stof van het hoofdstuk voldoende beheerst.

Wat heb je in dit hoofdstuk geleerd?
- Ik spel de persoonsvorm in de tegenwoordige tijd correct. (3.1)
- Ik spel de persoonsvorm in de verleden tijd correct. (3.2)
- Ik spel het voltooid en tegenwoordig deelwoord correct. (3.3)
- Ik spel vormen van Engelse werkwoorden correct. (3.4)

Leren voor een toets Grammatica en spelling?
- Zorg dat je weet hoe je de verschillende onderdelen van dit hoofdstuk moet leren: wat moet je uit je hoofd leren en welke leerstof moet je kunnen gebruiken?
  – Uit je hoofd leren: bestudeer alle gele blokjes *Uitleg*.
  – Kunnen gebruiken: maak een aantal opdrachten opnieuw. Op *NU Nederlands online* vind je ook extra opdrachten. Vind je de leerstof moeilijk? Oefen dan ook online met opdrachten op niveau 2F.
- Leer van je fouten: welke opdrachten gingen nog niet goed? Maakte je begripsfouten, waren het slordigheden, of wist je bij deze opdrachten niet hoe je ze moest maken?
- Leg het belangrijkste van elke paragraaf mondeling uit aan een medestudent.

TIP Maak voor een medestudent een tekstje met vijftien fouten in de werkwoordspelling. Neem hiervoor een tekst waarin ook een of meer Engelse werkwoorden staan. Gebruik bijvoorbeeld een artikel of review van een techsite. Lever ook het antwoordmodel. Kan je medestudent alle vijftien fouten vinden?

 Maak de Oefentoets online. Afhankelijk van je resultaten krijg je extra uitleg en opdrachten.

4 SPELLINGSREGELS

4.1 MEERVOUD

DOEL Je spelt het meervoud van zelfstandige naamwoorden correct.

UITLEG De meeste zelfstandige naamwoorden krijgen in het meervoud -en of -s.

meervouden maken		enkelvoud	meervoud
	Zet -en achter het woord.	kast rapport	kasten rapporten
-en	• pas de spelling aan de uitspraak aan als dat nodig is.	boor jas kaas dief	boren jassen kazen dieven
	• gebruik na onbeklemtoond -ik, -el, -et, -es geen dubbele medeklinker.	havik middel dreumes	haviken middelen dreumesen
	• gebruik -ën bij de meeste woorden op -ee of -ie, behalve bij woorden waarin de klemtoon niet op de -ie ligt.	ideeën kopie bacterie	ideeën kopieën bacteriën
-s	Schrijf de -s aan het woord vast, ook na e, é, eau en ui.	spray café bureau shampoo	sprays cafés bureaus shampoos
	• gebruik 's als je het woord anders verkeerd uitspreekt.	alinea tosti accu buggy	alinea's tosti's accu's buggy's
	• gebruik ook 's na afkortingen.	dvd tv	dvd's tv's
Latijnse woorden	• Voor woorden op -um mag je vaak -a of -ums gebruiken.	criterium	criteria/criteriums
	• gebruik -ici voor woorden op -icus.	technicus medicus	technici medici

Gebruik bij twijfel een woordenboek of woordenlijst.

VOORBEELD

Meervouden

Je spreekt van één lot, en verschillende loten, maar het meervoud van pot is natuurlijk geen poten.
Zo zeg je ook altijd één vat en twee vaten, maar zul je ook zeggen: één kat en twee katen?

Het meervoud van "lef" is "leven".

3F Grammatica en spelling

OPDRACHT 1

Schrijf het meervoud op. Let op de spelling.
Voorbeeld: bestuur   *besturen*

1 cursus _____
2 offerte _____
3 kroket _____
4 tornado _____
5 tv _____
6 fotograaf _____
7 tarief _____
8 niveau _____
9 collega _____
10 slimmerik _____
11 genie _____
12 staf _____
13 medium _____
14 musicus _____

OPDRACHT 2

Schrijf het meervoud op. Let op de spelling.
Voorbeeld: monnik   Er zijn tegenwoordig bijna geen *monniken* meer.

1 politicus   De _____ komen bijeen voor de belangrijke vergadering.

2 kiwi   _____ zijn gezond, want er zitten veel vitamines in.

3 bangerik   Als jullie deze spin niet op durven te pakken, zijn jullie echt _____.

4 moskee   In Marokko staan veel _____.

5 baby   In de box zaten niet één, maar twee _____.

6 kok
   menu   De twee _____ hadden twee heerlijke _____ samengesteld.

7 abonnee   Het aantal _____ van dit tijdschrift is het afgelopen jaar gedaald.

8 wc
   bacterie   _____ moet je regelmatig schoonmaken om _____ te voorkomen.

9 krokodil
   poema, baviaan
   zebra   In het natuurpark leven _____, _____, _____ en _____.

Extra: 50 zinnen om meer te oefenen.

4.2 TUSSENLETTERS

DOEL Je gebruikt de juiste tussenletters.

UITLEG

Een samenstelling is een combinatie van twee of meer woorden.
Vaak staan er tussen de woorden **tussenletters**.

-en-
Schrijf -en- in een samenstelling als het linkerwoord een zelfstandig naamwoord is met alleen een meervoud op -en: *tomaat + soep = tomatensoep*.
Als het linkerwoord al eindigt op -en, gebruik je geen extra -en-: *havengebied, keukentafel*.

Uitzonderingen
- Het linkerwoord heeft een meervoud op -en én -s: *hoogtes en hoogten*, dus: *hoogtepunt*.
- Het linkerwoord heeft geen meervoud: *tarwebloem, roggebrood*.
- Van het linkerwoord is er maar één: *maneschijn, zonnebank*.
- Het linkerwoord is een bijvoeglijk naamwoord of een werkwoord: *rodekool, verrekijker; jokkebrok, lachebek*.
- Het linkerwoord versterkt het rechterwoord: *beresterk, apetrots*.
- In veel ouderwetse samenstellingen: *bakkebaard, nachtegaal, schattebout*.

-s-
Schrijf -s, als je die klank in vergelijkbare samenstellingen ook hoort: *personeelsbeleid*, dus ook *personeelschef*; *stationsplein*, dus ook *Stationsstraat*.

Gebruik bij twijfel een woordenboek of woordenlijst.

VOORBEELD

Geachte meneer Van Veen,

Bedankt voor uw e-mail.
Het doet ons spijt te horen dat uw **groentepakket** over datum was. Wij zijn echter van mening dat groenten met een plekje nog prima te eten zijn. Ze zitten **boordevol** vitamines en zijn nog goed te gebruiken in een soepje. De groenten uit uw pakket kunt u bijvoorbeeld prima verwerken in een **erwtensoep** met een **rookworst** of **varkenspoot**.
Hangt u nu verder alstublieft niet langer de **huilebalk** uit.

Met vriendelijke groet, Joris Leuning
afdeling **klachtenafhandeling**

"Zo, weer een klacht correct afgehandeld."

① Alle vetgedrukte samenstellingen zijn correct gespeld.

3F Grammatica en spelling

OPDRACHT 1 Leg uit waarom de volgende woorden uit het voorbeeld op de juiste manier geschreven zijn. Gebruik hiervoor de uitleg.

1 groentepakket _____

2 boordevol _____

3 erwtensoep _____

4 rookworst _____

5 varkenspoot _____

6 huilebalk _____

7 klachtenafhandeling _____

OPDRACHT 2 Schrijf de samenstelling op. Let op de spelling.
Gebruik de juiste tussenletter(s). Kies uit -e- of -en-.
Voorbeeld: zon + scherm   *zonnescherm*

1 woord + boek   _____

2 zaak + reis   _____

3 pad + stoel   _____

4 steek + blind   _____

5 gemeente + gids   _____

6 leraar + opleiding   _____

7 koningin + soep   _____

OPDRACHT 3 Schrijf de samenstelling op. Let op de spelling.
Gebruik de juiste tussenletter(s). Kies uit -e-, -en- of -s-.
Voorbeeld: stad + deel   *stadsdeel*

1 beer + goed   _____

2 geboorte + cijfer   _____

3 staat + schuld   _____

4 keuze + pakket   _____

5 personeel + chef   _____

6 vermogen + beheer   _____

7 werknemer + verklaring   _____

Extra: 30 zinnen om meer te oefenen.

4.3 AAN ELKAAR OF LOS

DOEL Je schrijft woorden correct aan elkaar of los.

UITLEG

De volgende woorden schrijf je **aan elkaar**:
- samenstellingen (ook al wordt het nieuwe woord erg lang): *garagehouder, arbeidsovereenkomst, vermogensaanwasdeling, ziektenkostenverzekeringspolis*.
- woorden met er-, hier-, daar- en waar- plus een voorzetsel: *erop, hierin, daarmee, waarvan*.
- getallen tot en met het woord *duizend*. De woorden *duizend, miljoen* en *miljard* schrijf je dus los: 750 = *zevenhonderdvijftig*; 3.510 = *drieduizend vijfhonderdtien*.

Je verbindt woorden met een **koppelteken** als:
- het woord begint met de voorvoegsels *niet-, non-, bijna-, oud-, ex-, aspirant-, adjunct-, substituut-, chef-, kandidaat-, interim-, stagiair-, leerling-, assistent-, collega-* of *meester-, Sint-* en *St.-*: *Sint-Nicolaas, oud-burgemeester, niet-rokers, leerling-verpleger, ex-man*.
- een samenstelling bestaat uit
  - twee gelijkwaardige delen: *zwart-wit, directeur-eigenaar*.
  - meer dan twee woorden, waarbij de eerste twee delen gelijkwaardig zijn: *prijs-kwaliteitverhouding, woon-werkverkeer*.
- de uitspraak anders onduidelijk is: *mbo-opleiding, rente-inkomsten, micro-organisme*.
- een deel van een samenstelling bestaat uit een naam, letters, cijfers of tekens: *het kabinet-Rutte, de VPRO-gids, A4-formaat, een 3-jarige opleiding, het @-teken*.
- het woord een samengestelde aardrijkskundige naam of afleiding is: *Centraal-Europa, Noord-Hollandse*.
- ze een vaste combinatie zijn: *kant-en-klaarmaaltijden, kat-en-muisspel, nek-aan-nekrace*.

VOORBEELD

Ruud eet graag boeren met worst op zijn brood.	Ruud eet graag boerenmetworst op zijn brood.
Winette heeft een slecht nieuwsgesprek gehad met haar leidinggevende.	Winette heeft een slechtnieuwsgesprek gehad met haar leidinggevende.
Sinds ik vegetariër ben, ben ik tegen dier proeven.	Sinds ik vegetariër ben, ben ik tegen dierproeven.
Sinaasappels, nu per kilo € 1,35. Bom vol sap!	Sinaasappels, nu per kilo € 1,35. Bomvol sap!

3F Grammatica en spelling

OPDRACHT 1 Onderstreep in onderstaande tekst tien samengestelde woorden.

Aanstaande zaterdagmiddag is kapsalon *Hair to day* voor u geopend van 11:00 tot 19:00 uur. Wij laten u de nieuwste modetrends zien. Dit geldt voor zowel heren- als dameskapsels. Wilt u uw haar laten verven? We laten u zien welke haarkleur goed bij uw huid past. Daarnaast zal onze leerling-kapper uw vragen over bijvoorbeeld haarbehandelingen en haarverstevigers beantwoorden.

Ook hebben wij die dag enkele beautyspecialisten in huis die u een goed kledingadvies kunnen geven. In de namiddag organiseren wij enkele workshops. Wilt u hieraan deelnemen, vult u dan een inschrijfformulier in en lever dit bij ons in.

Team *Hair to day*

OPDRACHT 2 Schrijf de woorden zo mogelijk aan elkaar of verbind ze met een koppelteken.
Voorbeeld: boek + legger   *boekenlegger*

1. maximum + snelheid _____
2. sollicitatie + gesprek _____
3. co + assistent _____
4. assistent + manager _____
5. privé + bezit _____
6. hoge + druk + spuit _____
7. niet + roker _____
8. honderd + tien _____

OPDRACHT 3 Schrijf de woorden zo mogelijk aan elkaar of verbind ze met een koppelteken.
Voorbeeld: A3 formaat   De poster wordt afgedrukt op *A3-formaat*.

1. non verbaal — Interesse tonen doe je verbaal, maar ook _____.
2. er over heen — Wees niet getreurd, je komt _____.
4. ten minste — Je moet voor deze functie _____ rijbewijs B hebben.
4. te kort — In sommige landen is een _____ aan schoon water.
5. open dag — Het was erg druk tijdens de _____ van het sportcentrum.
6. blauwe kaas saus — Gebraden kipfilet overgoten met _____ is erg smakelijk.
7. amateur voetballer — Als _____ is Jordy dit jaar in de E1 van FC Zwolle begonnen.

4.3 Aan elkaar of los

OPDRACHT 4

Leg het betekenisverschil tussen de woorden uit.
Voorbeeld: rode wijnglas en rodewijnglas
rode wijnglas = een wijnglas, rood van kleur, rodewijnglas = glas voor rode wijn

1 *klein kind* en *kleinkind*: _____

2 *hoge school* en *hogeschool*: _____

3 *een gezinswoning* en *eengezinswoning*: _____

4 *lange termijnplanning* en *langetermijnplanning*: _____

OPDRACHT 5

Onderstreep de fout gespelde woorden en verbeter ze. Schrijf ze aan elkaar of gebruik een koppelteken.
Voorbeeld: Een politie agent mag een proces verbaal op maken.
politieagent, proces-verbaal, opmaken

1 Vanavond kunnen Pieter en Asmir kiezen tussen een oven schotel met macaroni of stamp pot met gehakt ballen.

2 Freek heeft in Oud Beijerland een mooi drie kamer appartement te koop zien staan.

3 Tijdens het acht uur journaal wordt uitgebreid aandacht besteed aan Prinsjes dag.

4 De zwart wit foto die gemaakt is tijdens het trouw feest van Tom en Merle is erg mooi.

5 De milieu inspecteur constateerde grote mis standen in de olie industrie in West Afrika.

6 De 80 jarige vrouw ligt in haar tuin stoel te genieten van de lente zon.

7 De hoofd commandant vindt de weg omlegging vreemd, omdat er morgen een wedstrijd is voor lange afstand lopers.

Extra: 30 zinnen om meer te oefenen.

4.4 EINDE OP -E OF -EN?

DOEL Je schrijft correct -e of -en aan het eind van woorden.

UITLEG Woorden als *sommige, vele, enkele, laatste, beide, alle, andere* schrijf je met -en als ze op personen slaan én zelfstandig gebruikt zijn:
- De *meesten* wilden skiën.
- Deze workshop trekt veel publiek. *Sommigen* komen zelfs twee keer.

Let op: kun je een woord uit de zin ervoor of uit dezelfde zin achter het woord zetten, gebruik dan alleen -e:
- Enkele studenten kozen voor het zeilkamp, maar de *meeste* (studenten) wilden skiën.
- Op deze workshop komen veel mensen af. *Sommige* (mensen) komen zelfs twee keer.

VOORBEELD

MBO Debattoernooi

(1) Ieder jaar geven <u>diverse</u> teams zich op voor het MBO Debattoernooi. Ook dit jaar waren er <u>meerdere</u> (2) aanmeldingen. Uit de tien geselecteerde teams kwamen uiteindelijk twee winnaars. <u>Beide</u> teams (3) hadden in de voorrondes evenveel punten behaald.

Het <u>laatste</u> onderdeel was een een-op-een debat. Hierin streden Sanne en Jantijn tegen elkaar. <u>Beiden</u> waren erg zenuwachtig. Een paar zinnen kwamen er in het begin wat stotterend uit en <u>sommige</u> waren niet zo helder geformuleerd, maar uiteindelijk brachten ze het er goed vanaf. Met één punt verschil werd Sanne de winnares van het debat. Zij kreeg een staande ovatie van de honderden mensen uit het publiek. De hoofdprijs werd deze keer overhandigd door de Minister voor Buitenlandse Handel en Ontwikkelingssamenwerking.

Naar: NuNieuws

(1) Het woord is bijvoeglijk gebruikt, dus met -e.
(2) Het woord is zelfstandig gebruikt, slaat op personen en je kunt geen woord uit de zin ervoor of uit dezelfde zin achter het woord zetten, dus met -en.
(3) Het woord is zelfstandig gebruikt, maar slaat niet op personen, dus met -e.

4.4 Einde op -e of -en?

OPDRACHT 1

Onderstreep het juist gespelde woord.
Voorbeeld: **Sommige** / **Sommigen** groenten zijn alleen in de zomermaanden verkrijgbaar.

1 Het huis van de buren staat te koop. Er zullen dus op termijn **andere / anderen** bewoners komen.
2 Mijn nieuwe auto moet zuiniger zijn dan die van **andere /anderen**.
3 De directeur sprak de twee werknemers toe: 'Deze mededeling is voor jullie **beide / beiden**.'
4 Weerdeskundigen beweren dat Texel per jaar de **meeste / meesten** zonuren heeft.
5 **Degene / Degenen** die het niet eens zijn met de beslissing, steken hun hand op.
6 De journalisten waren **alle / allen** van mening dat de berichtgeving onjuist was.
7 Op het forum was verdeeldheid. **Sommige / Sommigen** waren het met de stelling eens.
8 Slechts **weinige / weinigen** haalden de eindstreep van de zware tocht.
9 Heb je de documenten ontvangen? **Alle / Allen** moeten ingekort worden.

OPDRACHT 2

Alle spelfouten door elkaar.

> Al enkelen weken staan de krokusen in de bloemen kas in bloei.
> Al **enkele** weken staan de **krokussen** in de **bloemenkas** in bloei.

Schrijf de zinnen over. Verbeter alle mogelijke spelfouten.
1 In sommige boek handels verkopen ze A3 papier, maar niet in allen.

2 Veel leden vinden het vervelend, maar enkelen vinden het prima dat we de vergaderdata voor komend jaar nu al vast leggen.

3 Als coördinator van de klachten afdeling krijg je veel e-mail's en daar worden sommige nerveus van.

4 Bij de groentenhandel in het stadcentrum verkopen ze nu ook paarse paprikas.

5 Willem heeft twee klein dochters en beide hebben de zelfde kleur ogen als hij.

6 In de volgende paragraven wordt uitgelegd welke bestrijdingsmiddellen je hier voor kunt gebruiken.

Extra: 20 zinnen om meer te oefenen.

OEFENTOETS HOOFDSTUK 4

Je hebt hoofdstuk 4 van *Grammatica en spelling* afgerond en kunt nu met de Oefentoets aan de slag. Een Oefentoets maak je om te controleren of je de stof van het hoofdstuk voldoende beheerst.

Wat heb je in dit hoofdstuk geleerd?
- Ik spel het meervoud van zelfstandige naamwoorden correct. (4.1)
- Ik gebruik de juiste tussenletters. (4.2)
- Ik schrijf woorden correct aan elkaar of los. (4.3)
- Ik schrijf correct -e of -en aan het eind van woorden. (4.4)

Leren voor een toets **Grammatica en spelling?**
- Zorg dat je weet hoe je de verschillende onderdelen van dit hoofdstuk moet leren: wat moet je uit je hoofd leren en welke leerstof moet je kunnen gebruiken?
  – Uit je hoofd leren: bestudeer alle gele blokjes *Uitleg*.
  – Kunnen gebruiken: maak een aantal opdrachten opnieuw. Op *NU Nederlands online* vind je ook extra opdrachten. Vind je de leerstof moeilijk? Oefen dan ook online met opdrachten op niveau 2F.
- Leer van je fouten: welke opdrachten gingen nog niet goed? Maakte je begripsfouten, waren het slordigheden, of wist je bij deze opdrachten niet hoe je ze moest maken?
- Leg het belangrijkste van elke paragraaf mondeling uit aan een medestudent.

TIP Maak de Spatietoets van *Signalering Onjuist Spatiegebruik* op www.spatiegebruik.nl.

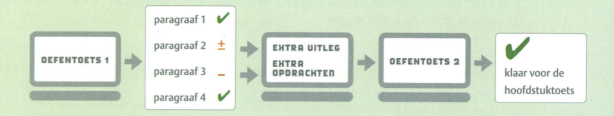

Maak de Oefentoets online. Afhankelijk van je resultaten krijg je extra uitleg en opdrachten.

5 HOOFDLETTERS EN INTERPUNCTIE

5.1 HOOFDLETTERS

DOEL Je gebruikt hoofdletters correct.

UITLEG

Deze woorden schrijf je met een **hoofdletter**:
1. het eerste woord van een zin
   Sinds ik elke dag een testje doe op www.beterspellen.nl maak ik veel minder spelfouten.
   Uitzonderingen:
   • *'s Middags moet de receptie altijd door twee personen bemand zijn.* (hoofdletter na 's)
   • *35 euro vind ik te veel voor dit shirt.* (geen hoofdletter na cijfer of symbool)
2. namen: *Epke Zonderland, Pasen, Samsung, de Tweede Wereldoorlog, Haarlem, Pools, H&M*
   Schrijf een kleine letter als je een merknaam als soortnaam gebruikt: *Heb je mijn inbussleutel gezien?* of *Je moet de tomtom nog even instellen.*
   Let op bij namen van personen: *Ans van der Meer*, maar *mevrouw Van der Meer*
3. afleidingen van aardrijkskundige namen en van talen: *Limburgse vlaai, Engelse boeken, Noord-Hollandse kaas*

Je schrijft **géén hoofdletter** bij:
• samenstellingen met feestdagen: *paasei* (maar: *Pasen*), *kerstvakantie* (maar: *Kerstmis*)
• windstreken: *in het zuidwesten*
• namen van seizoenen, maanden en dagen: *zomer, augustus, vrijdag*
• functiebenamingen en titels: *minister-president, mr. Frank Visser*
• formele aanduiding: *u, uw*
• periodes: *de middeleeuwen*
• religieuze stromingen en afleidingen daarvan: *een katholiek, de islam*
• schoolsoorten: *mbo* (maar wel in eigennaam: *MBO Zadkine*)

Gebruik bij twijfel een woordenboek of woordenlijst.

VOORBEELD

① In de onderstreepte woorden zijn hoofdletters juist gebruikt.

3F Grammatica en spelling

OPDRACHT 1

Schrijf de woorden over. Gebruik hoofdletters waar dat moet.

paashaas – hemelvaart – hongarije – donderdag – noord-ierland – kerststol – daan buijs – mei – mevrouw de groot – franse literatuur – noord-hollandse kaas – boeddhisme – 's-gravenmoer – fanta – texel – aspirine

OPDRACHT 2

Onderstreep de letters waar een hoofdletter moet staan.
Voorbeeld: <u>t</u>ijdens de <u>d</u>uitse les heeft meneer <u>v</u>an <u>g</u>ameren ons een documentaire over de stad <u>h</u>annover laten zien.

1 na het mbo is maria gestart met een opleiding opvoedingskunde op hogeschool utrecht.

2 in mexico is de plaats cancun het beste te bezoeken in de periode december tot en met april, wanneer het in nederland koel is.

3 's ochtends heeft irma een afspraak in den bosch en 's middags moet ze naar den haag.

4 bart heeft zijn oude telefoon geruild voor een smartphone van het merk sony.

5 aanstaande vrijdag ga ik met mijn surinaamse collega tine eten bij een italiaans restaurant in de kerkstraat in amsterdam.

6 robert van der bruggen koopt bij de bakker een limburgse vlaai.

7 in het noorden van europa is het in de winter een stuk kouder dan portugezen gewend zijn.

OPDRACHT 3

Onderstreep de letters waar een hoofdletter moet staan.

hallo, met gadgetstore. met wim.

hoi met lian, hebben jullie nog selfiestokken?

mooi, ik heb er ook genoeg van.

o, daar hebben we genoeg van.

Naar: www.kakhiel.nl

5.1 Hoofdletters

OPDRACHT 4 Onderstreep de letters waar een hoofdletter moet staan.

aan:	hassan@rabobank.ing
van:	p.vanhameren@rabobank.ing
Onderwerp	surpriseparty in café dudoc

beste hassan,

op woensdag 30 maart is onze collega mirthe van den broek 10 jaar in dienst bij de rabobank. namens de afdeling financiën willen we een surpriseparty organiseren.

zoals je weet is er door de verbouwing op onze vestiging in zwijndrecht geen ruimte voor een feestje. daarom wil ik je uitnodigen om dit feestje samen met mirthe en vele andere collega's te vieren in café dudoc in rotterdam. dit café ligt aan de zuidkant van rotterdam. het adres is hertogenlaan 12.
dit feestje vieren we op donderdag 7 april vanaf 16:00 uur. we doen dit expres een week later, omdat we anders te maken hebben met pasen.

namens de afdeling willen we mirthe ook een cadeau geven. collega albert-jan kwam op het idee om haar een mooi horloge cadeau te doen. we denken dat een horloge van het merk casio leuk voor haar is. we vragen hiervoor een bijdrage van 5 euro.
deze bijdrage kun je geven aan mevrouw den hartog. zij zal het horloge bij de bijenkorf gaan kopen.

we hopen dat jij er ook bij bent. laat je het even weten als je niet komt?

met vriendelijke groet,
patricia van hameren - de jong

 Extra: 30 zinnen om meer te oefenen.

5.2 LEESTEKENS

DOEL Je gebruikt leestekens correct.

UITLEG

leestekens	je gebruikt ze	voorbeelden
punt	• aan het eind van de zin. • soms bij afkortingen (zoek op in geval van twijfel). • **niet** na afkortingen van maten en gewichten.	We berekenen geen bezorgkosten. We sturen het pakket z.s.m. op. Maar: Is het bedrag inclusief *btw*? 3 m (meter), 10 kg (kilogram)
komma	• in opsommingen. • tussen twee persoonsvormen. • voor en/of na een aanspreking of een tussenwerpsel. • tussen hoofd- en bijzin.	Voor deze saus heb je uien, knoflook, tomaten en olijfolie nodig. Als we je *roepen*, *mag* je binnenkomen. Joey, help je die mevrouw even? Nou, ik weet het niet, Jacco. De hardloopwedstrijd gaat niet door, omdat er noodweer voorspeld is.
vraagteken	• na een vraag.	Hoe hard mag je hier rijden?
uitroepteken	• na een bevel. • na een uitroep.	Hou daar onmiddellijk mee op! Dat is belachelijk!
dubbele punt	• na een aankondiging van een opsomming. • om een citaat aan te kondigen. • voor een uitleg.	Dit zijn de namen van de studenten die zijn ingeloot: Ellen, Wouter, Amina, Bruce en Peter. De trainer riep: 'Kom op, volhouden!' Zo laad je de accu op: …
puntkomma	• om hoofdzinnen te verbinden die bij elkaar horen.	Het is vijf uur; we stoppen ermee.
aanhalingstekens	• bij een citaat. • als je een woord ironisch bedoelt. • als het om het woord of de groep woorden zelf gaat.	Lianne verzocht: 'Wil iedereen zijn mobiel uitzetten?' Echt 'knap' dat je een twee hebt. 'Faciliteren' betekent: iets mogelijk maken.

VOORBEELD

ZEG HET MET LEESTEKENS :)

Lucas zei Jay is een vervelende vent.

Lucas zei: 'Jay is een vervelende vent.'
'Lucas', zei Jay, 'is een vervelende vent.'

5.2 Leestekens

OPDRACHT 1 Plaats punt, komma, vraag- en uitroepteken waar dat moet.

1 Dames en heren ik wil u vragen deze kant op te kijken
2 Wil jij morgenochtend de container buiten zetten Ik heb hier helaas geen tijd voor
3 Voor de aardappelsalade heb je 1 kg aardappelen 1 eetlepel mayonaise peper zout en knoflook nodig
4 Kijk toch eens uit Je loopt me bijna omver
5 Geloof jij wat hij beweert Sinds hij laatst door de mand viel vertrouw ik hem niet meer
6 Tijdens een presentatie is ook non-verbale communicatie belangrijk zoals je lichaamshouding de gebaren die je maakt en je uiterlijk
7 Kun jij morgen de zaak openen voordat de leveranciers komen

OPDRACHT 2 Plaats dubbele punt, puntkomma en komma waar dat moet.

1 De ex-collega met wie ik enkele jaren heb samengewerkt heeft een nieuwe baan voor mij geregeld ik kan morgen als tandartsassistente beginnen.
2 De presentator kondigde de zanger aan 'Geef hem een groot applaus Jan Smit!'
3 In de volgende hoofdstukken vind je belangrijke informatie over jouw taken hoofdstuk 1 hoofdstuk 2 en hoofdstuk 4.
4 In het overzicht staat aangegeven dat de volgende personen zich morgen moeten melden Anne Pieter Achmed en Romy.
5 Ik vind het knap van jou omdat jij als eerste over de finish kwam.
6 Iedereen was aanwezig toch was het erg stil in de zaal.
7 Wij verzoeken u uw jassen tassen en paraplu's af te geven bij de garderobe.

OPDRACHT 3 Plaats aanhalingstekens.

1 Wilt u mij nog eens uitleggen hoe dit systeem werkt? vroeg Eef aan haar stagebegeleider.
2 Pas op! riep de conciërge toen hij zag dat er water op de vloer lag.
3 Je kent het gezegde oefening baart kunst toch wel?
4 De receptioniste legt uit: Je gaat hier links, neemt dan de tweede deur rechts. Dan ben je in de juiste kamer.
5 Ga linksaf, zei de stem van de tomtom, en neem na 100 meter de tweede afslag op de rotonde.
6 Schrijf je commissie met één m of met twee?
7 Dat onze club verloor, was weer zo'n geweldige prestatie.

3F Grammatica en spelling

OPDRACHT 4 In welke zin zijn de leestekens juist gebruikt?

1. ☐ De telefoniste zei tegen de beller: 'Meneer, ik ga er een notitie van maken.'
   ☐ De telefoniste zei tegen de beller 'Meneer ik ga er een notitie van maken'.

2. ☐ 'Hoeveel', vroeg mevrouw De Jong aan de bloemist, 'moet dat prachtige boeket kosten?'
   ☐ 'Hoeveel, vroeg mevrouw De Jong aan de bloemist, moet dat prachtige boeket kosten?'

3. ☐ 'Hou nog even vol', riep de fitnessleraar tegen Bram: want 'Je bent er bijna!'
   ☐ 'Hou nog even vol,' riep de fitnessleraar tegen Bram, 'want je bent er bijna!'

4. ☐ Marcia baalt, omdat ze nog 'even' alle adressen moet invoeren.
   ☐ Marcia baalt, omdat 'ze nog even alle adressen moet invoeren.'

5. ☐ 'Je moet een uur later pauze nemen, want er is zojuist een bestelling binnengekomen', zei Frank.
   ☐ 'Je moet een uur later pauze nemen want er is zojuist een bestelling binnengekomen': zei Frank.

OPDRACHT 5 Plaats de ontbrekende leestekens in de tekst. Plaats punt, komma, vraag- en uitroepteken, dubbele punt en puntkomma en waar nodig aanhalingstekens.

Tips bij telefonisch klanten werven

Wanneer je een potentiële klant belt komt je telefoontje altijd onverwacht De potentiële klant is met iets bezig jij verschijnt in beeld op zijn telefoon en hij weet nog niet wat hij kan verwachten

Dus moet je van goeden huize komen om de interesse op te wekken Daarbij zijn de eerste 30 seconden van het gesprek bepalend voor een succesvol vervolg Een van de belangrijkste tips is doe niet te amicaal

Zorg ook dat je clichés vermijdt Een zin zoals Hoe gaat het met u kan dodelijk zijn voor het gesprek Het klinkt amateuristisch slijmerig en het is een overbodige vraag

... maak je het uit omdat ik niet 'knap', 'rijk' of 'cool' ben?

Als je om te beginnen nu eens niet overal aanhalingstekens omheen zou zetten ...

 Extra: 30 zinnen om meer te oefenen.

5.3 TEKENS BIJ WOORDEN

DOEL Je gebruikt apostrofs, trema's, accenten en weglatingsstreepjes correct.

UITLEG

tekens bij woord	Je gebruikt ze	voorbeelden
apostrof	• bij meervoud en bezit na a, o, i, u, y, als je het anders verkeerd zou uitspreken. • om bezit aan te geven na een s-klank (-s, -x, -z). • bij weglating. • bij afkortingen, cijfer- en letterwoord.	gamba's, auto's, taxi's, menu's, Johnny's verslag, baby'tje Jos' scooter, Trix' rugzak 's avonds, 's-Hertogenbosch ('s = des) mbo'er, A4'tje, sms'en
trema	• om aan te geven dat je de letter apart uitspreekt.	Roemenië, justitiële, kopiëren
accent	• om aan te geven of je de klank lang of kort uitspreekt. • om klemtoon aan te geven. (Het accent wijst altijd naar rechts.)	café, première, enquête Doén we! Je krijgt nog één kans.
weglatings-streepje	• om aan te geven dat je een deel van het woord weglaat.	voor- en nadelen, binnen- en buitenland

Gebruik bij twijfel een woordenboek of woordenlijst.

VOORBEELD

Recept: Truus' nacho's met crème fraîche en avocado
15 minuten, 3 personen

Ingrediënten

- 150 gram tortillachips
- 125 ml crème fraîche
- 2 avocado's
- 2 paprika's
- 1 tomaat
- 1 sjalot
- sap van een halve meloen
- 100 gram geraspte kaas
- snuf cayenne- of chilipeper

Zin in een lekkere borrelhap? Dan zijn deze nacho's zeker weten een aanrader! Krokante tortillachips met een heerlijke smeuïge topping van geraspte kaas en crème fraîche met stukjes tomaat, plakjes avocado en paprika. Dat wordt smullen met zijn drieën!

3F Grammatica en spelling

TIP Gebruik bij alle opdrachten bij twijfel een woordenboek of woordenlijst.

OPDRACHT 1 Schrijf de woorden over en voeg waar nodig een apostrof toe.

1 agendas
2 s avonds
3 s-Gravenhage
4 Max tas
5 omas herinneringen
6 hobbys
7 cdtje
8 accus

OPDRACHT 2 Schrijf de woorden over en voeg zo nodig een trema toe.

1 coordineren
2 kopieren
3 tweeentachtig
4 Groot-Brittannie
5 industrieel
6 ruine
7 Italie
8 cacao

OPDRACHT 3 Schrijf de woorden over en voeg waar nodig een accent toe.

1 depot
2 compote
3 a la carte
4 carriere
5 gene
6 enquete
7 ampere
8 pate

5.3 Tekens bij woorden

OPDRACHT 4 Voeg een weglatingsstreepje toe waar dat nodig is.

1 hoofd en bijzaken
2 provinciale en landelijke overheden
3 planteninkopers en verkopers
4 keel , neus en oorarts

OPDRACHT 5 Welk woord is goed gespeld? Onderstreep dit woord.

1 Annes tas   Anne's tas
2 Brams idee   Bram's idee
3 reünie   rëunie
4 gênant   génant
5 officieel   officiëel
6 Gaby's voorstel   Gabys voorstel
7 egoisme   egoïsme

OPDRACHT 6 Plaats in onderstaande zinnen de juiste tekens bij of op de woorden.
Voorbeeld: Lex' eerste autorijles was pas op zijn tweeëntwintigste verjaardag.

1 Tatjana s baas vraagt zijn medewerkers om een paar reele ideeen voor de bijeenkomst.
2 De mondhygieniste heeft deze maand al tweeendertig klanten geholpen.
3 In het cafe waren de gasten meer aan het bleren dan aan het zingen.
4 Het is de taak van het comite om de ingebrachte ontwikkelingsstrategieen te beoordelen.
5 Bas favoriete vakantiebestemming is al jaren Indonesie.

OPDRACHT 7 Schrijf de gerechten over en voeg zo nodig apostrof, trema, accentteken of weglatingsstreepje toe.

Welkom bij restaurant Graafmans

voor	Champignon-cremesoep met croutons	
	Vegetarische hapjes a la Graafmans	
hoofd	Gepofte aardappel met creme fraiche	
	Varkenshaassate met kroepoek	
na	Crepes met slagroom en frambozensaus	
	Twee bolletjes kaneel en frambozenijs	
bij de borrel	Brood met rode uiencompote	
	Geroosterde wasabipindas	

Extra: 60 woorden om meer te oefenen.

OEFENTOETS HOOFDSTUK 5

Je hebt hoofdstuk 5 van *Grammatica en spelling* afgerond en kunt nu met de Oefentoets aan de slag. Een Oefentoets maak je om te controleren of je de stof van het hoofdstuk voldoende beheerst.

Wat heb je in dit hoofdstuk geleerd?
- Ik gebruik hoofdletters correct. (5.1)
- Ik gebruik leestekens correct. (5.2)
- Ik gebruik apostrofs, trema's, accenten en weglatingsstreepjes correct. (5.3)

Leren voor een toets **Grammatica en spelling?**
- Zorg dat je weet hoe je de verschillende onderdelen van dit hoofdstuk moet leren: wat moet je uit je hoofd leren en welke leerstof moet je kunnen gebruiken?
    - Uit je hoofd leren: bestudeer alle gele blokjes *Uitleg*.
    - Kunnen gebruiken: maak een aantal opdrachten opnieuw. Op *NU Nederlands online* vind je ook extra opdrachten. Vind je de leerstof moeilijk? Oefen dan ook online met opdrachten op niveau 2F.
- Leer van je fouten: welke opdrachten gingen nog niet goed? Maakte je begripsfouten, waren het slordigheden, of wist je bij deze opdrachten niet hoe je ze moest maken?
- Leg het belangrijkste van elke paragraaf mondeling uit aan een medestudent.

TIP Werk samen met een medestudent. Maak voor elkaar een dictee waarin alle leestekens aan bod komen. Gebruik in je dictee ook minimaal een apostrof, trema, accent en weglatingsstreepje.

Maak de Oefentoets online. Afhankelijk van je resultaten krijg je extra uitleg en opdrachten.

RUIMTE VOOR AANTEKENINGEN

FORMULEREN EN STIJL

Of je nu spreekt of schrijft: als je je zinnen goed kiest en juist formuleert, begrijpen mensen je beter, maak je een goede indruk en word je serieus genomen. Daarom word je bij de examens *Schrijven*, *Spreken* en *Gesprekken* ook beoordeeld op formuleren en stijl.

In dit onderdeel leer je hoe je samenhang aanbrengt in en tussen zinnen, hoe je formuleerfouten voorkomt en welke 'stijl' en toon je een tekst kunt geven.

Daarnaast is dit onderdeel een handig naslagwerk bij het schrijven. De gebruikte begrippen kun je opzoeken bij het onderdeel *Grammatica en spelling*.

1 Samenhang in je tekst
  1.1 Verwijzen *212*
  1.2 Signaalwoorden *217*
  1.3 Opbouw van je tekst *221*
  Oefentoets *224*

2 Fouten voorkomen
  2.1 Persoonsvorm: enkelvoud of meervoud? *225*
  2.2 Zinsbouw *228*
  2.3 Dubbelop en door elkaar *234*
  2.4 Twijfelwoorden *239*
  Oefentoets *243*

3 De stijl van je tekst
  3.1 De juiste toon *244*
  3.2 Duidelijk formuleren *246*
  3.3 Aantrekkelijk formuleren *250*

Alle opdrachten kun je ook online maken. Je ziet direct welke antwoorden goed of fout zijn. Je scores worden bijgehouden.

1 SAMENHANG IN JE TEKST

1.1 VERWIJZEN

DOEL Je verwijst correct.

UITLEG

Met verwijswoorden verwijs je naar andere woorden. In deze zinnen verwijzen de onderstreepte woorden naar 'scooter': Van wie is <u>deze</u> *scooter*? <u>Hij</u> is van Mette. Ik heb <u>hem</u> even gewassen.

Je tekst wordt onbegrijpelijk als je verwijzing niet correct of onduidelijk is:
- Van wie is deze scooter? Hij is van *Mette*. Ik heb <u>haar</u> even gewassen.
Wordt Mette gewassen?
- Ga met uw aankoop naar de *infobalie* als u <u>die</u> wilt ruilen.
Wil je de infobalie ruilen?

	pers. vnw.	bez. vnw.	aanw. vnw.	voorbeelden
de-woord (m)	hij, hem	zijn	deze, die	Bewaar <u>deze</u> *bijsluiter* (m). Misschien heeft u <u>hem</u> later weer nodig.
de-woord (v)	zij, ze	haar	deze, die	De *commissie* (v) houdt <u>haar</u> woord. Morgen beslist <u>ze</u>.
het-woord (o)	het	zijn	dit, dat	<u>Dit</u> *bedrijf* (o) heeft <u>zijn</u> omzet zien stijgen. Daarom heeft <u>het</u> alle werknemers een bonus gegeven.
meervoud	zij, ze hen, hun	hun	deze, die	<u>Die</u> *mensen* komen net binnen. <u>Ze</u> moeten naar de derde verdieping. Help jij <u>hen</u>?

Informatie over het lidwoord (*de* of *het*) en het woordgeslacht (*mannelijk (m), vrouwelijk (v), onzijdig (o)*) vind je in het woordenboek.

Meervoud: hen, hun of ze/zij?
- Gebruik **zij** (**ze**), **hen** en **hun** voor personen.
Meestal kun je zij/ze gebruiken, behalve
– **hen**: alleen na een voorzetsel of als lijdend voorwerp:
Geef je de cadeaubonnen aan <u>hen</u>? Marit belt <u>hen</u> vandaag.
– **hun**: alleen om bezit aan te geven of als meewerkend voorwerp zonder voorzetsel:
Wat is <u>hun</u> telefoonnummer? Geef je <u>hun</u> een cadeaubon?
- Gebruik voor 'niet-personen' alleen **ze**: De *verslagen* zijn binnen. Ik heb <u>ze</u> gedeeld via Dropbox.

VOORBEELD

① Volg de aanwijzingen in de bijsluiter. Het medicijn werkt alleen als u hem inneemt met melk.

② Houd de oogdruppels buiten bereik van kinderen. Bijvoorbeeld door ze in een afsluitbaar medicijnkastje te stoppen.

① De verwijzing is onjuist: 'hem' verwijst naar 'de bijsluiter' (m).
② De verwijzing is onduidelijk: verwijst 'ze' naar de oogdruppels of naar de kinderen?

1.1 Verwijzen

OPDRACHT 1

Onderstreep de woorden waarnaar verwezen wordt.

1 Bruinbrood is gezond, omdat **het** veel vezels bevat.

2 Het verbaast me dat **deze** brief nog niet in uw bezit is. Ik heb **hem** vorige week verstuurd.

3 Vanochtend hebben 84 klanten contactloos betaald met **hun** pinpas. Slechts twaalf van **hen** wisten waar NFC voor staat.

4 Tijdens het overleg is het idee ter sprake gekomen, maar burgermeester en wethouders vonden **het** geen goed voorstel.

5 De directie is als gevolg van het advies teruggekomen op **haar** beslissing.

6 Het buurtcentrum heeft **zijn** activiteiten gestaakt, omdat **het** geen subsidie meer krijgt.

OPDRACHT 2

Vul in: *ze, zij, hen* of *hun*. Soms zijn er meerdere mogelijkheden.

1 Mark en Amy treden af als bestuurslid. _____ zijn niet herkiesbaar.

2 Volgens _____ is mijn stage juist uitstekend verlopen.

3 Maak jij de notulen? _____ moeten morgenmiddag verstuurd worden.

4 Om twee uur gaat _____ trein. Breng jij _____ weg?

5 Het bedrijf levert _____ niet alleen het plantmateriaal, maar ook technische assistentie.

6 De voorzitter bedankt de aanwezige leden voor _____ komst.

OPDRACHT 3

Zoek de fout.
In elke zin staat een verwijsfout. Onderstreep het onjuiste verwijswoord én het woord waarnaar het verwijst. Noteer vervolgens het juiste verwijswoord. Gebruik eventueel een woordenboek of woordenlijst.
Voorbeeld: Ik zoek mijn <u>studentenpas</u>, maar ik kan <u>haar</u> nergens vinden.
hem ('pas' is mannelijk)

1 Marit heeft hun ooit haar boeken geleend, maar dat hebben Rosa en Nico nooit teruggegeven.

_____

2 Deze arbocampagne richt zich vooral op zzp'ers, want de helft van hun is onvoldoende verzekerd tegen dit soort ongevallen.

_____

3 Het Nibud (Nationaal Instituut voor Budgetvoorlichting) heeft haar website vernieuwd.

_____

4 Deze bakkerij is overgegaan op een ander soort gist en dat is hun goed bevallen.

_____

3F Formuleren en stijl

5 Veeg de peilstok schoon en steek haar tot de juiste diepte terug in de peilstokhouder.

_____

6 Enkele leden van deze comité zijn al sinds 2013 bij de organisatie van deze roeiwedstrijden betrokken.

_____

OPDRACHT 4

Hoe bedoel je?

De volgende zinnen bevatten een onduidelijke verwijzing. Formuleer de zin zo dat het duidelijk is waarover het gaat.

1 Serveer de groenten zo vers mogelijk aan de gasten door ze na ontvangst meteen in te vriezen.

_____
_____

2 Houden je kinderen niet van groenten? Doe ze dan eens door de spaghettisaus of maak er soep van.

_____
_____

3 Het bedrijf is sinds 1928 in dit prachtige pand gevestigd. Het is sinds vorig jaar in bezit van een Chinese miljardair.

_____
_____

4 Eén wielrenner kwam in een hek met prikkeldraad terecht en liep daarbij zware snijwonden op. Vandaag is het rustdag en krijgt het peloton de kans zijn wonden te likken.

_____
_____
_____

UITLEG

Verwijzen naar iets wat er vlak voor staat: *die, dat* of *wat*?
- Gebruik **die** om terug te verwijzen naar de-woorden en meervoud:
  De formulieren die daar liggen, zijn van hem.
- Gebruik **dat** om terug te verwijzen naar het-woorden:
  Het formulier dat daar ligt, is van hem.
- Gebruik **wat** om terug te verwijzen naar:
  – *alles, niets, iets* en *het enige*: *Het enige wat hij wil, is slagen voor zijn examen.*
  – een zin: *De stagebegeleider gaf mij eerder vrij, wat ik erg aardig vond.*
  – een overtreffende trap: *Ik vind voorlezen het leukste wat er is.*

1.1 Verwijzen

OPDRACHT 5 Vul in: *die, dat* of *wat*.

1 Kijk, dat is de jas _____ ik zo graag wil.

2 Waar is het wasmiddel _____ ik gisteren heb gekocht?

3 Mayra loopt stage bij een bedrijf _____ hulpmiddelen voor Parkinsonpatiënten verhuurt.

4 Maarten ruimt zijn kleren, _____ her en der op de vloer liggen, vanmiddag op.

5 In juni komt het magazijn, _____ we nu nog in Hoevelaken hebben, ook naar Lelystad.

6 Marlous ging vervolgens de regiomanager bellen, _____ ik niet zo verstandig vond.

7 Dat was echt het laatste _____ ik van haar verwacht had.

8 Dat is de beste grap _____ ik in tijden heb gehoord.

9 Alles _____ je hier ziet, is te koop.

UITLEG

Met wie / waarmee, over wie / waarover?
Naar dieren en dingen verwijs je met waar + voorzetsel (*waarvan, waarmee*).
• *Het voorstel* waarover *we spraken, is aangenomen.*
Naar mensen verwijs je met voorzetsel + wie (*van wie, over wie*).
• *Mijn mentor,* met wie *ik heb overlegd, vindt mijn voorstel goed.*

OPDRACHT 6 Vul in: *wie* of *waar* plus het juiste voorzetsel.

1 De klant _____ je vanochtend je kaartje hebt gegeven, heeft zojuist gebeld.

2 De clubleden hebben zelf een huis-aan-huisactie georganiseerd, _____ ze een bedrag van 8.000 euro hebben opgehaald.

3 Mevrouw Kievits, de boekhouder _____ ik je eerder mailde, krijgt de kwartaalaangifte niet op tijd klaar.

4 Volgens de buren ging het om een jonge man _____ een stuk illegaal vuurwerk in zijn hand ontplofte.

5 Is de opmaak van je verslag iets _____ je je druk moet maken?

6 In vak C zitten supporters _____ ik liever niet in aanraking kom.

3F Formuleren en stijl

OPDRACHT 7

Alles door elkaar.

In elke zin staan een of twee verwijsfouten. Onderstreep de foute verwijzingen. Noteer de juiste verwijswoorden. Gebruik als dat nodig is een woordenboek of woordenlijst.

1 De fotograaf waarvan we het beeld mochten gebruiken voor dit artikel, Arie de Wit, richtte de site Snorremans.nl op.

2 Volgens Max en Judith moet het dossier wat ik geordend heb, naar het archief en aan hun vraag ik dan maar meteen of er nog meer dossiers opgeruimd moeten worden.

3 De mensen die vandaag een workshop hebben bezocht, krijgen na afloop een formulier mee die hun moeten invullen met pen.

4 Restaurant De Gulden Draak is gisteren failliet verklaard, dat bijzonder vervelend is voor topkok Mark de Bruin, van wie iedereen had verwacht dat hij deze zaak zou overnemen.

5 Daarna heeft de dierenarts tien minuten de onderbenen gemasseerd van het kalfje die vorige week geboren is en van wie de voorpoten krom zijn.

Extra: twee opdrachten om meer te oefenen.

1.2 SIGNAALWOORDEN

DOEL Je maakt het verband tussen je zinnen duidelijk met signaalwoorden.

UITLEG Je publiek begrijpt je beter als je de verbanden in je tekst duidelijk maakt met **signaalwoorden**. Bijvoorbeeld:

- Geur heeft invloed op ons koopgedrag. Geurmarketeers zetten steeds vaker lekkere luchtjes in om ons te verleiden.

- Geur heeft invloed op ons koopgedrag. Daarom zetten geurmarketeers steeds vaker lekkere luchtjes in om ons te verleiden.

In het eerste voorbeeld geef je twee losse mededelingen. In het tweede voorbeeld maak je met het signaalwoord 'daarom' het verband duidelijk: er is een *reden* waarom geurmarketeers die luchtjes inzetten.

TIP Het overzicht van verbanden en signaalwoorden vind je in Bijlage 1 op bladzijde 266.

VOORBEELD

Verleiding via het neusgat

(1) Geur heeft invloed op ons koopgedrag. Daarom zetten geurmarketeers steeds vaker lekkere luchtjes in om ons te verleiden. Wat staat onze neusgaten te wachten?
Geur is bepalend voor onze stemming en (2) beïnvloedt onze waarneming. Zo wordt kleding die in een lekker ruikende ruimte hangt, kwalitatief beter beoordeeld.
(3) Bovendien blijkt dat in winkels met een aangename geur de totale verblijfsduur met 15,9 procent toeneemt, de aankoopbereidheid met 14,8 procent groeit en de actuele omzet met 6 procent stijgt.
(4) Geen wonder dus dat geurmarketeers steeds vaker hun kans schoon zien.

Naar: Trouw

1. reden
2. voorbeeld
3. opsomming
4. conclusie

3F Formuleren en stijl

OPDRACHT 1 Onderstreep eerst het verband. Kies dan het juiste signaalwoord.

1 Er is genoeg te doen in ons jonge, dynamische bedrijf, **maar / want** gelukkig sta je er nooit alleen voor!
- verband: *tegenstelling / toelichting / voorwaarde*

2 Mijn werkzaamheden bestonden in de eerste week uit eenvoudige klusjes, **vervolgens / zoals** brieven gereedmaken voor verzending en archiveerwerk.
- verband: *vergelijking / volgorde / voorbeeld*

3 **Als / Hoewel** u uw datalimiet overschrijdt of wanneer er sprake is van excessief dataverkeer, wordt u daarvan tijdig per sms op de hoogte gesteld.
- verband: *doel – middel / samenvatting / voorwaarde*

OPDRACHT 2 Maak de zinnen af.

1 Morgenochtend lever ik het verslag in, tenzij _____

2 Sven heeft zijn Playstation, inclusief spellen en drie controllers, verkocht via Marktplaats.
Desondanks _____

3 Amateurwielrenners veroorzaken steeds vaker ongelukken. Daarom _____

4 De openingstijden van de kantine zijn verruimd, zodat _____

OPDRACHT 3 Herschrijf de tekst.
Maak van de volgende zinnen één zin:
- (3) en (4)
- (7) en (8)
- (9), (10) en (11)
- (12), (13) en (14)

Gebruik verwijswoorden correct en maak het verband tussen een aantal zinnen duidelijk met signaalwoorden.

1.2 Signaalwoorden

(1) Ik heb stage gelopen bij Woest Hout bv. (2) Woest Hout bv is een zelfstandig bedrijf wat geleid wordt door Bert Kassie. (3) Bert Kassie werkt alleen. (4) Hij krijgt nog veel hulp van zijn vader. (5) Zijn vader was vroeger ook zelfstandig meubelmaker. (6) Woest Hout bv bevindt zich in Huizen aan de Berkenlaan 12. (7) De kantoorruimte bevindt zich op deze adres. (8) Ook een kleine werkruimte. (9) Dhr. Kassie had de omvang van dit werkruimte wat misrekend. (10) Dhr. Kassie kwam ruimte tekort. (11) Hij moest op zoek naar nog een werkruimte. (12) Werkruimte heeft hij gevonden bij zijn vader. (13) Zijn vader is gestopt met werken. (14) Zijn werkruimte stond zo goed als leeg.

3F Formuleren en stijl

OPDRACHT 4

Beantwoord de vragen in volledige, begrijpelijke zinnen. Maak het verband in en tussen je zinnen duidelijk met signaalwoorden.

1 Welke baan of welke functie wil je in de toekomst hebben? Noteer je eerste en tweede voorkeur.

2 Leg voor elke baan of functie in één zin uit waarom je hem aantrekkelijk vindt.

Beantwoord de volgende vragen voor de baan of functie die je eerste voorkeur heeft.

3 Waaruit bestaan je werkzaamheden op een gewone werkdag, volgens jou?

4 Noteer een voordeel en een nadeel van je werk.

5 Wat moet je kunnen om in aanmerking te komen voor dit werk?

6 Waarom ben jij geschikt voor dit werk? Noem drie vaardigheden en/of karaktereigenschappen. Leg per vaardigheid of eigenschap uit waarom die van pas komt bij dit werk.

Extra: twee opdrachten om meer te oefenen.

1.3 OPBOUW VAN JE TEKST

DOEL Je gebruikt verschillende manieren om de opbouw van je tekst duidelijk te maken.

UITLEG Je publiek volgt je verhaal beter als je aangeeft wat het verband is tussen je alinea's. Ook deze verbanden geef je aan met signaalwoorden.

Om de opbouw van je tekst (je tekststructuur) nog duidelijker te maken, kun je ook signaalzinnen gebruiken. In een signaalzin vertel je bijvoorbeeld wát je gaat vertellen en in welke volgorde je dat doet. Bijvoorbeeld: *Eerst geef ik oorzaken van het fileprobleem en daarna de mogelijke oplossingen.*

In langere teksten kun je je lezer ook helpen door in het middenstuk even te zeggen wat je hebt behandeld en wat je nu gaat vertellen.
Bijvoorbeeld: *Naast deze problemen die te maken hebben met het uiterlijk van rashonden, kennen veel honden ook afwijkingen die worden veroorzaakt door inteelt.*

TIP Het overzicht van verbanden en signaalwoorden en tekststructuren vind je in Bijlage 1 en 2 op bladzijde 266 en 267.

VOORBEELD

Gratis openbaar vervoer: gaan?
...

In dit artikel ga ik in op de vraag waarom openbaar vervoer niet gratis is. Ik ga eerst in op drie voordelen, dan ga ik in op de nadelen en dan geef ik mijn conclusie.

Gratis openbaar vervoer: gaan?
...

Waarom is openbaar vervoer niet gratis? In dit artikel geef ik eerst de drie meest genoemde voordelen om daarna ook eens goed de nadelen te bekijken, want gratis openbaar vervoer, is dat wel zo'n goed idee?

Gebruik je signaalzinnen in het laatste deel van je inleiding? Formuleer ze dan zo levendig mogelijk.

3F Formuleren en stijl

OPDRACHT 1

Schrijf levendige signaalzinnen.
Verdeel de volgende signaalzin in een aantal kortere zinnen. Formuleer met variatie en gebruik verschillende signaalwoorden.
'Eerst vertel ik welke soorten luchtvervuiling er zijn, dan vertel ik over de oorzaken van luchtvervuiling, dan over de gevolgen en dan over de manieren waarop luchtvervuiling nu wordt aangepakt en dan vertel ik welke aanpak het best werkt.'

OPDRACHT 2

Lees de inleiding van een tekst. Wat gebeurt er in het middenstuk?

1 Welke tekststructuur heeft de rest van de tekst waarschijnlijk?
   ☐ A aspectenstructuur
   ☐ B probleem-oplossingsstructuur
   ☐ C voor- en nadelenstructuur

2 Noteer onder de tekst een beginzin voor het tekstgedeelte waarin je overstapt op het deelonderwerp 'het gebruik van je eigen blog'. Verwijs daarin terug naar het voorgaande. Gebruik een van deze constructies: *Naast ...* of *Niet alleen ..., maar ook ...*

> Meer en meer artiesten, ontwerpers, fotografen en andere 'makers' ontdekken *social media* als platform om hun werk te presenteren aan een groot publiek. Je hoeft dan ook allang geen groot licht meer te zijn om een of meerdere *social media*-kanalen te gebruiken. Maar hoe doe je het goed?
> In deze blogpost bespreek ik achtereenvolgens Facebook en Twitter en het gebruik van je eigen blog, maar eerst geef ik natuurlijk antwoord op de vraag: waarom wil je als 'maker' sociaal actief zijn?

OPDRACHT 3

Maak de opbouw van een tekst duidelijk.
Op de bladzijde hiernaast zie je het schrijfplan en een deel van de inleiding voor een betogende tekst over e-mail. De tekst krijgt een probleem-oplossingsstructuur: e-mail zorgt voor problemen en een groot deel daarvan kan worden opgelost door efficiëntere communicatiemiddelen, zoals WhatsApp, Skype en de oude, vertrouwde telefoon (of noem hier je eigen, favoriete communicatiemiddelen).

1 Formuleer signaalzinnen voor de tweede alinea van de inleiding. Maak in twee à drie zinnen duidelijk hoe de tekst in elkaar zit. Verwerk hierin ook elementen uit de inhoud.

2 Signaalzinnen kun je ook aan het slot van een alinea of tekstdeel gebruiken. Formuleer een slotzin voor tekstdeel 2, waarin je het signaal geeft dat je van het probleem overstapt op de (mogelijke) oplossingen.

3 Schrijf de eerste zinnen voor de tekstdelen 3, 4 en 5. Gebruik signaalwoorden die het verband met de vorige alinea('s) aangeven.

4 Schrijf de eerste zin van de conclusie of aanbeveling (tekstdeel 6). Gebruik een signaalwoord.

1.3 Opbouw van je tekst

tekst-deel	Schrijfplan deelonderwerp + uitwerking in steekwoorden
1	*inleiding*
2	probleem: 1) mailbox altijd (te) vol, onzinberichten, spam 2) postvak IN als 'takenlijst': oudste berichten worden nooit meer opgepakt
3	WhatsApp (of eigen communicatiemiddel, namelijk: _____)
4	Skype (of eigen communicatiemiddel, namelijk: _____)
5	telefoon (of eigen communicatiemiddel, namelijk: _____)
6	*conclusie of aanbeveling*

tekst-deel	tekst
1	**Einde van de e-mail?** E-mail lijkt zo handig: beschikbaar voor elk apparaat, op elk platform, op elk tijdstip. Ondertussen heeft mijn collega meer dan honderd ongelezen e-mails in haar inbox en maken kennissen een nieuw e-mailadres aan om van alle ellende af te zijn. Hier gaat iets goed mis. In dit artikel bespreek ik _____
2	xxxxxxxxxxxxxxxxxxxxxxxxxxxxxxxxxxxxx. xxxxxxxxxxxxxxxxxxxxxxxxxxxxxxxxx. xxxx xxxxxxxxxxx. xxxxxxxxxxxxxxxxxxxxxxxxxxxxxxx. xxxxxxxxxxxxxxxxxx. Gelukkig _____
3	
4	
5	
6	

Extra: twee opdrachten om meer te oefenen.

OEFENTOETS HOOFDSTUK 1

Je hebt hoofdstuk 1 van *Formuleren en stijl* afgerond en kunt nu met de Oefentoets aan de slag. Een Oefentoets maak je om te controleren of je de stof van het hoofdstuk voldoende beheerst.

Wat heb je in dit hoofdstuk geleerd?
- Ik verwijs correct. (1.1)
- Ik maak het verband tussen mijn zinnen duidelijk met signaalwoorden. (1.2)
- Ik gebruik verschillende manieren om de opbouw van mijn tekst duidelijk te maken. (1.3)

Leren voor een toets Formuleren en stijl?
- Zorg dat je weet hoe je de verschillende onderdelen van dit hoofdstuk moet leren: wat moet je uit je hoofd leren en welke leerstof moet je kunnen gebruiken?
  - Uit je hoofd leren: bestudeer alle gele blokjes *Uitleg*.
  - Kunnen gebruiken: maak een aantal opdrachten opnieuw. Op *NU Nederlands online* vind je ook extra opdrachten. Vind je de leerstof moeilijk? Oefen dan ook online met opdrachten op niveau 2F.
- Leer van je fouten: welke opdrachten gingen nog niet goed? Maakte je begripsfouten, waren het slordigheden, of wist je bij deze opdrachten niet hoe je ze moest maken?
- Moeite met verwijswoorden? Bestudeer dan ook Grammatica en spelling 1.3 *Voornaamwoorden*.
- Leg het belangrijkste van elke paragraaf mondeling uit aan een medestudent.

TIP Werk samen met een medestudent. Zoek in deel A, bij Lezen een langere tekst. Onderstreep de verwijswoorden, signaalwoorden en – als die er zijn – signaalzinnen. Leg elkaar uit waar de verwijswoorden naar verwijzen en welk signaal de signaalwoorden geven.

Maak de Oefentoets online. Afhankelijk van je resultaten krijg je extra uitleg en opdrachten.

2 FOUTEN VOORKOMEN

2.1 PERSOONSVORM: ENKELVOUD OF MEERVOUD?

DOEL Je gebruikt het juiste getal (enkelvoud of meervoud) voor de persoonsvorm.

UITLEG Onderwerp en persoonsvorm staan beide in het enkelvoud of beide in het meervoud. Een fout hiermee heet **incongruentie**. Congruentiefouten worden veroorzaakt door:

- **het onderwerp lijkt meervoud, maar is enkelvoud:**

onjuist	juist
De politie van Utrecht **proberen** de rust tijdens Koningsnacht te waarborgen.	De politie van Utrecht **probeert** de rust tijdens Koningsnacht te waarborgen.

'Politie' is enkelvoud, dus je gebruikt 'probeert'.

Ook woorden die een groep aanduiden, krijgen een persoonsvorm in het enkelvoud:

onjuist	juist
De kudde schapen **worden** komende zomer op drie kampeerterreinen ingezet.	De kudde schapen **wordt** komende zomer op drie kampeerterreinen ingezet.

- **het onderwerp lijkt enkelvoud, maar is meervoud:**

onjuist	juist
De stadia van karamel **is** te bepalen met een suikerthermometer.	De stadia van karamel **zijn** te bepalen met een suikerthermometer.

'Stadia' is het meervoud van 'stadium', dus je gebruikt 'zijn'.

NB: verwarring kan ook ontstaan als de persoonsvorm ver van het woord staat dat het getal bepaalt: De enquête die vorige week bij ons in de klas afgenomen werd door twee vierdejaars studenten Transport en Logistiek, ~~bevatten~~ **bevatte** voornamelijk open vragen.

- **een meewerkend voorwerp (mv) wordt aangezien voor het onderwerp:**

onjuist	juist
Voor deelname aan de workshop **worden** de bezoekers (= mv) een bijdrage van 150 euro gevraagd.	Voor deelname aan de workshop **wordt** de bezoekers een bijdrage van 150 euro gevraagd.

Het onderwerp is 'een bijdrage van 150 euro'. Dat is enkelvoud en dus gebruik je 'wordt'.

VOORBEELD

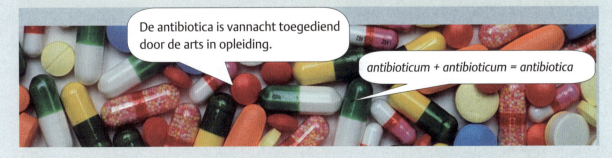

De antibiotica is vannacht toegediend door de arts in opleiding.

antibioticum + antibioticum = antibiotica

Sommige woorden lijken enkelvoud, maar zijn meervoud.

3F Formuleren en stijl

OPDRACHT 1 Kies het juiste getal van de persoonsvorm.

1. Het bedrijfsleven **is / zijn** gebaat bij goed opgeleide werknemers.

2. Geheel onverwacht **heeft / hebben** vanmiddag een zwerm bijen een imker uit Gendt aangevallen.

3. De kindcentra in de gemeente Hilvarendam **wordt / worden** met sluiting bedreigd.

4. In 2014 **had / hadden** 5 procent van de bevolking last van eczeem en 2,4 procent van psoriasis.

5. Om twee uur 's nachts **zwierf / zwierven** nog een grote groep dronken jongeren door de anders zo rustige straten.

6. De brandweer uit Berkel en Rodenrijs **had / hadden** het brandje in de schuur van de familie De Boer snel geblust.

OPDRACHT 2 Onderstreep in het onderwerp het woord dat het getal van de persoonsvorm bepaalt. Kies vervolgens de juiste persoonsvorm.
Voorbeeld: Het <u>garantiebewijs</u> van de cartridges die we bij 123inkt.nl besteld hebben, <u>**is**</u> **/ zijn** zoek.

1. De overheid verwacht dat bij de meeste gemeenten het gebruik van het digitale loket om paspoorten, ID-bewijzen en andere documenten aan te vragen alleen maar **zal / zullen** toenemen.

2. Onlangs werd bekend dat verschillende techbedrijven via bijvoorbeeld een filiaal in het buitenland, hun winst voor de belastingdienst verborgen **heeft / hebben** gehouden.

3. De waarheid van de verschillende verklaringen **wordt / worden** door de politie in twijfel getrokken.

4. De subsidie die wij kregen voor het produceren van promotievideo's voor groene bedrijven **eindigt / eindigen** aan het eind van de maand.

5. De programma's waarvan ik dacht dat ze ook wel op Linux **zou / zouden** draaien, heb ik maar weer snel geïnstalleerd op m'n Apple.

OPDRACHT 3 Kies het juiste getal van de persoonsvorm.

1. Vorige week **is / zijn** aan de administratie de tussentijdse rapportages doorgegeven.

2. De honden **wordt / worden** bijvoorbeeld geleerd hoe ze iemand met een nachtmerrie wakker moeten maken.

3. **Moet / Moeten** de nieuwe stagiaires ook uitgelegd worden hoe het boekhoudprogramma werkt?

4. Kira **is / zijn** vanmiddag de regelingen rondom verlof en ziekte uitgelegd.

5. Vandaag **wordt / worden** onze klanten verteld dat kaliumsulfide voorlopig niet leverbaar is.

6. Tegen de zakkenrollers **is / zijn** proces-verbaal opgemaakt.

2.1 Persoonsvorm: enkelvoud of meervoud?

OPDRACHT 4 Zoek de incongruenties in de zinnen en los ze op.
Onderstreep de persoonsvormen. Bevat de zin een congruentiefout? Schrijf dan de verbeterde persoonsvorm achter de zin. Let op: niet elke zin bevat een congruentiefout.

1 De lening van in totaal 9 miljoen van onder andere de gemeente, de Rabobank, Rottinghuis en Centraal Staal, mochten niet baten. _____

2 Nieuwe klanten wordt standaard een kortingspas aangeboden. _____

3 De media heeft zich massaal op de jonge, talentvolle voetballer gestort. _____

4 Het appartement bevindt zich op loopafstand van de binnenstad en het station en is ideaal voor iemand die tijdelijk in Arnhem komen werken. _____

5 Voor elke afgesloten verzekering krijg je als tussenpersoon provisie en alle provisies bij elkaar vormt het inkomen van de tussenpersoon. _____

6 De drie beste studenten van komend schooljaar worden een studiebeurs van € 15.000 aangeboden. _____

7 Dat paar schoenen kan ingeleverd worden bij de kringloopwinkel. _____

8 De uitslag van de verkiezingen voor 'Student van het jaar' die op de verschillende locaties gehouden is, wordt morgen bekend gemaakt op de website. _____

OPDRACHT 5 Gebruik de woorden als het onderwerp in een correcte zin. Gebruik ten minste 15 woorden.

1 de musea in Amsterdam: _____

2 de Nederlandse jeugd: _____

3 een kudde schapen: _____

4 meer dan de helft van de studenten: _____

5 57% van de huishoudens: _____

Extra: twee opdrachten om meer te oefenen.

2.2 ZINSBOUW

DOEL Je formuleert correcte samengestelde zinnen.

UITLEG

Een gewone zin heeft de volgorde onderwerp – persoonsvorm:
Ik ga vrijdag op excursie. Ik slaap zaterdag uit.
Bij **inversie** staat een ander zinsdeel dan het onderwerp vooraan in de zin:
Vrijdag ga ik op excursie. Zaterdag slaap ik uit.

In een samengestelde zin die uit twee hoofdzinnen bestaat, kan inversie in de tweede hoofdzin een fout veroorzaken. Zo'n inversiefout los je eenvoudig op:
- gebruik geen inversie in de tweede hoofdzin
- begin de tweede hoofdzin met een woord of zinsdeel dat correcte inversie veroorzaakt.

onjuist	juist
Ik ga vrijdag op excursie en slaap ik zaterdag uit.	• Ik ga vrijdag op excursie en ik slaap zaterdag uit. • Ik ga vrijdag op excursie en dus slaap ik zaterdag uit. • Ik ga vrijdag op excursie en zaterdag slaap ik uit.
Vrijdag ga ik op excursie en slaap ik zaterdag uit.	• Vrijdag ga ik op excursie en ik slaap zaterdag uit. • Vrijdag ga ik op excursie en dus slaap ik zaterdag uit. • Vrijdag ga ik op excursie en zaterdag slaap ik uit.

Inversie is ook correct als het zinsdeel dat inversie veroorzaakt in de eerste hoofdzin, ook betrekking heeft op de tweede hoofdzin: *Morgen ga ik op excursie en (morgen) ben ik later thuis.*

TIP Gebruik maximaal twee zinnen in een samengestelde zin. Gebruik je meer, dan is de kans groot dat je zinsbouwfouten maakt of dat je lezer je niet goed begrijpt.

OPDRACHT 1

Onderstreep de inversiefouten. Schrijf een verbeterde zin op.
Let op: niet elke zin bevat een inversiefout.

1 Vorige week was hij ziek en we zijn daarom nog niet klaar met het project.

2 Na elke training gaat ons team nog even naar de cafetaria, maar wilde Lucas deze keer niet mee.

3 We bedankten de huiseigenaren voor hun tijd en gingen we naar de volgende klant.

2.2 Zinsbouw

4 Tijdens het sollicitatiegesprek kwam Afya niet goed uit haar woorden en daarom werd zij niet uitgenodigd voor een vervolggesprek.

---

5 Het regende de hele ochtend en hebben we dus niets kunnen doen.

---

6 Miranda Nieman kreeg de beker overhandigd en mocht zij daarna de burgemeester de hand schudden.

UITLEG

In een samengestelde zin mag je woorden weglaten. Je gebruikt dan een **samentrekking**. Dit mag alleen als de woorden precies dezelfde betekenis, vorm of functie hebben.

Voorbeelden:

onjuist	juist
Je sleutels liggen hier, maar je mobieltje daar.	Je sleutels liggen hier, maar je mobieltje **ligt** daar.

Herhaal de persoonsvorm, want 'mobieltje' is enkelvoud.

onjuist	juist
Deze tas is afgeprijsd en heb ik daarom meteen gekocht.	Deze tas is afgeprijsd en **deze tas** heb ik daarom meteen gekocht. *beter*: Deze tas is afgeprijsd en daarom heb ik **hem** meteen gekocht.

Herhaal 'deze tas', want in de tweede zin is 'deze tas' lijdend voorwerp. Je kunt 'deze tas' ook vervangen door een verwijswoord.

onjuist	juist
Eerst zetten we de bar neer en dan de partytenten op.	Eerst zetten we de bar neer en dan **zetten** we de partytenten **op**.

Herhaal 'zetten', want 'neerzetten' is iets anders dan 'opzetten'.

onjuist	juist
Het pakket is groot, maar inmiddels wel verzonden.	Het pakket is groot, maar **is** inmiddels wel verzonden.

Herhaal 'is', want 'is' heeft twee verschillende functies. In de eerste zin is het pakket iets (groot). In de tweede zin is er iets met het pakket gedaan (verzonden).

3F Formuleren en stijl

OPDRACHT 2

Als je de onderstreepte woorden weglaat, bevat de zin een foutieve samentrekking. Leg uit waarom.

Voorbeeld: Dennis is een aardige vent, maar Dennis / hem leen ik liever geen geld.
Herhaal 'Dennis', want in de eerste hz is 'Dennis' het onderwerp en in de tweede hz is 'Dennis' het meewerkend voorwerp.

1 Machteld maakt eerst het eten klaar en maakt daarna de keuken schoon.

2 Dat heeft hij nooit gezegd en dat zal hij ook nooit zeggen.

3 Mijn vrienden wonen in een groot studentenhuis, maar ik woon op een klein kamertje.

4 De medezeggenschapsraad heeft de salarisverlaging aangenomen en de salarisverlaging / die geldt vanaf 1 juni.

5 Lindy werd ineens duizelig en werd toen met de auto naar huis gebracht.

OPDRACHT 3

In de zinnen zijn woorden foutief samengetrokken. Schrijf de verbeterde zinnen op.
Soms zijn er verschillende mogelijkheden. Gebruik dan de formulering die jij het best vindt.

1 Mijn begeleider is ziek en mijn collega's op bijscholingscursus.

2 Fotograaf is vast een interessant beroep, maar zou ik later niet willen worden.

3 Gerus keek naar de heftrucks en daardoor niet goed uit.

4 Uw klacht kunnen wij goed begrijpen en is volgens ons volkomen terecht.

5 Mark wordt filiaalhouder in Baarn en daarom morgen verrast met een afscheidsfeestje.

6 Het laboratorium wordt oud en daarom in de loop van dit jaar gemoderniseerd.

7 Zulke klanten help ik graag en geef ik meestal iets extra's.

2.2 Zinsbouw

OPDRACHT 4

Zinsbouwfouten leveren soms merkwaardige uitspraken op. Wat wordt waarschijnlijk bedoeld?

1. Geachte klant,
Klachten over kleding die in de opruiming is gekocht kunnen helaas niet in behandeling worden genomen en mogen niet worden geruild!

2. De groep uit het westen gooide met stenen en beschadigde auto's.

Spits!

1 _____

2 _____

UITLEG

Je kunt ook samengestelde zinnen maken met een bijzin. In een gewone bijzin kan er iets staan tussen het onderwerp en de persoonsvorm:
- Vandaag slaap ik uit, (bijzin:) omdat **ik** gisteren op excursie **ben** geweest.

Top drie van foute of lelijke formuleringen met bijzinnen

1 De bijzin staat los van de hoofdzin waarbij hij hoort:

onjuist	juist
Veel honden lijden aan erfelijke ziekten of afwijkingen. *Doordat ze veel te ver zijn doorgefokt.*	• Veel honden lijden aan erfelijke ziekten of afwijkingen, *doordat ze veel te ver zijn doorgefokt.* • Veel honden lijden aan erfelijke ziekten of afwijkingen. *Vaak zijn ze namelijk veel te ver doorgefokt.*

Verbind met een komma de bijzin met de hoofdzin of gebruik twee zinnen.

2 De bijzin staat onnodig middenin de hoofdzin:

onjuist	juist
De vergunning van een fokker moet *als hij honden te ver doorfokt*, worden ingetrokken.	• *Als een fokker honden te ver doorfokt*, moet zijn vergunning ingetrokken worden. • De vergunning van een fokker moet worden ingetrokken, *als hij honden te ver doorfokt.*

Zet de bijzin voorin of achterin je samengestelde zin.

3 Er staat een bijzin ín een bijzin. De bekendste vorm hiervan is de dat/als-constructie:

onjuist	juist
Ik vind <u>dat</u> als een fokker honden te ver doorfokt <u>zijn vergunning ingetrokken moet worden</u>.	Ik vind <u>dat de vergunning van een fokker ingetrokken moet worden</u> als hij honden te ver doorfokt.

Haal de bijzinnen uit elkaar en zet ze achter elkaar.

3F Formuleren en stijl

OPDRACHT 5

Formuleer de zinnen correct.
Soms zijn er verschillende mogelijkheden. Gebruik dan de formulering die jij het best vindt.

1 Mijn baas heeft nog geen zin om met pensioen te gaan. Hoewel hij volgens mij al aardig oud is en voldoende pensioen heeft opgebouwd.

2 Heina heeft, omdat zij mijn begeleider was, mij het meest uitgelegd en de meeste opdrachten gegeven.

3 Bij de gemeente Haren werken ongeveer 230 mensen. Verdeeld over verschillende afdelingen.

4 Op Snapchat ging het verhaal dat als iedereen naar het centrum van Hoorn zou komen, er een groot feest zou zijn.

OPDRACHT 6

Alles door elkaar.
Formuleer de zinnen correct. In de zinnen staan een of meer zinsbouwfouten. Soms zijn er verschillende mogelijkheden. Gebruik dan de formulering die jij het best vindt.

1 Ik heb het allemaal opgeschreven zodat, wanneer ik het even niet meer weet, het nog een keer terug kan lezen.

2 Om even warm te worden zet ik een kop thee en controleer ik vervolgens de vleeswaren in de koelcel.

2.2 Zinsbouw

3 Later zijn we uit eten gegaan in Haarlem en een toneelstuk gezien van de Toneelschuur.

4 Ons wordt door de docent aangeraden om zodra we er tijd voor hebben de instructievideo te bekijken.

5 Ook is er een groot aantal plug-ins beschikbaar. Waardoor de prestaties van je Media Center makkelijker uit te breiden zijn.

6 Alle wanden van de woning waren kaal en was men duidelijk nog druk bezig met verbouwen.

OPDRACHT 7   Wie maakt een zinsbouwfout?

Jaja, maar ik begrijp nog steeds niet waarom ik dat formulier moet ondertekenen.

Dan krijgen jullie een beetje korting en ik een fikse bonus.

Noteer de juiste zin.

Extra: twee opdrachten om meer te oefenen.

2.3 DUBBELOP EN DOOR ELKAAR

DOEL Je voorkomt onjuiste herhaling en je haalt woorden en uitdrukkingen niet door elkaar.

UITLEG Voorkom onjuiste herhaling in je zinnen. Veelvoorkomende fouten met 'dubbelop' zijn:

- **een voorzetsel of een deel van een verwijswoord wordt ten onrechte twee keer gebruikt:**

onjuist	juist
Het invullen van de belastingaangifte is iets waar**mee** veel mensen moeite **mee** hebben.	Het invullen van de belastingaangifte is iets waar**mee** veel mensen moeite hebben.

- **twee woorden betekenen (deels) hetzelfde:**

onjuist	juist
Ook **moet** je **verplicht** een reflectievest bij de hand hebben.	• Ook moet je een reflectievest bij de hand hebben. • Ook ben je verplicht een reflectievest bij de hand te hebben.
Zo maakten we vorige week **bijvoorbeeld** een stoel van piepschuim.	• Zo maakten we vorige week een stoel van piepschuim. • Vorige week maakten we bijvoorbeeld een stoel van piepschuim.

- **iets wordt dubbel ontkend:**

onjuist	juist
Wim heeft **nagelaten** het magazijn **niet** op slot te doen.	• Wim heeft nagelaten het magazijn op slot te doen. • Wim heeft het magazijn niet op slot gedaan.

OPDRACHT 1 Onderstreep het woord dat je moet weglaten.

1 Van deze uitslag was ik nog niet van op de hoogte.

2 Weet jij waarvoor een watertoren voor wordt gebruikt?

3 Voor een fout van uzelf of van een medewerker bent u ook aansprakelijk voor.

4 Aan dat geroddel bij de koffieautomaat heb ik een hekel aan.

5 Bij zo'n bedrijf als Yellow Today zou ik na m'n afstuderen niet bij willen werken.

6 Je vraagt zelf maar of we in week 14 vrij kunnen krijgen, want hierom durf ik echt niet om te vragen.

7 Aan de taart voor meneer en mevrouw Pocornie, die vanmiddag hun 25-jarig huwelijk vieren, heb ik hard aan gewerkt.

2.3 Dubbelop en door elkaar

OPDRACHT 2 Onderstreep de woorden die dubbelop zijn. Formuleer vervolgens een correcte zin.

1 Vermoedelijk zal meneer Van Dam vannacht waarschijnlijk rustig doorslapen.

2 De gemeenteraad keurde het plan goed, maar lang niet alle inwoners reageerden echter enthousiast.

3 We twitteren nog steeds wat af met zijn allen en daar zijn, behalve Twitter zelf, met name onderzoekers vooral blij mee.

4 Brechtje bleek niet in staat de sapkuur te kunnen volhouden.

5 Belangstellenden die geïnteresseerd zijn in het zelf opwekken van zonne-energie, zijn dit weekend welkom in onze modelwoning.

6 Bij warm weer hangt er bij de containers achter de keuken een vieze stank.

7 Iedereen zegt af en toe weleens iets dubbelop.

OPDRACHT 3 Onderstreep de woorden die iets ontkennen. Formuleer vervolgens een correcte zin.

1 Jildou heeft nooit geen kans gehad om de toets in te halen.

2 Het alarm kan niet verhinderen dat er nooit weer brand zal ontstaan.

3 Mevrouw Knap raadt me af het damestoilet voorlopig niet te gebruiken.

4 De festivalorganisatie verbiedt standhouders om na negen uur 's avonds geen bier of wijn te verkopen met een alcoholpercentage hoger dan 2,5%.

3F Formuleren en stijl

OPDRACHT 4 Verbeter het onderschrift bij de foto.

Met water wordt voorkomen dat de aangespoelde walvis niet uitdroogt.

OPDRACHT 5 Formuleer het gewoon positief.
Voorbeeld: Er is niets waarover ik niet tevreden ben. – *Ik ben over alles tevreden.*

1 Yoran verhinderde dat de proef niet volledig mislukte.

2 Dat betekent niet meteen dat zo'n lettertype niet bestaat of onbruikbaar is.

3 Ze kan niet langs de receptie lopen zonder geen vervelende opmerkingen te maken.

UITLEG Bij een **contaminatie** haal je twee woorden of uitdrukkingen door elkaar:

contaminatie	uitleg
De **reldraaiers** hebben de hele nacht in de cel gezeten.	'Reldraaiers' bestaan niet. Raddraaiers en relschoppers wel.
Op de eerste oogopslag is hier niets aan de hand.	'Op het eerste gezicht' is hier vermengd met 'in één oogopslag'.
Ze **proberen je een hak uit te draaien.**	Ze proberen je een hak te zetten *of* een poot uit te draaien.

2.3 Dubbelop en door elkaar

OPDRACHT 6

Verbeter de onderstreepte contaminaties.
Noteer in de lege kolom naast de tekst een goede verbetering. Gebruik eventueel een woordenboek.

Contaminaties <u>vanaf voortaan</u> goedgekeurd	*vanaf nu / voortaan*
De minister van Onderwijs wil contaminaties niet langer als fout zien. Om <u>na te checken</u> of deze maatregel haalbaar is, heeft het ministerie van Onderwijs, Cultuur en Wetenschap leraren Nederlands <u>opgetelefoneerd</u> om <u>beide kanten van de partijen</u> te horen. ROC MidWest zal een <u>testpilot</u> in gang zetten. Directeur Wieb de Klaver: 'Wij zijn de eerste school die de contaminatie uit ons lesprogramma <u>verschrapt</u>; voor zo'n grote instelling is dat een <u>knap huzarenstaaltje</u>.' Derdejaars student proefdierverzorging Alida reageert afwachtend: '<u>Volgens mijn mening</u> is de contaminatie een achterhaald begrip, maar ik denk dat hierover het <u>laatste woord nog niet door de kerk is</u>.' *Naar: de Speld*	

OPDRACHT 7

Alles door elkaar.
Onderstreep de woorden die overbodig of onjuist gebruikt zijn. Formuleer vervolgens een correcte zin. Gebruik eventueel een woordenboek. In de eerste twee zinnen is de fout al onderstreept.

1 Waarom <u>vertel</u> je dat niet <u>tegen</u> je leidinggevende?

2 <u>Daarnaast</u> is <u>ook</u> de liefde voor pluimvee mij met de paplepel ingegoten.

3 Mischa ontkent met klem dat zij geen enkele deur open heeft laten staan.

4 De oorzaak van de schade aan de voorgevel is te wijten aan een stel stomdronken voetbalsupporters.

3F Formuleren en stijl

5 De klantenservice kan de boom in, want dit is de zoveelste keer dat ze me van het kastje naar het riet sturen.

6 Naar aanleiding van het mondelinge gesprek heeft Sanne een offerte gemaakt waarin alle belangrijke zaken voor de potentiële huurder in vermeld staan.

7 Ik heb geprobeerd te voorkomen dat er in mijn verslag geen taalfouten staan.

Extra: twee opdrachten om meer te oefenen.

2.4 TWIJFELWOORDEN

DOEL Je voorkomt een aantal veelgemaakte taalfouten.

UITLEG Sommige woorden lijken qua vorm of betekenis op elkaar. In deze paragraaf vind je een aantal woorden waarmee veel mensen moeite hebben.

Twijfel je zelf over het juiste gebruik van een woord? Zoek dan op internet, bijvoorbeeld met 'andere of anderen'. Websites als Taaladvies.net, Onzetaal.nl en Beterspellen.nl geven uitgebreid uitleg over verschillende twijfelwoorden. Op *NU Nederlands online* vind je bij 2F ook meer twijfelwoorden.

UITLEG

Me/mij/mijn, je/jou/jouw, u/uw, ons/onze

Gebruik *mijn, jouw, uw* en *onze* om bezit aan te geven als dit bezit erachter staat.	Dit is *mijn/jouw/uw/onze* nieuwe blikschaar.
Gebruik in alle andere gevallen *mij, jou, u* of *ons*.	Deze nieuwe blikschaar is van *mij/jou/u/ons*.
Soms mag je ook de korte vorm gebruiken van *mij (me)* en *jou (je)* gebruiken.	Ammar geeft *me/je* een nieuwe blikschaar. Wie kan *me/je* even naar huis brengen?

OPDRACHT 1 Onderstreep het juiste woord.

1. Kun je **mij / mijn** band even plakken?
2. Eten we bij **mij / mijn** of eten we vanavond bij **jou / jouw**?
3. Ik vind **jou / jouw** idee beter dan dat van **mij / mijn**.
4. Wilt u **u / uw** broodje hier opeten of neemt **u / uw** het mee?
5. Als je **mij / mijn** een euro geeft, neem ik een broodje bapao voor **je / jouw** mee.

UITLEG

Als of dan?

Gebruik **dan** na een vergrotende trap en na *ander, andere* en *anders*.	Mijn laptop is *sneller/beter/nieuwer dan* die van jou. De boekhouding zit *anders* in elkaar *dan* ik had verwacht.
Gebruik **als** bij vergelijkingen met *hetzelfde, even ..., (net) zo ...,* enzovoort.	Mijn laptop is *net zo* traag *als* die van jou. Ik verdien *evenveel als* jij.

OPDRACHT 2 Onderstreep het juiste woord.

1. Je telefoon is bijna net zo groot **als / dan** mijn tablet.
2. Yoerie verdient nog minder **als / dan** iemand die vakken vult bij Albert Heijn.
3. Ik heb liever bami **als / dan** nasi.
4. Het waait niet meer zo hard **als / dan** gisteren.
5. Ze hebben dezelfde problemen **als / dan** wij.

3F Formuleren en stijl

UITLEG

Grootte of grote?

Grootte is een zelfstandig naamwoord en betekent 'formaat' of 'omvang'.
Grote is een bijvoeglijk naamwoord.   Wat is de *grootte* van die *grote* poster?

OPDRACHT 3

Onderstreep het juiste woord.

1 U kunt de **grootte / grote** meten met een meetlint.

2 Wij verkopen **grootte / grote** maten damesmode voor vrouwen met een maatje meer.

3 Bij het bepalen van het aantal bedrijfshulpverleners moet rekening gehouden worden met de **grootte / grote** van het bedrijf.

4 Er vielen hagelstenen ter **grootte / grote** van tennisballen.

5 U kunt uw auto gratis parkeren op een van de twee **grootte / grote** parkeerplaatsen tegenover ons gebouw.

UITLEG

Kunnen of kennen?

Kunnen = 'in staat zijn om iets te doen', 'mogelijk zijn'.
- ik kan, jij kunt, kun jij/je, hij kan, u kunt, wij/jullie/zij kunnen.

Bij 'kunnen' staat er vrijwel altijd nog een werkwoord in de zin.

Kun je mij even helpen?
Waarom een boormachine kopen als je hem ook *kunt* huren?
Mark *kan* met zijn tong het puntje van zijn neus *aanraken*.

Kennen = 'herkennen', 'weten', 'geleerd hebben'.
- ik ken, jij kent, ken jij/je, hij kent, u kent, wij/jullie/zij kennen

Ik *ken* het periodiek systeem uit m'n hoofd.
Ken jij die man?
Amie *kent* drie verschillende talen.

OPDRACHT 4

Vul in: *kunnen* of *kennen*.
Gebruik de juiste vorm van het werkwoord in de tegenwoordige tijd.

1 Ik _____ best aardig koken, al zeg ik het zelf.

2 _____ jij een ander woord voor 'formaat'?

3 _____ je even een stukje opzijgaan?

4 Franco _____ dat mens van de kantine niet uitstaan.

5 _____ u iemand die het verdient om eens in het zonnetje gezet te worden?

2.4 Twijfelwoorden

UITLEG

Liggen of **leggen**?

Liggen heeft te maken stilstand, rust.
- ik lig, jij ligt, lig jij/je, hij ligt, wij/jullie/zij liggen.

Ik *lig* op de bank.
Je trui *ligt* bij de was.
Waar *liggen* mijn sleutels?

Leggen heeft te maken met beweging, iets doen.
- ik leg, jij legt, leg jij/je, hij legt, wij/jullie/zij leggen.

Leg jij het brood op tafel?
Gea *legt* de boeken in haar kluisje.
Zij *leggen* alvast pen en papier op tafel.

OPDRACHT 5

Vul in: *liggen* of *leggen*.
Gebruik de juiste vorm van het werkwoord in de tegenwoordige tijd.

1 _____ die dossiermappen daar maar even neer.

2 _____ je net lekker op het balkon, schuift er een wolk voor de zon!

3 De honden _____ lekker te slapen op de bank.

4 De meeste gasten _____ hun mobiele telefoon op het nachtkastje.

5 Marloes _____ met griep in bed.

UITLEG

Welke, die of **dat**?

Je mag *die* en *welke* gebruiken om terug te verwijzen naar de-woorden en meervoud, maar *welke* klinkt erg stijf.

In de aanbouw bevindt zich de sauna *die/welke* door vier personen gebruikt kan worden.

Welke mag je niet gebruiken om terug te verwijzen naar het-woorden (enkelvoud). Gebruik dan *dat*.

Daar bevindt zich ook het bubbelbad *dat* voorzien is van een ingebouwde badwaterverwarming.

OPDRACHT 6

In welke zinnen is het vetgedrukte verwijswoord onjuist gebruikt?
Noteer het juiste verwijswoord erachter.

☐ 1 Hierbij nodigen we u uit voor het personeelsfeest, **welke** gehouden zal worden in de kleine zaal van Huize Maas. _____

☐ 2 In het bezoekerscentrum, **dat** sinds gisteren weer open is, zijn ook oplaadpunten voor uw mobiele telefoon. _____

☐ 3 Het artikel **die** u besteld heeft, is helaas niet meer leverbaar. _____

☐ 4 Mijn LinkedInprofiel, **welke** ik vorige week heb aangemaakt, is al door twaalf mensen bekeken. _____

☐ 5 Alle leaseauto's **die** in 2015 aangeschaft zijn, krijgen dit jaar een grote onderhoudsbeurt. _____

3F Formuleren en stijl

UITLEG

Wilt of **wil**?

Gebruik **wilt** in zakelijke teksten als er *je* of *jij* voor staat.
Bij *u* gebruik je altijd *wilt*.

Je/Jij/U *wilt* hier rechtsaf slaan. Mag dat?
Wat *wilt* u hiermee zeggen?

Gebruik **wil** bij *ik* en *hij* en als er *je* of *jij* achter staat.

Deze meneer *wil* graag een kop koffie.
Wil je/jij naar huis?

Als *je* of *jij* ervoor staat, dan mag je in spreektaal en informele teksten beide vormen gebruiken.

Jij mag zelf weten of je naar huis *wil*/*wilt*.

OPDRACHT 7

Onderstreep het juiste woord.
Onderstreep beide woorden als beide vormen correct zijn.

1 **Wil** / **Wilt** u uw bagage gelijk meenemen of zal ik de koffers naar uw kamer laten brengen?
2 Ik **wil** / **wilt** morgen later beginnen, maar mijn baas **wil** / **wilt** juist dat ik eerder begin.
3 José, zodra je weet wat je **wil** / **wilt**, moet je nog maar weer eens langskomen.
4 De administratie **wil** / **wilt** het loon vanaf juni een week later overmaken.
5 Is er verder nog iets wat u **wil** / **wilt** weten?

UITLEG

Een **aantal** *heeft* of een **aantal** *hebben*?

Gebruik een pv enkelvoud als je 'aantal' combineert met 'het' of een bijvoeglijk naamwoord.

- **Het** aantal klachten over de roosterwijzigingen **is** toegenomen.
- Een **groot** aantal studenten **heeft** geklaagd over de roosterwijzigingen.

Bij 'een aantal' moet je goed kijken naar de rest van de tekst.
- Gaat het om een groep? Gebruik dan een pv enkelvoud.
- Bedoel je 'enkele' of 'verschillende'? Gebruik dan bij een pv meervoud.

- Een aantal studenten **heeft** geprotesteerd. ('Een groep studenten heeft geprotesteerd.')
- Een aantal studenten **waren** bij de inspraakmiddag aanwezig.
- Een aantal studenten **kwamen** een voor een binnen.

 TIP Gebruik niet het vage 'aantal', maar zeg om hoeveel het gaat: <u>Twaalf studenten</u> **hebben** geprotesteerd.

OPDRACHT 8

Onderstreep het juiste woord.

1 Het aantal studenten bij de Dam tot Damloop **was** / **waren** verrassend hoog.
2 De meeste bezoekers waren om acht uur aanwezig, maar rond tien uur **kwam** / **kwamen** er ook nog een aantal binnendruppelen.
3 Er zijn twee tunnels aangelegd, er kwam een dorpshuis en er **werd** / **werden** een fors aantal woningen gebouwd.
4 Door het slechte weer **is** / **zijn** een klein aantal deelnemers onderkoeld geraakt.
5 Een aantal mensen **ging** / **gingen** pas tussen twaalf en één de stad in.

 Extra: twee opdrachten om meer te oefenen.

OEFENTOETS HOOFDSTUK 2

Je hebt hoofdstuk 2 van *Formuleren en stijl* afgerond en kunt nu met de Oefentoets aan de slag. Een Oefentoets maak je om te controleren of je de stof van het hoofdstuk voldoende beheerst.

Wat heb je in dit hoofdstuk geleerd?
- Ik gebruik het juiste getal (enkelvoud of meervoud) voor de persoonsvorm. (2.1)
- Ik formuleer correcte samengestelde zinnen. (2.2)
- Ik voorkom onjuiste herhaling en ik haal woorden en uitdrukkingen niet door elkaar. (2.3)

Leren voor een toets Formuleren en stijl?
- Zorg dat je weet hoe je de verschillende onderdelen van dit hoofdstuk moet leren: wat moet je uit je hoofd leren en welke leerstof moet je kunnen gebruiken?
  - Uit je hoofd leren: bestudeer alle gele blokjes Uitleg.
  - Kunnen gebruiken: maak een aantal opdrachten opnieuw. Op *NU Nederlands online* vind je ook extra opdrachten. Vind je de leerstof moeilijk? Oefen dan ook online met opdrachten op niveau 2F.
- Leer van je fouten: welke opdrachten gingen nog niet goed? Maakte je begripsfouten, waren het slordigheden, of wist je bij deze opdrachten niet hoe je ze moest maken?
- Leg het belangrijkste van elke paragraaf mondeling uit aan een medestudent.

TIP Ga naar www.beterspellen.nl en bekijk daar de voorbeelden bij Stijl. Welke onderwerpen uit dit hoofdstuk herken je? Extra tip: meld je aan voor de dagelijkse test. Vaak zit daar ook een vraag tussen over een van de onderwerpen uit dit hoofdstuk.

Maak de Oefentoets online. Afhankelijk van je resultaten krijg je extra uitleg en opdrachten.

3 DE STIJL VAN JE TEKST

3.1 DE JUISTE TOON

DOEL Je stemt de toon van je tekst af op tekstdoel en publiek.

UITLEG Welke **toon** je voor je tekst kiest, hangt af van het doel van je tekst en voor welk publiek je de tekst schrijft.

Vraag je tijdens het schrijven en herschrijven dit af:
- Wat is mijn belangrijkste tekstdoel?
- Wie gaan mijn tekst lezen? Denk aan leeftijd, geslacht, opleiding van de mogelijke lezers.
- Wat weet mijn publiek en wat niet?
- Wat vindt mijn publiek interessant?

Kies vervolgens de toon die past bij jouw lezers en je schrijfdoel. In een tekst voor volwassenen gebruik je bijvoorbeeld geen populaire taal. In een zakelijke brief aan bijvoorbeeld een klant, mag je toon wat formeel zijn (maar té is nooit goed). Jongeren spreek je in een tekst vaak op een directere manier aan dan volwassenen. Als je mensen alleen wilt informeren, is je toon neutraal. Wil je mensen overtuigen van je mening, dan kun je een wat meer persoonlijke toon nemen. Een enthousiaste toon past vaak goed als je je lezers wilt overhalen of activeren.

VOORBEELD

1 Weet jij wat je moet doen als er brand is op school?

Misschien hebben jullie dat weleens met elkaar geoefend. Door het oefenen kun je veel makkelijker onthouden wat je moet doen. Oefenen kan ook heel leuk zijn. Zeker wanneer je als échte brandweerman of -vrouw je klasgenootje en de juf mag redden, of een 'nepbrand' mag blussen.

Oefenen doe je samen met alle meesters en juffen en alle kinderen die in de school zijn. Misschien kan ook de brandweer bij jullie op school komen. Vraag naar de mogelijkheden bij de brandweer bij jou in de buurt.

Naar: www.brandweer.nl

2 Zijn er extra aandachtspunten voor een ontruimingsoefening?

Kleine kinderen kunnen bang zijn van een brandalarm. Dit is geen reden om geen oefening te houden. Sterker nog, het is een argument om het wel te doen. Iedereen moet leren dat een akoestisch alarmsignaal geen reden is om in paniek te raken, maar om rustig de vooraf besproken procedure te volgen. Hierbij is het ook belangrijk dat de leerkracht, ook bij een onaangekondigde oefening (of echte ontruiming!), een rustige uitstraling heeft; kinderen zien namelijk aan het gezicht van de volwassene hoe ernstig de situatie is.

Naar: www.brandveilig.com

1. Doel: activeren. Publiek: basisschoolleerlingen. Toon: enthousiast, direct.
2. Doel: informeren. Publiek: schooldirectie en -bestuur. Toon: neutraal/zakelijk, serieus.

3.1 De juiste toon

OPDRACHT 1

Zoek de neutrale toon.
De volgende zinnen zijn steeds op drie manieren geformuleerd: (te) formeel, neutraal en (te) populair. Kruis de zin aan waarin de meest neutrale toon is gebruikt.

1. ☐ A Dat behoort helaas niet tot de mogelijkheden.
   ☐ B Dat gaat echt niet.
   ☐ C Dat is helaas niet mogelijk.

2. ☐ A De schoonmakers hadden de keuken natuurlijk gewoon beter moeten soppen.
   ☐ B De schoonmakers hadden de keuken beter moeten schoonmaken.
   ☐ C De schoonmakers hadden de keuken echter grondiger moeten reinigen.

3. ☐ A Ik vond het wel fijn dat mevrouw De Boer mij op mijn eerste dag eerst even vertelde hoe het boekhoudprogramma in elkaar steekt.
   ☐ B Op mijn eerste dag heeft mevrouw De Boer mij geïnformeerd over het functioneren van het boekhoudprogramma.
   ☐ C Op mijn eerste dag legde mevrouw De Boer mij uit hoe het boekhoudprogramma werkt.

4. ☐ A Hierdoor bleek de kwaliteit van het asfalt helemaal niet veel beter te zijn geworden.
   ☐ B Hierdoor nam de kwaliteit van het asfalt nauwelijks toe.
   ☐ C Hierdoor werd de kwaliteit van het asfalt echter niet noemenswaardig verbeterd.

5. ☐ A Als u op dit aanbod wilt ingaan, dan vragen wij u om te bellen naar onderstaand telefoonnummer.
   ☐ B Lijkt je dit aanbod wel wat? Dan kun je het best even bellen met het nummer hieronder.
   ☐ C Mocht u desgewenst gebruik willen maken van dit aanbod, dan verzoeken wij u om contact op te nemen via onderstaand telefoonnummer.

OPDRACHT 2

Herschrijf de tekst 'Weet jij wat je moet doen als er brand is op school?' uit het voorbeeld.
Maak de tekst geschikt voor leerkrachten in het basisonderwijs. Gebruik een neutrale toon die past bij het doel en de doelgroep. De eerste zin krijg je cadeau. Noteer boven de tekst een passende titel.

_____

Het is handig om met uw leerlingen af en toe een brandoefening te houden. _____

_____

_____

_____

_____

_____

Extra: twee opdrachten om meer te oefenen.

3F Formuleren en stijl

3.2 DUIDELIJK FORMULEREN

DOEL Je formuleert duidelijk.

UITLEG Een tekst is **duidelijk** geformuleerd als er geen misverstanden over de inhoud kunnen ontstaan. Door nauwkeurig en begrijpelijk te formuleren bereik je de lezer met je boodschap.
Uiteraard heeft een duidelijke tekst een goede opmaak, bevat hij voldoende verwijs- en signaalwoorden, heeft hij een goede opbouw en staan er geen spel- en formuleerfouten in.

Tips voor duidelijke taal
- Kies de juiste woorden: vermijd te lange of moeilijke woorden.
- Gebruik vaktermen alleen als je voor vakgenoten schrijft.
- Formuleer kort en bondig.
- Gebruik zo min mogelijk werkwoorden per zin.
- Formuleer zo veel mogelijk positief: zeg wat wél kan of hoe je het wel aanpakt.
- Wees concreet: schrijf bijvoorbeeld niet 'men', 'iemand', 'een aantal', maar benoem personen, hoeveelheden en tijdstippen.
- Gebruik geen afkortingen.
- Gebruik een heldere lay-out. Gebruik bijvoorbeeld duidelijke tussenkopjes, witregels om alinea's aan te geven en streepjes of dots voor opsommingen.

VOORBEELD ~~Bij het duidelijk formuleren van zinnen is het van belang om alleen die informatie op te~~ schrijven ~~die interessant is voor je lezer en woorden die inhoudelijk niets toevoegen en je lezer alleen maar afleiden van de hoofdzaak, te~~ schrappen.

OPDRACHT 1 Vervang de onderstreepte woorden door een duidelijker alternatief.
Kies uit: *bijgewerkt – binnenkort – goed genoeg – hoewel – kwamen ... aan – omdat – resultaten – rond – sturen – werkt*

1 <u>Ondanks het feit dat</u> de software vorige maand <u>geüpdatet</u> is, <u>functioneert</u> alles nog niet <u>naar behoren</u>.

_____

2 <u>Een dezer dagen</u> zullen wij u de <u>bevindingen</u> van het onderzoek <u>doen toekomen</u>.

_____

3 <u>Vanwege het feit dat</u> de treinen niet reden, <u>arriveerden</u> veel collega's pas <u>omtrent</u> lunchtijd.

_____

OPDRACHT 2 Noteer drie vaktermen of afkortingen uit je eigen sector die je niet kunt gebruiken in een tekst voor een algemeen publiek.
Noteer achter elke term een korte en duidelijke omschrijving of een begrijpelijk synoniem.
Voorbeeld: AMBU-team: ambulance met verpleegkundige en chauffeur

1 _____ : _____

_____

3.2 **Duidelijk formuleren**

2 _____ : _____

_____

3 _____ : _____

OPDRACHT 3

Gebruik één werkwoord per zin.
Voorbeeld: Wij zullen u een offerte sturen. – *Wij sturen u een offerte.*

1 Zo kun je een heel brede kijk op de sector krijgen.

_____

2 Ook dit jaar zal ons bedrijf weer gaan deelnemen aan NLdoet.

_____

3 Hierbij zouden wij u graag willen informeren over onze nieuwe tarieven.

_____

4 Uw aanvraag wordt door ons meteen in behandeling genomen.

_____

OPDRACHT 4

Gebruik één werkwoord per hoofd- en/of bijzin.
1 Wij zouden het op prijs stellen als u het formulier vandaag nog aan ons terug zou willen sturen.

_____

2 Ik meen te mogen vaststellen dat mijn stagebedrijf niet aan alle eisen lijkt te voldoen.

_____

3 Mocht uw wasmachine te klein zijn, dan zou u naar een wasserette kunnen gaan.

_____

4 Als u uw bestelling heeft geplaatst voor 21.00 uur, zouden wij uw pakket dezelfde dag nog moeten kunnen verzenden.

_____

5 Het wil regelmatig voorkomen dat na het sollicitatiegesprek een eerste reactie door het bedrijf wordt gegeven.

_____

TIP In zakelijke correspondentie en dan vooral in verzoeken aan klanten, is het vaak handig om iets voorzichtiger te formuleren. Dat doe je onder andere met werkwoorden als 'zullen', 'mogen' en 'kunnen'. Bekijk per situatie en per zin wat deze extra werkwoorden doen voor de toon van je boodschap.

3F Formuleren en stijl

OPDRACHT 5

Formuleer het concreet.
Vervang de onduidelijke woorden. Verzin zelf concrete personen, hoeveelheden en tijdstippen.
Voorbeeld: Vanochtend heeft iemand gebeld. – *Mevrouw Walraven heeft vanochtend om 10.00 uur gebeld.*

1 Kunnen we vandaag iets eerder lunchen?

2 Binnenkort stuur ik je een aantal voorstellen.

3 Verschillende pakketten zijn een paar dagen te laat bezorgd.

4 Afgelopen week heeft iemand geklaagd over een of andere bestelling.

5 Ik kom er later op terug.

OPDRACHT 6

Formuleer het kort en bondig.
Maak van één lange zin twee of meer duidelijke zinnen. Schrap overbodige woorden en gebruik duidelijke taal.
Voorbeeld:
- Mijn inwerkfase heeft niet zo lang geduurd, want ze hebben mij meteen veel uitgelegd en het meeste was in de eerste week van mijn stage, daarna wist ik wel waar alles was in het gebouw en zo af en toe had ik weleens een vraag voor een collega maar dat is normaal.
- Na één week stagelopen wist ik vrijwel alles te vinden in het gebouw. Als ik iets niet wist, kon ik een collega om hulp vragen.

1 *(uit een dagverslag:)* Mevrouw Van Boven vroeg of ik voor haar wat dossiers wilde opruimen en opbergen in dossierkasten en dus heb ik alle contracten die in die dossiers moesten uitgezocht, gekeken of er van dat dossier al wat in de kast zat en zo niet een nieuw dossier aangemaakt en in de kast gedaan.

3.2 Duidelijk formuleren

2 *(uit een ingezonden brief in de krant:)* Er is gesignaleerd dat, ondanks het in 2015 aangescherpte beleid van de gemeente, er over het algemeen nog veel hondenpoep op de stoep en op grasvelden e.d. te vinden is, zodat er geconcludeerd lijkt te kunnen worden dat het huidige beleid, wat betreft de hondenpoepoverlast, nog niet tot het gewenste resultaat heeft geleid.

3 *(uit een e-mail aan een collega:)* Dat zijn nu van die dingen waarvan ik denk dat je die beter niet kunt doen in een e-mail, want met dergelijke opmerkingen jaag je klanten als het ware alleen maar op de kast.

4 *(uit een stageverslag:)* Ter voorbereiding op het gesprek vraag ik aan de medewerker om na te denken over zijn ontwikkeling binnen de functie en of hij voor zichzelf op papier wil opschrijven wat hij graag mondeling wil bespreken tijden het loopbaangesprek.

Extra: twee opdrachten om meer te oefenen.

3.3 AANTREKKELIJK FORMULEREN

DOEL Je formuleert aantrekkelijk.

UITLEG Een aantrekkelijke tekst heeft een goede opbouw, geeft voldoende aanwijzingen voor de samenhang, heeft een toon die past bij doel en publiek en bevat duidelijke taal.

Gebruik deze vijf tips om teksten nog aantrekkelijker te maken.

Tip 1 Formuleer actief en direct.
Gebruik *u* en *je*, *wij* en *ik* zodat de lezer zich aangesproken voelt. Gebruik niet onnodig zinnen met 'worden' en gebruik werkwoorden niet als naamwoorden.
Dus niet zo: Het aansluiten van de riolering op dit adres wordt uitgevoerd door Buis bv.
Maar zo: Buis bv sluit de riolering aan op uw huis.

Tip 2 Maak je lezer nieuwsgierig door vragen te stellen.
'Waarmee moet je als ondernemer echt aan de slag dit jaar en waarom? Bekijk de tips en laat je inspireren.'

Tip 3 Laat met voorbeelden zien wat je bedoelt.
'Beginnen met opruimen is echt niet moeilijk. Zet bijvoorbeeld lekker een raam open, pak een vuilniszak en ga op zoek naar spullen die duidelijk afval zijn.'

Tip 4 Formuleer gevarieerd.
Wissel korte en lange zinnen met elkaar af. Gebruik synoniemen, korte omschrijvingen en verwijswoorden om storende herhaling van woorden te voorkomen.

Tip 5 Vermijd clichés, modewoorden en omslachtige formuleringen.
- clichés: Jij bewaakt het fort? → Ben je alleen thuis / op kantoor?
- modewoorden: Het feest was epic. → Het was een geslaagd feest.
- omslachtige formuleringen: Ik heb er lang over nagedacht en het is me uiteindelijk toch gelukt om een goede openingszin te bedenken. → Ik bedacht een goede openingszin.

VOORBEELD

Wassymbolen: hoe werkt het?

Elk kledingstuk heeft er een: een flapje aan de binnenkant met een of meer cryptische symbolen. ①De temperatuur is meestal wel duidelijk, maar wat betekent dat driehoekje, cirkeltje of vierkantje?

②Onderstaande wassymbolen omschrijven hoe je je kleren wast in de wasmachine. Als er een horizontale streep onder het symbool staat, moet ③je voorzichtig zijn met het kledingstuk. Laat bijvoorbeeld de wasmachine op minder toeren centrifugeren, draai een verkort programma, halveer de hoeveelheid was in de trommel of gebruik extra water. Staat er een dubbele horizontale streep onder het symbool, dan moet ④je extra voorzichtig wassen. Dit geldt bijvoorbeeld voor kleding waarop versierselen zijn geborduurd.

Naar: www.greenem.nl

① De vraag maakt de lezer nieuwsgierig.
② De tekst spreekt de lezer persoonlijk aan.
③ Waar het kan, zijn de zinnen actief geformuleerd.
④ De voorbeelden in de tekst maken duidelijk hoe je voorzichtig wast en bij welke kledingstukken je extra voorzichtig moet wassen.

3.3 Aantrekkelijk formuleren

OPDRACHT 1

Formuleer actief en direct.
Gebruik *u* en *je*, *wij* en *ik* zodat de lezer zich aangesproken voelt en formuleer actieve zinnen.
Voorbeeld: (bordje bij de ingang van een congrescentrum:) Alle gasten worden van harte welkom geheten door de organisatie! – Wij heten u van harte welkom!

1 *(poster op raam van winkelpand:)* Binnenkort wordt hier ons nieuwe filiaal geopend.

   17 mei _____

2 *(tekst op website gemeente:)* Aanmeldingen die voor 23 februari zijn ingediend, kunnen alsnog in behandeling worden genomen.

   Heeft u zich _____

3 *(tip op de website van een verfspeciaalhandel:)* Schuur voor het aanbrengen van een nieuwe verflaag, de ondergrond goed op.

   Schuur voordat u _____

4 *(uit een huis-aan-huisbrief van Wegemakers bv:)* Dinsdag wordt in deze straat een nieuwe laag asfalt aangebracht. Omwonenden wordt daarom vriendelijk verzocht hun auto's die dag elders in de wijk te parkeren.

   Wij brengen _____

OPDRACHT 2

Maak de zinnen af met een voorbeeld en leg kort uit wat je bedoelt.
Voorbeeld: Besparen op energie is echt niet moeilijk. Zelf zet ik bijvoorbeeld een uur voor het slapen alvast de verwarming uit. Op jaarbasis scheelt dat een flink bedrag.

1 Heb je moeite om te beginnen met studeren? Probeer _____

2 Voor de opening van het nieuwe filiaal moeten we natuurlijk ook reclame maken. We zouden

   bijvoorbeeld _____

3F Formuleren en stijl

OPDRACHT 3

Zeg het gewoon.
De volgende zinnen bevatten clichés, modewoorden of omslachtige formuleringen. Herschrijf de zin in duidelijke, aantrekkelijke taal. Gebruik eventueel een woordenboek.
Voorbeeld: Deze nieuwsbrief bevat een mooi stukje marketing richting onze klanten toe.
Deze nieuwsbrief is goede reclame voor ons bedrijf.

1 Het feit dat veel mensen niets durven te zeggen over pestgedrag op de werkvloer is een verschijnsel dat veel voorkomt.

2 De vergaderingen zijn te lang: die zouden een stuk vlotter moeten kunnen verlopen.

3 Ik heb een donkerbruin vermoeden dat John morgen weleens te laat zou kunnen komen.

4 Maaike moet echt even dat belletje plegen, omdat anders haar afspraak met haar stagebegeleider in de soep loopt.

5 Het is niet toegestaan auto's voor het toegangshek te parkeren. Dit in verband met het bereikbaar zijn voor ambulance, brandweer en politie.

6 Ik heb er eens een nachtje over geslapen en waar het dus feitelijk uiteindelijk op neerkomt, is dat je tegen zo'n klant die op hoge poten bij jou komt gewoon het beste even kunt zeggen dat-ie moet gaan zitten en dat je wel even z'n papieren erbij zal pakken.

7 Het aantal overtredingen bij heren-1 rijst de pan uit. Daar zou de trainer eens een stokje voor moeten steken.

8 De werkdagen zijn lang en daar komt natuurlijk nog bij dat je ook de godganse dag moet staan.

9 We realiseren een aanzienlijke kostenbesparing ten aanzien van het personeel door middel van latere openingstijden in de ochtend.

3.3 Aantrekkelijk formuleren

10 Ik denk dat het ook best handig is om bijvoorbeeld eens te kijken of een andere internetbundel beter aan kan sluiten bij je wensen en je budget.

OPDRACHT 4

Schrijf een aantrekkelijke uitnodiging voor je collega's.

1 Lees de e-mail. Het is een uitnodiging voor alle zakelijke relaties van AWG Solutions.
2 Herschrijf de e-mail op de computer. Maak er een aantrekkelijke uitnodiging van voor alle jonge collega's bij het bedrijf.
3 Verzend de tekst als e-mail aan je docent of sla de tekst op als *3-3-5 v1 Uitnodiging AWG*.

Aan	s.alods@dehoog.nl
Van	a.smulders@awgsolutions.nl
Onderwerp	uitnodiging AWG Solutions jubileumevenement

Geachte relatie,

Op zondag 28 mei organiseert AWG Solutions een jubileumevenement bij Watersportcentrum Muiderberg. Graag nodigen we u en uw partner uit om daaraan deel te nemen. Drinken is voor u vrij, evenals de maaltijd die uit een uitgebreide barbecue bestaat.

Het evenement zal geheel in het teken staan van alle positieve veranderingen die ons bedrijf de afgelopen tien jaar heeft doorgemaakt. Voorafgaand aan het evenement wordt u stijlvol ontvangen in Eetgelegenheid De Zeemeeuw, waar u samen met ons onder het genot van een hapje en drankje de afgelopen tien jaar nog eens de revue kunt laten passeren. Bovendien kunt u op informele wijze kennismaken met al onze nieuwe medewerkers.

AWG Solutions Jubileumevent
Zondag 28 mei, 14.00 – 21.00 uur
Zeeweg 1a, 1399 GP Muiderberg

Wanneer u onze uitnodiging aanvaardt, dient u zich aan te melden vóór 8 mei via **www.awgsolutions.nl/event**. Wij hopen op uw komst. Ook als u niet in de gelegenheid bent om op onze uitnodiging in te gaan, verzoeken wij u vriendelijk ons daarvan via dezelfde link op de hoogte te stellen. Bij voorbaat dank!

Met vriendelijke groet,

Amanda Smulders
AWG Solutions

Belangrijk! Deze uitnodiging is persoonlijk en niet overdraagbaar.

Extra: twee opdrachten om meer te oefenen.

EXAMENTRAINING (IE)

Voordat je aan het centraal examen begint, doe je eerst de instellingsexamens. Hierbij worden drie taalvaardigheden getoetst: spreken voor publiek, gesprekken voeren en teksten schrijven. In dit hoofdstuk krijg je informatie over de manier van toetsen én flink wat praktische aanwijzingen om de examens succesvol af te ronden.

1 De instellingsexamens *256*

2 Het examen Spreken *257*

3 Het examen Gesprekken *260*

4 Het examen Schrijven *262*

In de andere hoofdstukken van dit boek heb je al veel geoefend met spreken voor publiek, gesprekken voeren en teksten schrijven. Dit hoofdstuk is bedoeld voor 'de puntjes op de i'. Het bevat tips en aanwijzingen die je helpen om je optimaal op de instellingsexamens voor te bereiden.

Op NU Nederlands online vind je van elk instellingsexamen een voorbeeld.

1 DE INSTELLINGSEXAMENS

Als student op een mbo-4-opleiding doe je examen in Nederlands op taalniveau 3F. Daarbij worden verschillende onderdelen van het vak getoetst. De onderdelen Lezen en Luisteren komen aan de orde op het **centraal examen (CE)**. De overige onderdelen examineert de onderwijsinstelling zelf, met eigen opdrachten en beoordelingsnormen. Daarvoor worden drie **instellingsexamens (IE)** georganiseerd: Spreken, Gesprekken en Schrijven. Sommige opleidingen combineren het examen Spreken met het examen Gesprekken.

De school kiest zelf de **onderwerpen** waarover je op de instellingsexamens gaat spreken of schrijven. Dat kunnen onderwerpen zijn die direct aansluiten bij je opleiding (bijvoorbeeld iets met gezond gedrag als je een opleiding doet in de Zorg), maar dat hoeft niet. Het kunnen ook algemeen maatschappelijke onderwerpen zijn, zoals de positie van zzp'ers of de functie van *social media*.

 Op internet kun je voorbeelden van instellingsexamens opzoeken en bekijken. Let er wel op dat het voorbeeldexamen het juiste niveau heeft: 3F (er zijn ook examens op 2F-niveau).

Sommige examenopdrachten gaan uit van een **casus**. Er wordt dan een bepaalde situatie geschetst waarin jij je moet inleven. Hieronder zie je een voorbeeld van zo'n casus. Maar er zijn ook opdrachten waarbij je over je eigen ervaringen moet vertellen, of zelf verzamelde informatie presenteren. De school beslist zelf voor welke mogelijkheid ze kiest.

VOORBEELD

> **Casus Spreken**
> Je werkt in een zorginstelling. Jouw leidinggevende is geïnteresseerd in familieparticipatie. Zij wil de familieleden van de cliënten inschakelen voor allerlei vormen ondersteuning, zodat de medewerkers zich beter op hun kerntaken kunnen concentreren. Maar zij twijfelt ook: zal die familieparticipatie wel van de grond komen, en kost het niet te veel tijd om dat allemaal te organiseren? Zij heeft jou gevraagd dit uit te zoeken en er een presentatie over te geven aan het managementteam van de instelling.

De school heeft veel vrijheid bij het kiezen van opdrachtvormen en onderwerpen. Hoe meer je daarover weet, des te beter kun jij je op het examen voorbereiden. Je docent is daarvoor een onmisbare informatiebron. De beste tip die we je kunnen geven, is daarom: vraag het je docent! Die weet hoe het bij jou op school geregeld is.

OPDRACHT Bespreek met je docent hoe de instellingsexamens op jullie school eruitzien.

2 HET EXAMEN SPREKEN

Op taalniveau 3F moet je voor het examen Spreken een **presentatie** (monoloog) houden. Je krijgt van tevoren een schriftelijke opdracht zodat je je op het examen kunt voorbereiden. In die opdracht staat wat het **doel** is van je presentatie: informeren, overtuigen of activeren. Ook staat erin aan welke eisen de **inhoud** moet voldoen. Bestudeer die eisen zorgvuldig en vraag zo nodig je docent om uitleg. Het zou jammer zijn om punten mis te lopen doordat je de opdracht niet goed gelezen hebt.

VOORBEELD

> **Examentaak Spreken**
>
> Geef een overtuigende presentatie over een van de volgende onderwerpen:
> - onderwerp 1 3D-printen: kans of risico?
> - onderwerp 2 Dierenwelzijn kan beter
> - onderwerp 3 Roken: nooit aan beginnen!
> - onderwerp 4 Echte winkels blijven nodig
> - onderwerp 5 Een ander onderwerp, namelijk ...

Na afloop van het examen wordt je presentatie beoordeeld. Eerst kijkt de beoordelaar of je wel aan de minimumeisen hebt voldaan: was je presentatie zonder veel moeite te verstaan, had hij de juiste lengte (tijdsduur) en klopte de inhoud in grote lijnen met de opdracht? Als dat niet zo is, krijg je geen beoordeling en moet je het examen Spreken overdoen.

Als je presentatie door die eerste controle heen komt, kan er een cijfer vastgesteld worden. Daarbij worden punten gegeven voor taalvaardigheid en inhoud. Taalvaardigheid is meer dan vlot en begrijpelijk kunnen spreken. Je moet bijvoorbeeld ook je taalgebruik kunnen afstemmen op het doel en het publiek. Dus: moet je een jong publiek overtuigen, zorg er dan voor dat je taalgebruik bij jongeren past en dat het voor hén overtuigend is.

3F Examentraining (IE)

VOORBEELD

> **Beoordeling taalvaardigheid**
>
> De presentatie wordt beoordeeld op taalniveau 3F. De volgende punten worden beoordeeld:
> - samenhang
> - afstemming op doel en publiek
> - woordgebruik en woordenschat
> - vloeiendheid, verstaanbaarheid en grammaticale beheersing

TIP Vraag of je je spreekschema tijdens je presentatie mag gebruiken en hoeveel daarop mag staan. Probeer om spontaan te spreken bij je presentatie. Het publiek krijgt dan het gevoel dat je echt met ze praat. En wees niet bang om een keer een fout te maken – dat hoort erbij!

De inhoud wordt beoordeeld met behulp van een lijst kenmerken die je presentatie moet hebben. Hieronder zie je een voorbeeld.

VOORBEELD

> **Beoordeling inhoud**
>
> De inhoud wordt beoordeeld aan de hand van de volgende zeven kenmerken:
> - beschrijving van de huidige situatie
> - duidelijke formulering van het standpunt
> - drie argumenten voor het standpunt
> - een tegenargument dat wordt weerlegd
> - een overtuigende conclusie met een duidelijk advies

Bereid je goed op je presentatie voor. Denk na over de inhoud én over de manier waarop je die inhoud gaat presenteren. Een paar aanwijzingen:

Bestudeer de theorie
- Lees voor het examen de uitleg in het onderdeel Spreken nog eens door.
- Bestudeer het *Beoordelingsformulier Spreken* (bladzijde 269) om te zien waar je vooral op moet letten.

Plan de tijd zorgvuldig
- Verdeel je presentatie in een inleiding, een middenstuk en een slot.
- Plan hoeveel tijd je voor elk onderdeel hebt. Bijvoorbeeld:

1 inleiding: twee minuten

2 middenstuk: zes minuten (drie deelonderwerpen, dat is twee minuten per onderwerp)

3 slot, bijvoorbeeld in de vorm van een korte samenvatting: een minuut

4 vragen van het publiek beantwoorden: minstens een minuut.

Bedenk hoe je je verhaal gaat ondersteunen
- Wil je iets uitdelen: een hand-out, folders, een samenvatting? Bedenk dan wanneer en hoe je dat gaat doen. Zorg voor voldoende exemplaren.
- Wil je apparatuur gebruiken bij een examen, zoals een beamer, een laptop of een printer? Probeer de apparatuur dan van tevoren even uit, vooral als je er niet dagelijks mee werkt.
- Wil je gebruikmaken van een presentatie- of een tekstverwerkingsprogramma? Controleer dan van tevoren welke versie op de computer staat en of je daar goed mee overweg kunt.
- Wil je een diapresentatie laten zien? Houd het aantal dia's dan beperkt en zet er niet veel tekst op. Jouw verhaal is de hoofdzaak.

2 Het examen Spreken

Oefen van tevoren
- Maak een spreekschema met de belangrijkste steekwoorden.
- Oefen je presentatie voor de spiegel of met je huisgenoten als publiek.
- Neem je presentatie op met je mobiel en luister hem terug. Neem de tijd op!

OPDRACHT Bespreek met jullie docent hoe het examen Spreken wordt afgenomen. Denk bijvoorbeeld aan onderwerpskeuze, doel, lengte en het gebruik van hulpmiddelen.

_____
_____
_____
_____
_____
_____

Op *NU Nederlands online* vind je een voorbeeld van een instellingsexamen voor Spreken.

3 HET EXAMEN GESPREKKEN

Op taalniveau 3F moet je voor het examen Gesprekken twee taken kunnen uitvoeren:
- deelnemen aan een discussie of een overleg
- informatie uitwisselen in een gesprek

Het examen Gesprekken kan gecombineerd worden met het examen Spreken. Je houdt dan bijvoorbeeld eerst een presentatie en voert daarna over hetzelfde onderwerp een gesprek met een of meer medestudenten. De twee examens worden wel apart beoordeeld.

Je krijgt van tevoren een schriftelijke opdracht zodat je je op het examen kunt voorbereiden. In die opdracht staat wat het **doel** is van het gesprek. Bijvoorbeeld: informatie uitwisselen in een bespreking, elkaar overtuigen in een discussie of samen afspraken maken in een overleg. Ook staat in de opdracht aan welke eisen de **inhoud** moet voldoen. Lees de opdracht goed en vraag je docent om uitleg als je nog vragen hebt.

VOORBEELD

> **Examentaak Gesprekken**
>
> Voer een discussie met een medestudent over de vraag:
>
> *Waaraan moet de ideale website voor een ...bedrijf[1] voldoen?*
>
> In de discussie:
> - bespreek je vijf voorwaarden die jij onmisbaar vindt voor een goede bedrijfswebsite. Geef per voorwaarde ten minste één argument en een voorbeeld.
> - reageer je op de ideeën van je medestudent.
> - maak je samen een top vijf van de belangrijkste voorwaarden.
>
> [1]Het soort bedrijf wordt ingevuld door de docent, afhankelijk van de opleiding.

Na afloop wordt je bijdrage aan het gesprek beoordeeld. De beoordelaar gaat eerst na of je inbreng wel aan de minimumeisen voldeed: was je zonder veel moeite te verstaan, kwam je genoeg aan het woord en klopte de inhoud in grote lijnen met de opdracht? Als dat niet zo is, krijg je geen beoordeling en moet je het examen Gesprekken overdoen.

Als de eerste controle positief uitpakt, stelt de beoordelaar het cijfer vast. Daarbij wordt een lijst met aandachtspunten gebruikt die een voor een worden beoordeeld. Hieronder zie je een voorbeeld van zo'n lijst. Je komt veel zaken tegen die ook beoordeeld worden bij Spreken, zoals doelgerichtheid, woordgebruik, vloeiend spreken en verstaanbaarheid.

VOORBEELD

> **Beoordeling**
>
> De presentatie wordt beoordeeld op taalniveau 3F. De volgende punten worden beoordeeld:
> - beurten nemen en bijdragen aan samenhang
> - afstemming op doel
> - afstemming op gesprekspartner(s)
> - woordgebruik en woordenschat
> - vloeiendheid, verstaanbaarheid en grammaticale beheersing
> - inhoud (Zijn alle inhoudselementen correct verwerkt?)

3 Het examen Gesprekken

Er is een belangrijk verschil tussen Spreken en Gesprekken voeren. Een presentatie houd je alleen: je bepaalt zelf wat er gezegd wordt. Een gesprek houd je met een of meer anderen. Het is afwachten wat je gesprekspartners gaan zeggen en hoe ze op jouw woorden zullen reageren. Daardoor is een gesprek moeilijker te plannen dan een presentatie. Je moet op verschillende reacties voorbereid zijn. Een paar aanwijzingen.

Bereid je goed voor
- Lees voor het examen de theorie in het onderdeel Gesprekken nog eens door.
- Bestudeer het *Beoordelingsformulier Gesprekken* (bladzijde 270): daarin staat wat jij moet kunnen.

Leer je beurt te nemen
Het is belangrijk dat je in het gesprek regelmatig aan het woord komt (dat wordt ook wel 'beurten nemen' genoemd). Denk erover na hoe je daarvoor kunt zorgen.
- Ben je iemand die veel en graag praat? Dan kom je vast wel genoeg aan het woord. Let er wel op dat je de anderen genoeg tijd geeft voor hun inbreng.
- Ben je iemand die eerst nadenkt en dan pas iets zegt (of niet)? Bereid je dan extra goed voor en bedenk van tevoren wat je in elk geval wilt zeggen.

Aansluiten, niet onderbreken
Het komt niet prettig over als je een ander zomaar onderbreekt. Het werkt beter om aan te sluiten bij wat je gesprekspartner zegt. Bijvoorbeeld zo:
- (Als je iets anders aan de orde wilt stellen:) 'Ik begrijp dat je dat belangrijk vind. Maar nu iets heel anders ...'
- (Als je wilt aanvullen wat de ander zegt:) 'Precies, zo gaat dat, dat is ook mijn ervaring. Ik heb iets vergelijkbaars meegemaakt ...'
- (Als je wilt uitleggen waarom iemand ongelijk heeft:) 'Oké, zo kijk jij er tegenaan, dat snap ik. Maar ik denk dat je iets over het hoofd ziet ...'

TIP Het is altijd een goed idee om een 'spiekbriefje' te maken met een aantal steekwoorden. Dat kan je helpen als je even niet weet wat je moet zeggen.

Let op de verstaanbaarheid en de samenhang
- Spreek rustig en duidelijk en laat elkaar uitpraten. Je gaat gemakkelijk te snel!
- Nummer de dingen die je bijdraagt: 'Ik heb nog een tweede voorwaarde.'
- Vat de uitkomst van het gesprek kort samen: 'Onze top vijf ziet er dus zo uit.'

OPDRACHT Bespreek met jullie docent hoe het examen Gesprekken wordt afgenomen. Denk bijvoorbeeld aan de organisatie, het aantal deelnemers en de lengte.

Op *NU Nederlands online* vind je een voorbeeld van een instellingsexamen voor Gesprekken.

4 HET EXAMEN SCHRIJVEN

Het examen Schrijven op niveau 3F bestaat uit een of meer van de volgende **schrijftaken**:
- een brief of een e-mail schrijven (= correspondentie verzorgen)
- een formulier invullen of gestructureerd aantekeningen maken
- een verslag, werkstuk, samenvatting of artikel schrijven

Om een tekst te kunnen schrijven, moet je iets te vertellen hebben: je moet genoeg van het **onderwerp** afweten. Soms is het de bedoeling dat je de informatie daarvoor zelf verzamelt. Je weet dan al van tevoren over welk onderwerp het examen gaat. Het is ook mogelijk dat je het onderwerp pas op het examen te weten komt. In dat geval maakt de informatie die je bij het schrijven nodig hebt, deel uit van de opdracht.

VOORBEELD

> **Examentaak Schrijven**
> Schrijf een betogend artikel over het Nieuwe Werken waarin je beschrijft wat het Nieuwe Werken inhoudt. Geef je mening en ondersteun die met ten minste twee argumenten. Noem ook een argument tegen jouw mening en ontkracht dat.
>
> Geef je artikel een passende titel. Kies voor een overzichtelijke lay-out en een duidelijke indeling. Zorg dat je geen spelling- en grammaticafouten maakt. Neem als richtlijn 300 tot 500 woorden.

Lees de opdracht goed voordat je begint te schrijven. Kijk goed wat voor **soorten teksten** je moet schrijven, wat het **doel** van die teksten is en aan welke eisen de **inhoud** moet voldoen. Maak een lijstje van die eisen zodat je ze een voor een kunt afvinken, of verwerk de eisen in je schrijfplan. Zo voorkom je dat je onnodig punten misloopt.

Na het examen worden je teksten beoordeeld. Daarbij wordt eerst gekeken of je teksten wel aan de minimumeisen voldoen: zijn de teksten duidelijk geschreven of geprint, hebben ze de vereiste lengte en klopt de inhoud in grote lijnen met de opdracht? Als dat niet zo is, krijg je geen beoordeling en moet je het examen Schrijven overdoen.

Als je teksten door de eerste beoordelingsronde heenkomen, kan er een cijfer vastgesteld worden. Daarbij gebruikt de beoordelaar een lijst met aandachtspunten die elk apart worden beoordeeld. Hieronder zie je een voorbeeld van zo'n lijst. Het voorbeeld maakt duidelijk dat je bij het schrijven aan allerlei zaken tegelijk moet denken: doel, publiek, inhoud, samenhang enzovoort. Daarom is een goede voorbereiding erg belangrijk.

VOORBEELD

> **Beoordeling**
> De presentatie wordt beoordeeld op taalniveau 3F. De volgende punten worden beoordeeld:
> - samenhang
> - afstemming op doel
> - afstemming op publiek
> - woordgebruik en woordenschat
> - spelling, leestekens en grammatica
> - leesbaarheid (alinea's, kopjes, marges, enzovoort)
> - inhoud (Zijn alle inhoudselementen correct verwerkt?)

4 Het examen Schrijven

Je hebt bij het vak Nederlands al veel geleerd over het schrijven van teksten. Natuurlijk kijk je daar nog eens goed naar, als je je op het examen voorbereidt. Het is ook goed om erover na te denken hoe jij het examen gaat aanpakken. Een paar aanwijzingen.

Maak gebruik van wat je geleerd hebt
- Lees voor het examen de theorie in het onderdeel Schrijven nog eens door. Kijk nog eens kritisch naar de teksten die je hebt geschreven.
- Oefen nog eens met enkele schrijfopdrachten uit het boek, bijvoorbeeld door de laatste opdrachten te maken van de paragrafen Schrijven.
- Bestudeer het *Beoordelingsformulier Schrijven* (bladzijde 271). Daarin staat in kort bestek wat er allemaal belangrijk is bij een examen Schrijven.

Informeer tijdig naar de gang van zaken
Ga ruim van tevoren na hoe het examen wordt afgenomen.
- Is het de bedoeling dat je je teksten intypt op een computer en daarna uitprint? Of moet je ze 'met de hand' uitschrijven?
- Mag je ook hulpmiddelen gebruiken tijdens het examen, zoals een woordenboek of de spellingcontrole in *Word*?
- Wordt van je verwacht dat je zelf verzamelde informatie meeneemt naar het examen en zo ja, hoe doe je dat dan?

TIP Bekijk de lay-out van de verschillende tekstsoorten in dit boek: kopjes, alinea's, witregels, enzovoort. Noteer puntsgewijs wat je daarvan kunt leren voor je eigen teksten.

Verdeel je tijd goed
Het examen Schrijven duurt meestal 90 of 120 minuten. Verdeel die tijd zorgvuldig.
Dat kan bijvoorbeeld zo (als je het examen 120 minuten duurt en je één tekst moet schrijven):

1. een schrijfschema maken: 0-10 minuten
2. een eerste versie schrijven: 10-60 minuten
3. de definitieve versie schrijven: 60-100 minuten
4. laatste controle: 100-120 minuten

OPDRACHT Bespreek met jullie docent hoe het examen Schrijven wordt afgenomen.

Op *NU Nederlands online* vind je een voorbeeld van een instellingsexamen voor Schrijven.

3F+ MBO-HBO

Als je na je mbo-opleiding een hbo-studie gaat volgen, merk je hoe belangrijk een goede taalbeheersing is. De opdrachten die je krijgt zijn omvangrijker en abstracter, en er wordt meer zelfstandigheid verwacht van jou als hbo-student.

Op het hbo voer je bijvoorbeeld zelfstandig een onderzoek uit, waarbij je zelf een onderwerp bedenkt en informatie zoekt. Je stelt zelf een onderzoeksvraag op en zoekt betrouwbare bronnen. Bij het zoeken naar bronnen krijg je te maken met langere en moeilijkere leesteksten, waar je zelf de belangrijkste informatie uit moet halen door een onderscheid te maken tussen hoofd- en bijzaken in een tekst. Ook leer je teksten beter samenvatten en krijg je meer grip op de leerstof die belangrijk is binnen jouw hbo-opleiding.

In dit onderdeel vind je een aantal opdrachten die je helpen bij het ontwikkelen van verschillende hbo-vaardigheden. De volgende vaardigheden komen aan de orde:

- *Teksten lezen en verwerken*
  Je zoekt en leest in een korte tijd grotere hoeveelheden tekst met veel begrippen. In deze teksten weet je hoofd- en bijzaken en feiten en meningen te onderscheiden.

- *Informatie zoeken en analyseren*
  Je weet waar je informatie kunt vinden en wat betrouwbare bronnen zijn. Relevante theoretische informatie kun je selecteren, ordenen en met elkaar vergelijken.

- *Onderzoeken*
  Je leert zelfstandig of in tweetallen een onderzoek uit te voeren over een abstract onderwerp, waarin alle onderdelen van een onderzoek aan bod komen. Je formuleert zelf een onderzoeksvraag en maakt een planning. Vervolgens doe je een literatuuronderzoek waarbij je verschillende bronnen raadpleegt. Alle informatie verwerk je in een verslag waarin je een logische conclusie trekt.

- *Presenteren*
  Je leert hoe je de uitkomsten van je onderzoek mondeling of schriftelijk presenteert. Je geeft een mondelinge presentatie een duidelijke opbouw en je stemt inhoud en taalgebruik af op je publiek. Ook kun je je onderzoek schriftelijk presenteren in de vorm van een verslag. In dit verslag onderbouw je alle onderdelen van je onderzoek in correct en passend taalgebruik.

- *Reflecteren*
  Je schrijft een zelfreflectie, waardoor je inzicht krijgt in jouw vaardigheden, interesses en resultaten.

Maak de opdrachten online.

BIJLAGEN

1 Tekstverbanden en signaalwoorden 266

2 Tekststructuren 267

3 Argumenteren 268

4 Beoordelingsformulier Spreken 269

5 Beoordelingsformulier Gesprekken 270

6 Beoordelingsformulier Schrijven 271

7 Formats voor formele correspondentie 272

8 Bronvermelding 275

1 TEKSTVERBANDEN EN SIGNAALWOORDEN

verband	*signaalwoord*
opsomming of **volgorde**	eerst/ten eerste – ten tweede – ten slotte, om te beginnen, daarna, vervolgens, ook, en, tevens, bovendien, daarnaast, verder, zowel … als, naast … ook, evenals
tegenstelling	maar, echter, toch, daarentegen, daar staat tegenover, desondanks, hoewel, niettemin, aan de ene kant (enerzijds) … aan de andere kant (anderzijds)
tijd	eerst, daarna, dan, uiteindelijk, eens, toen, vroeger, nu, later vervolgens, voordat, nadat
oorzaak – gevolg	doordat, daardoor, als gevolg van, het gevolg is, het komt door, waardoor, zodat
toelichting of **voorbeeld**	bijvoorbeeld, zo, zoals, neem nou, kijk eens naar
voorwaarde	als, indien, wanneer, in het geval dat, tenzij, mits
vergelijking	zoals, net (zo) als, evenals, groter/kleiner/beter (enzovoort) dan
reden of **argument**	daarom, omdat, want, derhalve, immers, dat blijkt uit, aangezien, namelijk
doel – middel	met de bedoeling, opdat, zodat, daarvoor, waarvoor, om … te, met behulp van, door middel van
samenvatting	kortom, samengevat, met andere woorden, al met al
conclusie	dus, concluderend, ik kom tot de slotsom dat …, kortom, al met al, hieruit volgt

2 TEKSTSTRUCTUREN

Teksten en presentaties volgen vaak een vast patroon. Hier vind je een aantal voorbeelden van vaste tekststructuren.

vraag-antwoordstructuur
inleiding	vraag
middenstuk	antwoord(en)
slot	samenvatting of conclusie

aspectenstructuur
inleiding	aankondiging onderwerp
middenstuk	diverse aspecten van een onderwerp
slot	samenvatting

verleden-heden-toekomststructuur
inleiding	introductie onderwerp
middenstuk	situatie vroeger, situatie nu, situatie in de toekomst
slot	conclusie

verklaringstructuur
inleiding	noemen van een bepaald verschijnsel
middenstuk	kenmerken, voorbeelden, oorzaken en gevolgen
slot	samenvatting

probleem-oplossingsstructuur
inleiding	probleem
middenstuk	gevolgen, oorzaken, oplossingen
slot	afweging (bijvoorbeeld de beste oplossing), conclusie

voor- en nadelenstructuur
inleiding	vraag of stelling
middenstuk	voor- en nadelen
slot	afweging, conclusie

argumentatiestructuur
inleiding	standpunt
middenstuk	argumenten voor je standpunt ondersteund door uitleg of voorbeelden; weerlegging tegenargumenten
slot	herhaling standpunt

3 ARGUMENTEREN

Je argumenteert om te laten zien dat je gelijk hebt. Met zo veel mogelijk goede argumenten probeer je een ander ervan te overtuigen dat jouw standpunt juist is. Er zijn subjectieve en objectieve argumenten.

soort argument	gebaseerd op
subjectief	vermoedens of vooropgezette meningen, levensbeschouwelijke overtuigingen en persoonlijke waardeoordelen
objectief	controleerbare feiten, wetenschap of algemeen aanvaarde normen of waarden

Goede argumenten zijn objectief en controleerbaar. De opbouw van een argumentatie moet consistent (samenhangend en logisch) zijn.

Onjuiste argumenten
Drogredenen (foute argumenten of redeneringen) en schijnargumenten lijken argumenten, maar ze ondersteunen het standpunt niet. Drogredenen bevatten vaak redeneertrucs.

soort fout	uitleg	voorbeeld
verkeerde vergelijking	Er worden dingen met elkaar vergeleken, die eigenlijk niet te vergelijken zijn.	*Supermarktmedewerkers moeten niet klagen als ze overuren maken, want winkeliers werken ook op koopavonden en zaterdag.*
generalisatie	Op basis van te weinig gegevens stelt iemand een algemene regel vast.	*Werklozen zijn te beroerd om te werken, dat zie je wel aan mijn buurman.*
vals dilemma	Doen alsof er maar twee mogelijkheden zijn waaruit je kunt kiezen, terwijl er alternatieven zijn.	*Jij vindt dat studeren te veel tijd kost? De tijd die je aan je studie besteedt, maakt wel het verschil tussen een goede baan en veel geld of een verprutst leven.*
persoonlijke aanval	Iemand met een andere mening belachelijk maken of kleineren.	*Dat klopt niet, want iemand met jouw reputatie kan hier natuurlijk niks zinnigs over zeggen.*
onjuist beroep op autoriteit	Een beroep doen op een autoriteit (deskundige) die onbetrouwbaar is. Bijvoorbeeld omdat hij belang bij de zaak heeft of omdat hij geen autoriteit op dat gebied is.	*Migraine komt van stress, want dat zegt mijn tandarts ook.*
onjuiste oorzaak-gevolgrelatie (onjuist beroep op causaliteit)	Een foute conclusie trekken; een verkeerde voorstelling van oorzaak en gevolg.	*Iemand die niet vooraf een proefexamen maakt, haalt een slecht resultaat. Jim heeft een onvoldoende, dus hij heeft het proefexamen niet gemaakt.*
bespelen van het gevoel van publiek of tegenstander	Een beroep doen op gevoelens van mensen (positief of negatief) of bijvoorbeeld doen alsof iets heel vanzelfsprekend is.	*Een flexibel contract is een slecht idee, want jullie weten allemaal hoe vervelend het is om in onzekerheid te leven.*

4 BEOORDELINGSFORMULIER SPREKEN

Opdracht: _____

Naam: _____ Datum: _____

Noteer kort de aandachtspunten die in de opdracht genoemd staan.	0	1	2	3
1				
2				
3				
4				
5				
Samenhang	0	1	2	3
1 De inhoud is goed te begrijpen.				
2 Er worden signaalwoorden en verbindingswoorden gebruikt om verbanden duidelijk te maken.				
3 De presentatie heeft een duidelijk herkenbare indeling (inleiding-middenstuk-slot).				
Doel en publiek	0	1	2	3
1 Het spreekdoel (informatie vragen of geven, mening geven, overtuigen of instructie geven) is duidelijk voor het publiek.				
2 Inhoud, taalgebruik en toon (bijvoorbeeld formeel-informeel) zijn afgestemd op het publiek.				
3 De opmerkingen en vragen van het publiek worden in de presentatie meegenomen.				
Woordgebruik en zinsbouw	0	1	2	3
1 Het woordgebruik is gevarieerd en passend.				
2 De zinnen zijn correct geformuleerd.				
Houding en manier van spreken	0	1	2	3
1 De manier van spreken is aantrekkelijk voor het publiek (rustig tempo, goed gearticuleerd, duidelijk verstaanbaar, goede intonatie).				
2 Er wordt (oog)contact gemaakt met het publiek.				
3 De manier van spreken is vloeiend, zonder zoeken naar woorden.				
4 De spreekhouding is ontspannen.				
Totaal aantal punten				

Wat is heel goed?

Advies voor de volgende keer:

5 BEOORDELINGSFORMULIER GESPREKKEN

Opdracht: _____

Naam: _____ Datum: _____

Noteer kort de aandachtspunten die in de opdracht genoemd staan.	0	1	2	3
1				
2				
3				
4				
5				
Samenhang	0	1	2	3
1 De inhoud is goed te begrijpen.				
2 Er worden signaalwoorden en verbindingswoorden gebruikt om verbanden duidelijk te maken.				
3 De gespreksopbouw is duidelijk herkenbaar (begroeting, gesprek, afsluiting).				
Doel en publiek	0	1	2	3
1 Het doel (informatie vragen of geven, mening geven, overtuigen of instructie geven) is duidelijk voor de gesprekspartners.				
2 Inhoud, taalgebruik en toon (bijvoorbeeld formeel-informeel) zijn afgestemd op de gesprekspartner(s).				
3 Er wordt passend gereageerd op argumenten, opmerkingen en vragen van de gesprekspartners(s).				
Woordgebruik en zinsbouw	0	1	2	3
1 Het woordgebruik is gevarieerd en passend.				
2 De zinnen zijn correct geformuleerd.				
Houding en manier van spreken	0	1	2	3
1 De manier van spreken is vloeiend, zonder zoeken naar woorden.				
2 De houding naar de ander is zowel verbaal als non-verbaal respectvol.				
3 De gesprekshouding is positief en vriendelijk.				
4 Er wordt (oog)contact gemaakt met de gesprekspartner(s).				
Totaal aantal punten				

Wat is heel goed?

Advies voor de volgende keer:

6 BEOORDELINGSFORMULIER SCHRIJVEN

Opdracht: _____

Naam: _____ Datum: _____

Noteer kort de aandachtspunten die in de opdracht genoemd staan.	0	1	2	3
1				
2				
3				
4				
5				
Samenhang	0	1	2	3
1 De inhoud is goed te begrijpen.				
2 Signaalwoorden en verbindingswoorden maken de verbanden tussen zinnen en alinea's zichtbaar.				
3 De tekst is ingedeeld in alinea's en bevat een duidelijke opbouw (inleiding-middenstuk-slot).				
Doel en publiek	0	1	2	3
1 Het doel (informatie vragen of geven, mening geven, overtuigen of instructie geven) blijkt duidelijk uit de tekst.				
2 Het taalgebruik en de toon (bijvoorbeeld formeel-informeel) zijn afgestemd op doel en publiek.				
Woordgebruik en zinsbouw	0	1	2	3
1 Het woordgebruik is gevarieerd en passend.				
2 De zinnen zijn correct geformuleerd.				
Spelling en leestekens	0	1	2	3
1 De woorden zijn correct gespeld.				
2 Hoofdletters en leestekens zijn correct gebruikt.				
Leesbaarheid	0	1	2	3
1 De tekst is goed leesbaar dankzij een overzichtelijke lay-out.				
2 De lay-out is afgestemd op doel en publiek.				
Totaal aantal punten				
Wat is heel goed?				
Advies voor de volgende keer:				

7 FORMATS VOOR FORMELE CORRESPONDENTIE

Voor zakelijke correspondentie gelden regels ofwel conventies. Ze moet voldoen aan een aantal eisen wat betreft vorm en inhoud. Die eisen kun je vastleggen in een 'format'.

In deze bijlage vind je veelgebruikte formats voor een:
7.1 envelop
7.2 zakelijke brief
7.3 sollicitatiebrief
7.4 cv (curriculum vitae)

 Maak op de computer je eigen format voor een zakelijke brief. Zet er vaste gegevens in zoals je naam en adres, de plaats, aanhef, afsluiting en je voor- en achternaam. Bewaar dit bestand onder de naam *Format zakelijke brief*. Elke nieuwe brief kun je nu schrijven vanuit dit format.
Let op: vergeet niet om nieuwe brieven op te slaan onder een nieuwe naam!

7.1 Format voor een envelop

- Schrijf naam en adres in nette, goed leesbare letters ongeveer in het midden van de envelop (typen kan natuurlijk ook). Let op de hoofdletters.
- Zorg ervoor dat de hele naam op één regel past.
- Gebruik T.a.v. (*Ter attentie van*) als je de brief aan iemand bij een bedrijf stuurt.
- Gebruik hoofdletters voor de letters in de postcode.
- Plaats een spatie tussen de cijfers en letters van de postcode en ook tussen de postcode en de plaatsnaam.
- Schrijf op de flap op de achterkant je eigen postcode en huisnummer.

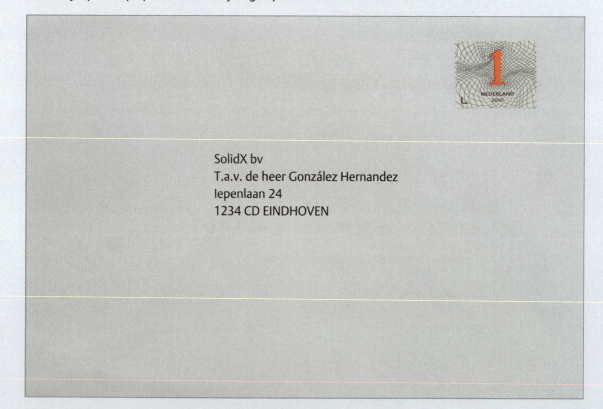

7.2 Format voor een zakelijke brief

Naam *afzender*
Straat en huisnummer
Postcode en plaatsnaam (hoofdletters in postcode en eerste letter woonplaats, spatie tussen cijfers en letters postcode en tussen postcode en woonplaats)
Telefoonnummer(s)
E-mailadres

witregel

Plaats, (komma na plaatsnaam) datum (voluit schrijven, maand met kleine letter)

witregel

Naam *geadresseerde* (kan ook bedrijf of organisatie zijn)
(Eventueel: de afdeling)
(Eventueel: T.a.v. de heer / mevrouw + naam van de persoon aan wie je schrijft)
Postbus en nummer of straat en nummer
Postcode en plaatsnaam

witregel

Betreft: onderwerp van je brief (geen hoofdletter na de dubbele punt)

2 witregels

Geachte heer/mevrouw, (of bijvoorbeeld: Geachte mevrouw Van Laanen, Geachte dames en heren, Geacht bestuur, Geachte directie,)

witregel

Inleiding: vertel waarom en waarover je schrijft.
Begin je zinnen zo mogelijk niet met 'Ik ...' maar bijvoorbeeld met '*Naar aanleiding van ons telefoongesprek van gisteren ...*'

Middenstuk: werk in twee of meer alinea's je onderwerp uit.
Begin een nieuwe alinea voor een nieuw deelonderwerp.

Slot: schrijf wat je verwacht van de geadresseerde. Sluit af met een positieve zin.

witregel

Met vriendelijke groet, *of* Hoogachtend,

witregel

handtekening (laat dus voldoende ruimte open)

naam en eventueel je functie

witregel

Bijlage(n): vermeld aantal en onderwerp

7.3 Format voor een sollicitatiebrief

Gebruik het format van de zakelijke brief en let op het volgende:
- Vermeld achter 'Betreft:' de vacature en eventueel het vacaturenummer.
- Vermeld onderaan de brief als bijlage je cv.
- Het doel van de brief is uitgenodigd te worden voor een gesprek. Besteed daarom voldoende tijd aan het formuleren van een overtuigende, prettig leesbare tekst.
- Beperk je tot één A4; voor langere teksten hebben werkgevers meestal geen tijd.

- Inleiding: vertel op welke functie je solliciteert en hoe je weet dat het bedrijf iemand zoekt voor deze functie.
  Begin je zinnen zo mogelijk niet met 'Ik ...' maar bijvoorbeeld met 'Met deze brief solliciteer ik naar de functie van ...'

- Middenstuk: vertel wat jouw motivatie is voor de functie en leg uit waarom jij een goede kandidaat bent. Begin een nieuwe alinea voor elk nieuw deelonderwerp.

- Slot: schrijf op hoe, naar jij hoopt, deze sollicitatie verder zal verlopen. Sluit af met een positieve zin.

7.4 Format voor een cv (curriculum vitae)

Curriculum Vitae

Persoonlijke gegevens

Naam	
Voornamen	
Adres	straatnaam en huisnummer
	postcode en woonplaats
Telefoon	nummer(s)
E-mail	e-mailadres
Geboortedatum	datum (voluit)
Geboorteplaats	plaatsnaam (eventueel land)
(eventueel) Burgerlijke staat	ongehuwd/gehuwd
(eventueel) Geslacht	man/vrouw
(eventueel) Nationaliteit	(bijvoorbeeld:) Nederlandse/Turkse/Spaanse

Opleiding

Van ... – tot ...	(jaren)
Van ... – tot ...	Noem ook behaalde diploma's.

Werkervaring

Van ... – tot ...	(maanden/jaren)
Van ... – tot ...	Noem functies/bedrijven, noem ook stages en vrijwilligerswerk.

Competenties — Noem competenties die van belang zijn voor de functie.

Vaardigheden — Noem alles wat relevant kan zijn voor de vacature, zoals ICT-kennis, talenkennis, rijbewijs, vaardigheden die blijken uit hobby's en sport, ervaring in een bestuur, enzovoort.

Referenties — Vraag referenten om toestemming voordat je ze noemt.

8 BRONVERMELDING

Gebruik deze regels voor de **bronvermelding** in je tekst.
- Boek: achternaam schrijver, voorletter(s) (jaar uitgave). *Titel.* Plaats: naam uitgever.
- Artikel: achternaam schrijver, voorletter(s) (jaar uitgave). Titel artikel. *Titel tijdschrift*, nummer tijdschrift, p.4 - p.6.
- Internet: achternaam schrijver, voorletter(s) (zo mogelijk jaar). *Titel tekst*. Geraadpleegd op (datum) via (compleet internetadres).

VOORBEELD *Bronvermelding bij artikel over starten eigen onderneming*

(1) **Bronvermelding**

(2) *Boeken*
Busselmans, H. (2017)
Handboek voor de zzp'er. Heemstede: Van Buuren Media nv.

(2) *Websites*
(3)
- Checklist voor jezelf beginnen. Geraadpleegd 24 september 2016 via http://daretoo.nl/entry/235/checklist-voor-jezelf-beginnen/categorieen
- Op de Zaak. Ondernemerseigenschappen. Geraadpleegd 28 mei 2017 via http://www.managementnu.nl/2016/persoonlijke-effectiviteit/ondernemers-eigenschappen.html

(1) Bronnen vermeld je in de 'Bronvermelding'.
(2) Onderscheid soorten bronnen, zoals boeken, artikelen en websites.
(3) Informatie op internet verandert voortdurend. Noem daarom altijd een datum.

REGISTER

A
aan elkaar schrijven 193
aanhalingstekens 202
aantal heeft/hebben 242
aantekeningen 92
aantrekkelijk formuleren 250
aantrekkelijk presenteren 8, 20
aanwijzend voornaamwoord 156
accent 205
advertentie 80
adviesgesprek 54
affiche 80
als of dan 239
apostrof 205
argument 113, 268

B
beeld bij presentatie 16
beschouwing schrijven 117
besluitenlijst 106
betogende presentatie 30
betoog schrijven 113
bezittelijk voornaamwoord 155
bijvoeglijk naamwoord 152
bijwoordelijke bepaling 167
bijzin 171, 231
brief schrijven 127, 131
briefconventies 127
brochure 103
bronnen 96, 99
bronvermelding 99, 275

C
citeren 99, 202
congruentiefouten 225
contaminatie 236
conventies 127
curriculum vitae (cv) 131, 274

D
dan of als 239
debat 45
deelvraag 99
die, dat of welke 241
discussie 45
doorvragen 54
dubbele ontkenning 234
dubbele punt 202
duidelijk formuleren 246

E
einde op -e of -en 196
e-mail schrijven 124

Engelse werkwoorden 184
enkelvoudige zin 170
enquête 90
envelop 272
examen Gesprekken 260
examen Schrijven 262
examen Spreken 257

F
feedback 72
flyer 80
formeel taalgebruik 35, 121
formeel telefoongesprek 50
formulier 87
functioneringsgesprek 72

G
gebaren 38
gespreksverslag schrijven 106
gezegde 163
gezichtsuitdrukking 38
grammaticacontrole met Word 142
grootte of grote 240

H
hbo-vaardigheden 265
hen of hun 212
hoofdletters 199
hoofdzin 171, 228
houding 38

I
incongruentie 225
infinitief 150
informatief artikel 110
informatieve presentatie 27
informeel taalgebruik 35, 121
inleiding 12, 30, 90, 113, 127
instellingsexamen 256
instructie geven 24
instructie schrijven 84
intonatie 38
inversie 228

J
je/jou/jouw 239

K
kennen of kunnen 240
klachtgesprek 63
klantgesprek 59
komma 202
koppelteken 193

L
leestekens 202
leggen of liggen 240
lichaamshouding 38
lidwoord 152
lijdend voorwerp 166

M
me/mij/mijn 239
meervoud 189
meewerkend voorwerp 166
memo 78
met wie of waarmee 215
middenstuk 12, 30, 113, 127

N
nieuwsbrief 139
non-verbale communicatie 38
notulen 41, 106

O
offerte 136
onderwerp van een zin 164
onjuiste herhaling 234
oogcontact 35, 38
ons/onze 239
opbouw van een tekst 110, 113, 117, 221, 267
opbouw van een presentatie 12
over wie of waarover 215
overdracht 106
overleg 41
overtreffende trap 152
overtuigende presentatie 30

P
parafraseren 99
persoonlijk voornaamwoord 155
persoonsvorm 150, 163
persoonsvorm tt 175
persoonsvorm vt 177
publiek 27, 244
punt 202
puntkomma 202

R
rapport 119

S
samengestelde zin 170
samengestelde zin 228, 229, 231
samentrekking 229
schrijfdoel 244
schrijfplan 96

Register

schrijven in fasen *96*
signaalwoorden *12, 24, 110, 113, 117, 217, 221, 266*
signaalzinnen *221*
slot *12, 30, 113, 127*
sociaal-communicatieve vaardigheden *35*
sollicitatiebrief *131, 274*
sollicitatiegesprek *67*
spellingcontrole met *Word* *142*
spreekschema *12, 258*
stageverslag *106*
standpunt *45, 113*
stellende trap *152*
sterk werkwoord *177*
stoffelijk bijvoeglijk naamwoord *152*
structuur van een tekst *110, 113, 117, 221, 267*
synoniemenlijst in *Word* *142*

T

tegenargument *113*
tegenwoordig deelwoord herkennen *150*
tegenwoordig deelwoord spellen *180*
tegenwoordige tijd *175*
tekens bij woorden *205*

tekststructuur (opbouw) *110, 113, 117, 221, 267*
tekstverbanden *217, 266*
telefoongesprek *50*
't ex-fokschaap *177*
toon (spreken) *38*
toon van een tekst *244*
trappen van vergelijking *152*
trema *205*
tussenletters *191*

U

uitroepteken *202*
u/uw *239*

V

vergadering *41*
vergrotende trap *152*
verleden tijd *177*
verslag (mondeling) *20*
verslag schrijven *106*
verwijswoorden *212, 214*
voegwoord *159*
voltooid deelwoord herkennen *150*
voltooid deelwoord spellen *180*

voorzetsel *159*
voorzitter *41*
vraagteken *202*

W

waarmee/waarover of met wie/over wie *215*
wat, die of dat *214*
websites taaladviezen *144*
weglatingsstreepje *205*
welke, die of dat *241*
werkbespreking *41*
werkverslag schrijven *106*
werkwoord *150*
werkwoordelijk gezegde *163*
wil of wilt *242*

Z

zakelijk telefoongesprek *50*
zakelijke brief *127, 273*
zakelijke e-mail *124*
zelfstandig naamwoord *152*
zinsbouw *228, 229, 231*
zwak werkwoord *177*

5w+h-vragen *78*

BRONVERMELDING

Beeldresearch: B en U International Picture Service, Amsterdam

Noordhoff Uitgevers bv, Groningen: p. 6, 76, 148, 254
Didy Pijpker-Stegeman: p. 8, 28
Shutterstock: p. 10, 20, 30, 34, 39 o, 41, 45, 48, 54, 57, 58, 63, 67, 72, 84, 104, 111, 117, 140, 189, 191, 217, 219, 236, 257, 259
WasteBoards, Amsterdam: p.15
Nationale Beeldbank, Rotterdam: p. 24, 59, 135, 175, 264
Dreamstime: p. 25, 34, 50, 165
Trouw, Amsterdam: p. 32
Phototone: p. 38
W. Muggen: p. 39 b
Dreamstime: p. 39 m
Stichting Nederlands Debat Instituut / www.schooldebatteren.nl: p. 49
Phovoir: p. 53, 75
Banana Stock: p. 71
www.ov-chipkaart.nl: p. 88
Photodisc: p. 95, 225
www.securitas.be: p. 96
Digital Vision: p. 101, 103 l, r
Getty Images: p. 116, 157 l, r, 200 l, r, 204 b, o
www.djoser.nl: p. 139
Hollandse Hoogte, Den Haag: p. 196, 233
iStockphoto: p. 205, 210
MM Fotografie, Amsterdam: p. 272

Met betrekking tot sommige teksten en/of illustratiemateriaal is het de uitgever, ondanks zorgvuldige inspanningen daartoe, niet gelukt eventuele rechthebbende(n) te achterhalen. Mocht u van mening zijn (auteurs)rechten te kunnen doen gelden op teksten en/of illustratiemateriaal in deze uitgave dan verzoeken wij u contact op te nemen met de uitgever.

We have done our utmost to find the addresses of copyright holders from whose work we have borrowed extracts. Despite our efforts we do not always succeed. We kindly invite all those concerned to contact us.